Axel Bühler

Einführung in die Logik

ALBER STUDIENBUCH

Dieses Lehrbuch geht von der Praxis des Argumentierens in der natürlichen Sprache aus und entwickelt von dort her die formale Logik. Im Mittelpunkt der Darstellung steht die logische Folgerung, also diejenige Beziehung zwischen Aussagen, die das Argumentieren und beweisende Denken ermöglicht. Zunächst werden die Begriffe der aussagenlogischen und prädikatenlogischen Folgerung entwickelt. Dann wird das Baumverfahren von Smullyan und Jeffrey als Folgerungsfeststellungs- oder Ableitungsmethode präsentiert. Abschließend wird bewiesen, daß diese Methode korrekt ist und alle prädikatenlogischen Folgerungen erfaßt. Das Buch ist eine ideale Hilfe für jeden Anfänger des Logikstudiums und setzt keine Vorkenntnisse voraus.

»Die didaktische Qualität des Buches ist hervorragend.«
(Information Philosophie)

Der Autor, Dr. phil. Axel Bühler, geb. 1947, lehrt seit 1995 als Professor für Philosophie an der Universität Düsseldorf. Arbeitsschwerpunkte: Sprachphilosophie, Wissenschaftstheorie der Geistes- und Sozialwissenschaften, Geschichte der Hermeneutik. Buchveröffentlichungen: Die Logik kognitiver Sätze (1983); Bedeutung, Gegenstandsbezug, Skepsis (1987); Unzeitgemäße Hermeneutik (1994).

Axel Bühler

Einführung in die Logik

Argumentation und Folgerung

3. Auflage

Verlag Karl Alber Freiburg / München

Die Deutsche Bibliothek – CIP-Einheitsaufnahme

Bühler, Axel:
Einführung in die Logik : Argumentation und Folgerung /
Axel Bühler. – 3. Aufl. –
Freiburg (Breisgau) ; München : Alber, 2000
  (Alber-Studienbuch)
  ISBN 3-495-47905-8

Texterfassung und Reproduktionsvorlage durch den Autor

Gedruckt auf alterungsbeständigem Papier (säurefrei)
Printed on acid-free paper
Titelabbildung: Holzschnitt aus Thomas Murner: Chartiludium
logicae. Seu logica poetica vel memorativa, Paris 1629
(1. Aufl. Straßburg 1507). Diese Ausgabe befindet sich in der Badi-
schen Landesbibliothek, Karlsruhe.
Einband gesetzt in der Rotis SemiSerif von Otl Aicher
Druck und Bindung: Difo-Druck, Bamberg 2000
ISBN 3-495-47905-8

Inhalt

VORWORT

Logik untersucht die Beziehung der logischen Folgerung,
d. h. die Beziehung zwischen Aussagen, die Argumentieren
und beweisendes Denken ermöglicht. Dabei geht es im
Wesentlichen um zwei Fragen: die Frage nach wichtigen
Eigenschaften der logischen Folgerung und die Frage nach
den Methoden zur Feststellung von Folgerung. – Das vorliegende Buch führt in diese Fragen ein. Der Begriff der
logischen Folgerung als semantischer Begriff steht im Vordergrund der Darstellung, und dementsprechend nimmt die
semantische Grundlegung der Logik hier mehr Platz ein als
in den meisten einführenden Lehrbüchern. Zunächst werden
semantische Begriffe der logischen Folgerung entwickelt und
erst daran anschließend der syntaktische Begriff der Ableitung. Ziel der Darstellung ist der Nachweis, daß Ableitungssysteme für die Prädikatenlogik korrekt und vollständig sind.

In diesem Text geht es mir vor allem darum, die begriff-
lichen Entwicklungen der Logik von der Betrachtung der
natürlichen Sprache ausgehend in möglichst umfassender
Weise verständlich zu machen. Aus diesem Grunde be-
schäftige ich mich auch mit Fragen, die sonst eher in einer
logischen Propädeutik abgehandelt werden. Obzwar ich
der philosophischen Motivation einigen Raum widme, ist

das Buch nicht nur für Philosophiestudenten gedacht, sondern für alle, die Logik lernen wollen. – Das Ziel einer umfassenden Begründung bringt es mit sich, daß kompliziertere mathematische Gedankengänge darzustellen sind. Dabei setze ich aber keine besonderen mathematischen Kenntnisse voraus und versuche, die Verwendung von formaler Symbolik auf ein Minimum zu beschränken. – Dennoch ist dieses Buch kein 'Kochbuch', d. h., es ist nicht in erster Linie an diejenigen gerichtet, die *allein* an einem leicht faßbaren Überblick logischer Techniken interessiert sind. Ich stelle mir vielmehr Leserinnen und Leser vor, die bereit sind, auch schwierigeren Gedankengängen zu folgen.

In Kapitel I versuche ich, die Fragestellungen der Logik auf intuitive Weise darzustellen. Darauf folgen zwei Kapitel, die den Formalismus von Aussagen- und Prädikatenlogik motivieren. Sodann (in IV) wird die Semantik aussagenlogischer und prädikatenlogischer syntaktischer Systeme entwikkelt. Im Anschluß daran (in V) wird der Baumkalkül von Smullyan und Jeffrey als Ableitungsmethode eingeführt. Es wird bewiesen, daß es sich hierbei um ein korrektes und vollständiges Verfahren handelt. Abschließend (in VI) folgt ein knapper Überblick über fortgeschrittenere Gegenstände der Logik. Das zum Verständnis benötigte elementare mengentheoretische Instrumentarium wird in *Anhang 1* erklärt. Übungsaufgaben werden in *Anhang 2* beigegeben. Ein Index führt auf, wo Begriffe zum ersten Mal erläutert werden. Ein weiteres Verzeichnis erläutert die verwendeten Symbole.

Zum Gebrauch des vorliegenden Textes in der Lehre: Ein zwei-semestriger Kurs mit vier Wochenstunden (2 Std. Vorlesung, 2 Std. Übung) kann in gemächlicher Weise Kap. I – V einschließlich des mengentheoretischen Anhangs behandeln. Ein ein-semestriger Kurs mit vier Wochenstunden erreicht nach meiner Erfahrung gerade § 14 (einschließlich *Anhang 1*). Bei der Verwendung in der Lehre für Anfänger ist die Behandlung von *Anhang 1* unerläßlich.

. Die ersten Entwürfe zum vorliegenden Buch habe ich im Jahre 1980 gemacht und später ausgearbeitet, umgearbeitet, in mannigfacher Weise verbessert. Von entscheidender Bedeutung war hierbei, daß ich den Text in der Lehre immer wieder ausprobieren konnte. – Die Studenten haben entscheidend zur Entstehung und Fortentwicklung des Textes beigetragen. Mehrere Jahre war Helmut Deifel an dem Logikunterricht beteiligt. Dadurch und durch seine kritischen Diskussionen hat er mir sehr geholfen. Geholfen haben mir auch Olaf Müller und Stefan Schlothfeldt, mit denen zusammen ich in Göttingen unterrichtet habe. Klaus Jürgen Düsberg, Thomas M. Seebohm, Barry Smith und ein anonymer Gutachter haben Verbesserungsvorschläge gemacht. Hans-Werner Arndt und Rainer Specht gewährten mir den institutionellen Hintergrund für die Fertigstellung des Buches. Die Einrichtung des Textes in die vorliegende Form besorgte Marita Sellmann mit großer Einsatzbereitschaft. Die Graphiken erstellte Kurt Dinkelmann und er half auch, andere Probleme mit dem Computer zu lösen. May-Britt Andresen, Sonja Bonin und Susanne Rechner lasen Korrektur und gaben letzte hilfreiche Anregungen. Ihnen allen danke ich. Besonderen Dank verdient Heinrich Kehl: er hat wertvolle bibliographische Hinweise für Kapitel VI gegeben. Insbesondere hat er eine frühere Version einer gründlichen und scharfen Kritik unterzogen.

Ich widme dieses Buch meiner Frau Patrizia Castelli.

Axel Bühler, im Jahre 1992

Vorbemerkung zur zweiten Auflage

Für die zweite Auflage sind alle Druckfehler und Irrtümer der ersten Auflage, so weit sie mir bekannt sind, beseitigt worden. Vereinzelt wurden stilistische und typographische Verbesserungen durchgeführt. In § 18 wurden einige Aktualisierungen vorgenommen. Die in der ersten Auflage verwendeten Zeichen für die Quantoren "U" und "E" wurden durch die üblicheren Zeichen "$\forall$" und "$\exists$" ersetzt. Am Ende von Beweisen wurde das Beweisendezeichen "$\square$" eingefügt. – Ich danke Reinhard Bauer, Daniel Cohnitz, Jörn Henrich und vor allem Jochen Lechner, der den Satz erstellte, für ihre Hilfe bei der Vorbereitung der zweiten Auflage.

Axel Bühler, im Juli 1997

Vorbemerkung zur dritten Auflage

Für die dritte Auflage wurden kleinere Verbesserungen durchgeführt; vor allem ist die Notation für die Ersetzungsoperation geändert worden. – Ich danke Marcus Rossberg für die Hilfe bei der Vorbereitung der dritten Auflage.

Axel Bühler, im Januar 2000

I. Was ist logische Folgerung?

Dieses Buch behandelt im Wesentlichen zwei Fragen. Die erste Frage lautet: Was ist logische Folgerung? und die zweite Frage ist: Wie kann man das Vorliegen logischer Folgerung feststellen? In diesem Kapitel geht es darum, beide Fragestellungen verständlich zu machen und eine vorläufige Antwort auf die erste Frage zu geben. Zuvor jedoch wollen wir eine Aktivität betrachten, für deren Verständnis der Begriff der logischen Folgerung von Bedeutung ist: die Aktivität des Argumentierens.

§ 1: *Argumente und Argumentationen*

Argumentieren ist eine Tätigkeit, die wir sowohl im Alltag wie auch in den Wissenschaften durchführen. Wir argumentieren, wenn wir andere von einer Auffassung überzeugen wollen; wir argumentieren, wenn wir eigene Auffassungen begründen wollen; und wir argumentieren, wenn wir Konsequenzen von Handlungen und Ereignissen feststellen wollen, also wenn wir prüfen wollen, welche Konsequenzen sich bei Zugrundelegung bestimmter Annahmen ergeben. Argumentieren spielt in den verschiedensten Lebensbereichen eine Rolle, so wenn wir zeigen möchten, wie gesetzliche Regelungen auf Einzelfälle anwendbar sind, wenn wir nach optimalen Lösungen für technische Probleme suchen, wenn wir Naturereignisse erklären wollen, oder wenn wir in der Mathematik Beweise durchführen.

Wenn wir argumentieren, dann sprechen wir oder wir bedienen uns der Schrift (in Briefen, Artikeln, Gutachten, Büchern). In beiden Fällen ist die Aktivität des Argumentierens mit der Verwendung der Sprache verbunden. Es handelt sich dabei um eine besondere Art der Sprachverwendung, nämlich um eine solche, in der Sprache zum Zwecke des *Argumentierens* oder *Schließens* gebraucht wird. – Argumentieren besteht aus dem Hervorbringen einzelner Argumente. Was sind Argumente? Betrachten wir hierzu einige Beispiele:

I Sokrates ist ein Mensch.
Alle Menschen sind sterblich.
Also ist Sokrates sterblich.

II Jedes Ereignis ist notwendig. Denn alles Vorausbestimmte ist notwendig; und jedes Ereignis ist vorausbestimmt.

III In einer Demokratie haben die Armen mehr Macht als die Reichen, weil es mehr Arme gibt und der Wille der Mehrheit ausschlaggebend ist.

Offenbar handelt es sich in den beiden ersten Fällen (I, II) um Mengen von Satzäußerungen oder Satzinschriften (d. h. geschriebenen Sätzen), die ein bestimmtes Merkmal aufweisen. Eine Äußerung der Äußerungsmenge wird als diejenige ausgezeichnet, auf die die übrigen sozusagen 'ausgerichtet' sind. Diese ausgezeichnete Äußerung enthält im einen Falle das Wort "also"; im anderen Falle ist es die Äußerung, auf die sich die anderen Äußerungen mit "denn" zurückbeziehen. Das Argument III dagegen besteht nicht aus mehreren Satzäußerungen, sondern nur aus einer einzigen; in ihr wird eine Teiläußerung dadurch ausgezeichnet, daß die anderen Teiläußerungen auf sie mit dem Wort "weil" zurückverweisen.

Wir fassen ein Argument also – vorläufig – als eine Gruppe von Satzäußerungen bzw. von Satzinschriften auf, in der eine Satzäußerung besonders ausgezeichnet ist (im Fall, in dem ein Argument nur aus der Äußerung eines einzigen Satzes besteht wie bei Argument III, ist eine Teiläußerung besonders ausgezeichnet). Wodurch findet nun die besondere Auszeichnung dieser einen Satzäußerung statt? Dadurch, daß die Person mit dem Vorbringen des Arguments den Anspruch erhebt, diese Satzäußerung *folge logisch* aus den übrigen oder *ergebe sich* aus den übrigen Satzäußerungen *mit Notwendigkeit*. Dieser Anspruch wird zumeist nicht explizit ausgedrückt, indem er eigens vorgebracht wird; er ist vielmehr mit der Verwendung von Wörtern wie "also", "denn", "weil" verbunden oder geht aus der Art der Betonung beim Sprechen hervor. Wir können nunmehr festlegen:

Ein *Argument* ist eine Menge von Satzäußerungen bzw. Satzinschriften; für eine der Satzäußerungen wird beansprucht, daß sie aus den anderen logisch folgt bzw. sich aus den anderen mit Notwendigkeit ergibt.

Ich bin von der Aktivität des Argumentierens ausgegangen und habe deshalb Argumente als Mengen von Satzäußerungen charakterisiert, die in bestimmter Weise aufeinander bezogen sind. Nun sind Satzäußerungen eben Äußerungen von Sätzen und damit Handlungen einer bestimmten Art. Satzäußerungen werden von bestimmten Personen zu jeweils bestimmter Zeit an bestimmten Orten gemacht. Eine Charakterisierung von Argumenten als Menge von Satzäußerungen macht Argumente zeit-, ort- und personenabhängig. – Uns interessiert aber oft gerade nicht das, was an einem Argument ort-, zeit- oder personenspezifisch ist. In der Situation der Lehre etwa übernimmt oft die lernende Person ein Argument, das die lehrende Person vorgebracht hat. Argumente, *als Mengen von Satzäußerungen betrachtet*, sind verschieden, wenn jeweils die lehrende Person und die lernende Person sie vorbringen. Wenn der Lehrer sagt:

Ä₁   Jedes Ereignis ist notwendig. Denn alles Vorausbestimmte ist notwendig. Und jedes Ereignis ist vorausbestimmt.

und der Lernende prägt sich durch Vorsagen ein:

Ä₂   Jedes Ereignis ist notwendig. Denn alles Vorausbestimmte ist notwendig. Und jedes Ereignis ist vorausbestimmt.

dann haben wir zwei Argumente vor uns, die sich in Hinsicht auf die Zeit, zu der sie vorgebracht werden, und in Hinsicht auf die Personen, die sie vorbringen, unterscheiden. Aber in anderer Hinsicht weisen sie wichtige Gemeinsamkeiten auf. Wir können insbesondere konstatieren: Sie bestehen aus denselben Sätzen. – Wir können ja zwischen *Äußerungen von Sätzen* und *Sätzen* unterscheiden. Wenn ich zu verschiedenen Zeitpunkten sage:

> *Die Logik studiert die Beziehung der logischen Folgerung.*

dann ergeben sich offenbar verschiedene Satzäußerungen. Mit diesen unterschiedlichen Satzäußerungen ist aber immer derselbe Satz verbunden, nämlich der Satz:

> Die Logik studiert die Beziehung der logischen Folgerung.

Wir werden nun Argumente nicht mehr als Mengen von Satzäußerungen betrachten; vielmehr werden wir Argumente in einem abstrakten oder in einem verallgemeinerten Sinne auffassen, indem wir uns auf Sätze, nicht auf Satzäußerungen beziehen. Dementsprechend charakterisieren wir Argumente folgendermaßen:

> Ein *Argument* ist eine Menge von Sätzen, der eine Menge von Satzäußerungen entspricht, in welcher für einen Satz der Anspruch erhoben wird, er ergebe sich aus den anderen Sätzen mit Notwendigkeit.

Wenn wir das Wort "Argument" auf diese Weise verwenden, dann können wir sagen, daß $\ddot{A}_1$ und $\ddot{A}_2$ für dasselbe

Argument stehen, Lehrer und Lernender also dasselbe Argument vorgebracht haben. Den Satz in einem Argument, für den beansprucht wird, er folge aus den anderen, nennen wir die *Konklusion* des Arguments; die übrigen Sätze die *Prämissen*. – Zu beachten ist, daß diese Charakterisierung von Argumenten als Satzmengen nicht völlig von den Äußerungshandlungen absieht. Der Anspruch, die Konklusion folge aus den Prämissen, kann nur in einer Äußerungshandlung vorgebracht werden, und dieser Anspruch ist wesentlich dafür, daß eine Satzmenge ein Argument ist.

Betrachten wir wieder die Argumente I, II, III, nun nicht mehr als Mengen von Satzinschriften, sondern als Mengen von Sätzen. Aus diesen Beispielen ersehen wir, daß Argumente beim Sprechen (oder Schreiben) in verschiedenen Gestalten vorkommen. Um im folgenden die Diskussion zu vereinfachen, werden wir nur noch *Standardformulierungen* von Argumenten betrachten. In der Standardformulierung schreiben wir den Satz, auf den die anderen Sätze des Arguments ausgerichtet sind, die Konklusion also, als letzten und ordnen die anderen Sätze, die Prämissen, in beliebiger Reihenfolge davor an. Offenbar befindet sich Argument I bereits in Standardformulierung. Argument II lautet in der Standardformulierung folgendermaßen:

Alles Vorausbestimmte ist notwendig.
Jedes Ereignis ist vorausbestimmt.
Also ist jedes Ereignis notwendig.

Argument III lösen wir in drei selbständige Sätze auf, um eine Standardformulierung zu erhalten. Der Teilsatz, der durch das Wort "weil" begründet wird, wird dann zum letzten Satz in der Standardformulierung:

> Es gibt mehr Arme als Reiche.
> In einer Demokratie ist der Wille der Mehrheit ausschlaggebend.
> Also haben in einer Demokratie die Armen mehr Macht als die Reichen.

Anstatt im letzten Satz das Wort "also" zu verwenden, können wir auch den letzten Satz durch einen horizontalen Strich darüber von den anderen optisch hervorheben; unter Gebrauch dieser Konvention sieht das Argument I dann so aus:

> Sokrates ist ein Mensch.
> Alle Menschen sind sterblich.
> _____
> Sokrates ist sterblich.

Manchmal verwendet man anstatt des horizontalen Strichs drei in Dreieckform angeordnete Punkte (∴), die man links in eine leere Zeile zwischen dem vorletzten und dem letzten Satz setzt.

Wie schon bemerkt, heißt der Satz, für den beansprucht wird, er folge aus den anderen logisch, die *Konklusion*, während die übrigen Sätze die *Prämissen* des Arguments heißen. Zu beachten ist, daß ein gegebener Satz *nicht für sich* Konklusion oder Prämisse ist. Er übernimmt diese Rollen vielmehr jeweils innerhalb bestimmter Argumente; in einem Argument kann der Satz die Rolle der Konklusion, in einem anderen Argument mag derselbe Satz die

Rolle der Prämisse spielen. In der Standardformulierung von Argumenten werden zuerst die Prämissen aufgeführt, daran anschließend die Konklusion.

Häufig spricht man anstatt von Argumenten von *Schlüssen*. Wir wollen hier jedoch meist das Wort "Argument" verwenden. Anzumerken ist auch, daß man in der Alltagssprache das Wort "Argument" sehr oft in einer etwas anderen Weise gebraucht: Man nennt diejenigen Sätze, aus denen sich ein anderer mit Notwendigkeit ergeben soll, *Argumente für diesen Satz*. So sind in Argument II (in der Standardformulierung) die ersten beiden Sätze Argumente für den letzten Satz. Im folgenden werde ich diese Verwendungsweise von "Argument" eher vermeiden.

Beim Argumentieren verwendet man Argumente, und man setzt diese oft so zusammen, daß *Argumentationen* entstehen. Von Argumenten können wir nämlich Argumentationen unterscheiden: Unter einer Argumentation wollen wir eine Folge von Argumenten verstehen, die aufeinander aufbauen. Hierzu folgendes Beispiel:

Wenn die Angeklagte illegal abgehört wurde, dann sind ihre Äußerungen nicht als Beweismaterial vor Gericht zulässig. Wenn ihre Äußerungen als Beweismaterial nicht zulässig sind, dann muß die Anklage fallengelassen werden, und die Angeklagte ist auf freien Fuß zu setzen. Nun steht fest, daß die Angeklagte illegal abgehört wurde. Dann sind ihre Äußerungen als Beweismaterial vor Gericht aber unzulässig. Aus diesem Grunde muß die Anklage fallen gelassen werden, und die Angeklagte ist auf freien Fuß zu setzen.

Auf ein erstes Argument folgt ein zweites Argument, unter dessen Prämissen sich die Konklusion des ersten Arguments befindet. Möglicherweise werden weitere Prämissen herangezogen und eine zweite Konklusion wird behauptet. Unter Heranziehung neuer Prämissen, Rekurs auf vorher schon verwendete und Verwertung bisher erhaltener Konklusionen schreitet man immer weiter fort. – Als degenerierten Fall von Argumentationen wollen wir auch solche zulassen, die nur aus einem einzigen Argument bestehen.

Ein Argument ist, wie gesagt, eine Satzmenge, für die beansprucht wird, daß ein Satz aus den übrigen logisch folgt. Nun kann man sich fragen, ob dieser Anspruch zu Recht besteht oder nicht. Hat die Person, die ein Argument vorbringt, recht mit dem Anspruch, die Konklusion folge logisch aus den Prämissen? Wenn der Anspruch zu Recht besteht, dann wollen wir sagen, das Argument sei *gültig*. Ein Argument, in dem die Konklusion logisch aus den Prämissen folgt, nennen wir also *gültiges Argument*, ein Argument dagegen, in dem die Konklusion aus den Prämissen nicht logisch folgt, nennen wir *ungültiges Argument*. – Man sollte übrigens *nicht* sagen, daß Argumente als Satzmengen im hier erläuterten Sinne wahr oder falsch sind. "wahr" und "falsch" sollten, um Mißverständnisse zu vermeiden, allein auf Äußerungen von Sätzen bzw. auf Sätze bzw. auf das, was mit Sätzen ausgedrückt wird, angewendet werden.

Welche Gesichtspunkte kann man zur Beurteilung von Argumenten heranführen? Wir unterscheiden oft zwischen 'guten' Argumenten und 'schlechten' Argumenten. Die Argumente I, II, III sind 'gute' Argumente, 'schlecht' dagegen sind die folgenden Argumente:

IV   Sokrates ist ein Mensch.
      Alle Menschen sind sterblich.
      Also ist Sokrates Schuhmacher.

V   Eine Katze hat einen Schwanz mehr
      als keine Katze.
      Keine Katze hat drei Schwänze.
      Also hat eine Katze vier Schwänze.

Ich kann an dieser Stelle nicht begründen, warum I, II, III 'gute' Argumente sind, IV und V dagegen 'schlechte'. Ich nehme aber an, daß Leserin und Leser sozusagen gefühlsmäßig zwischen beiden Gruppen unterscheiden und die Argumente der ersten Gruppe denen der zweiten Gruppe vorziehen. – Wodurch unterscheiden sich 'gute' von 'schlechten' Argumenten? Eine vollständige oder auch nur irgendwie befriedigende Antwort auf diese Frage kann ich hier nicht geben. Ich will nur darauf hinweisen, wie logische Folgerung und 'Güte' eines Arguments zusammenhängen. Wenn ein Argument 'gut' ist, dann liegt logische Folgerung zwischen Prämissen und Konklusion vor. Oder anders: Wenn logische Folgerung nicht vorliegt, dann ist das Argument 'schlecht' (es ist jedoch möglich, daß logische Folgerung vorliegt, und das Argument trotzdem 'schlecht' ist; siehe hierzu § 17). Für 'gute' Argumente *trifft* der Anspruch, die Konklusion folge logisch aus den Prämissen, *zu*, für 'schlechte' Argumente dagegen normalerweise *nicht*. Im 'guten' Argument *folgt die Konklusion also logisch aus den Prämissen*; folgt die Konklusion nicht aus den Prämissen, dann ist das Argument 'schlecht'. In der Alltagssprache sagt man auch oft so etwas wie "Aber das ist kein Argument" und meint damit dasselbe wie mit "Aber das ist ein schlechtes Argument". Umgekehrt sagt man "Das ist ein Argument" und meint damit, es sei 'gut' oder eben gültig. – Man kann auch von 'guten' und 'schlechten' Argumentationen sprechen. Eine 'gute' Argumentation ist eine solche, die nur aus 'guten' Argumenten besteht. Eine 'schlechte' Argumentation dagegen enthält mindestens ein 'schlechtes' Argument.

Bevor ich diesen Paragraphen abschließe, will ich kurz auf den Gebrauch von Anführungszeichen eingehen. Offensichtlich sind die Dinge, über die wir sprechen, und die sprachlichen Ausdrücke, die wir dabei verwenden, zu unterscheiden. Vielfach kommt es darauf an klarzumachen, ob man über eine Sache spricht oder über das sie bezeichnende Wort. Wie Leserin und Leser bemerkt haben könnten, habe ich, wenn ich Ausdrücke der deutschen Sprache erwähnt habe, sie zwischen doppelte Anführungszeichen gesetzt. Wenn ich *über eine Sache* schreibe, die von einem Wort bezeichnet wird, etwa über die Stadt München, dann verwende ich keine doppelten Anführungszeichen. Schreibe ich aber über das Wort, also über das Wort "München", so verwende ich die doppelten Anführungszeichen. Oft schreibe ich einen Ausdruck kursiv, anstatt ihn zwischen doppelte Anführungszeichen zu setzen:

München ist ein Ortsname.

Oder aber ich rücke den Ausdruck in eine eigene Zeile ein. Wie man hier im einzelnen vorgeht, ist unwichtig. Wichtig ist allein, daß irgendwie klar wird, ob man nun über eine Sache spricht oder über das sie bezeichnende Wort. – Ich verwende übrigens auch einfache Anführungszeichen. Das habe ich oben getan, als ich von 'guten' und 'schlechten' Argumenten schrieb. Die Verwendung einfacher Anführungszeichen dient einem anderen Zweck als die Verwendung doppelter Anführungszeichen. Sie soll darauf aufmerksam machen, daß ein Wort in einem übertragenen Sinne verwendet wird, oder möglicherweise darauf, daß mit der Verwendung des Ausdrucks ein ironischer Unterton verbunden ist. Anführungszeichen in dieser Verwendung heißen in der angelsächsischen Literatur "scarequotes", auf deutsch "Krähenfüßchen".

§ 2: *Fragestellungen der Logik*

Eine wissenschaftliche Behandlung von Argumenten kann sich mit Fragestellungen verschiedenster Art befassen, so etwa mit folgenden Fragen: Welche Formen haben Argumente, die Personen im Alltag vorlegen? Wie kann man mittels Argumenten andere Leute auf besonders wirksame Art überzeugen? Welche Bedingungen sollten 'gute' Argumente erfüllen? Im folgenden werden wir keine dieser Fragen untersuchen. Wir konzentrieren uns allein auf einen Aspekt, nämlich den der Gültigkeit von Argumenten.

Das Wort "Logik" ist in der Neuzeit in unterschiedlichen Weisen verwendet worden. Viele haben das Wort "Logik" für die Bezeichnung einer Methodenlehre der Wissenschaft herangezogen. Viele haben "Logik" als gleichbedeutend mit "Theorie rationalen Argumentierens" gebraucht. Das Verständnis des Wortes "Logik", dem ich mich anschließe, ist enger: "Logik" soll hier allein die Untersuchung der Gültigkeit von Argumenten und die Untersuchung von Fragen nach der logischen Folgerung bezeichnen. Logik in diesem Sinne ist dann zwar Teil einer Methodenlehre der Wissenschaften wie auch einer Theorie rationalen Argumentierens, kann aber weder mit dem einen noch mit dem anderen gleichgesetzt werden. Die vorliegende Einführung in die Logik ist demnach allein eine Einführung in die Untersuchung der Gültigkeit von Argumenten und Fragen nach der logischen Folgerung. (Zur Verwendung des Wortes "Logik" siehe auch § 17 sowie § 18, P.)

Gültige Argumente unterscheiden sich von ungültigen Argumenten dadurch, daß in gültigen Argumenten logische Folgerung zwischen Prämissen und Konklusion vorliegt, in ungültigen jedoch nicht. Wenn wir zwischen gültigen und ungültigen Argumenten unterscheiden wollen, müssen wir uns also zunächst klar machen, was das ist: logische Folgerung. Zum zweiten müssen wir uns überlegen, wie wir feststellen können, ob logische Folgerung vorliegt oder nicht. Wenn wir zwischen gültigen und ungültigen Argumenten unterscheiden wollen, ergeben sich somit zwei Fragestellungen:

(1) *Was ist logische Folgerung?*

(2) *Wie läßt sich logische Folgerung feststellen?*

Diesen zwei Fragen wollen wir in diesem Buch nachgehen.

Man kann vielleicht meinen, daß die zweite Frage sofort dann beantwortet ist, wenn wir die erste Frage beantwortet haben. Angenommen nämlich, wir kennen die Definition von logischer Folgerung; können wir dann im konkreten Fall, bei der Betrachtung eines gegebenen Arguments, nicht sofort sehen, ob die Definition erfüllt ist oder nicht? – Im Allgemeinen ist es nun nicht der Fall, daß unsere Kenntnis der Eigenschaften einer Sache es uns ohne weiteres ermöglicht, festzustellen, ob etwas diese Eigenschaften hat oder nicht. Dies hängt davon ab, ob die Definition auf Eigenschaften rekurriert, deren Vorliegen unmittelbar durch von uns durchzuführenden Manipulationen oder Operationen festgestellt werden kann. Oft greift man auf Eigenschaften zurück, deren Vorliegen nicht direkt mit entsprechenden Operationen verbunden ist. So mag man die Wärmeausprägung von festen Körpern, Flüssigkeiten oder Gasen durch bestimmte Verteilungszustände von Molekülen definieren. Festzustellen, ob ein bestimmter Wärmezustand im Einzelfall vorliegt, erfordert aber zusätzliche Überlegungen und den Einsatz von Techniken und Instrumenten. Zu wissen, daß die Wärmeausprägung eines Körpers mit bestimmten Zuständen der Verteilung von Molekülen verbunden ist, setzt uns nicht automatisch instand festzustellen, ob diese Wärmeausprägung mit der charakteristischen Molekülverteilung auch vorliegt. Uns mögen einfach die Instrumente und Techniken fehlen, zu korrekten Feststellungen zu gelangen. – Ähnlich könnte es sich mit logischer Folgerung verhalten. Die Kenntnis der Definition muß uns nicht sofort Methoden der Feststellung an die Hand geben, muß uns nicht unmittelbar mit Operationen vertraut machen, so daß wir in jedem Einzelfall entscheiden könnten, ob nun logische Folgerung vorliegt oder nicht. Es ist also zumindest prinzipiell gerechtfertigt, die Frage nach der Feststellbarkeit von logischer Folgerung als wichtige und getrennte Fragestellung neben der Frage danach aufzuführen, was logische Folgerung ist.

§ 3: *Was ist logische Folgerung?*

Die Frage danach, was logische Folgerung ist, soll auf vorläufige Weise sofort beantwortet werden. Die Antwort bestimmt logische Folgerung als eine Beziehung, die mit der Wahrheit von in einem Argument vorkommenden Sätzen zu tun hat:

> Logische Folgerung zwischen Prämissen und Konklusion eines Arguments liegt dann vor, wenn unter Voraussetzung der Wahrheit der Prämissen die Konklusion wahr sein muß. Oder anders ausgedrückt: Die Konklusion muß wahr sein, wenn die Prämissen wahr sind.

Zunächst soll diese Bestimmung logischer Folgerung näher erläutert werden, sodann soll gezeigt werden, wie sie sich auf Fälle anwenden läßt, in denen keine logische Folgerung vorliegt.

(i) Die Notwendigkeit logischer Folgerung

Wir wollen sagen, daß ein Satz, der wahr ist, WAHR als Wahrheitswert habe, ein falscher Satz dagegen FALSCH als Wahrheitswert. Entsprechend dieser Terminologie sind WAHR und FALSCH Wahrheitswerte. Logische Folgerung betrifft also einen Zusammenhang zwischen den Wahrheitswerten von Prämissen und Konklusion eines Arguments. Es geht um eine partielle Abhängigkeit zwischen den Wahrheitswerten der Prämissen und dem der Konklusion. Ein gültiges Argument läßt alle Kombinationen von Wahrheitswerten von Prämissen und Konklusion zu, außer einer. Zugelassen ist, daß die Prämissen wahr sind und daß die Konklusion wahr ist. Zugelassen ist, daß die Prämissen falsch sind und die Konklusion wahr ist. Außerdem ist zugelassen, daß sowohl Konklusion wie Prämissen falsch sind. *Ausgeschlossen wird allein, daß die Prämissen wahr sind und die Konklusion falsch.*

Logische Folgerung liegt also vor, falls, gegeben die Wahrheit der Prämissen, die Wahrheit der Konklusion notwendig ist. Nun stellt sich sofort die Frage: Worin kann die *Notwendigkeit* bestehen, von der hier gesprochen wird? Bevor wir diese Frage beantworten, wollen wir uns zunächst überlegen, wann *keine* logische Folgerung zwischen Prämissen und Konklusion vorliegt, wann ein Argument also ungültig ist. Offenbar liegt logische Folgerung nicht vor, wenn unter Voraussetzung der Wahrheit aller Prämissen des Arguments seine Konklusion nicht wahr zu sein braucht. Die Frage, die uns beschäftigt, läßt sich also umformulieren: "Was soll das heißen: *ein Satz braucht nicht wahr zu sein?*". Und daß ein Satz *nicht* wahr zu sein braucht, heißt wiederum, daß *die Möglichkeit besteht, daß dieser Satz falsch ist.* Worin kann nun diese Möglichkeit bestehen?

Bevor ich darauf eine Antwort geben kann, muß ich etwas ausholen. Machen wir uns klar, daß auch die folgenden, den Argumenten I bzw. IV ähnelnden Argumente, gültig bzw. ungültig sind:

VI   Fido ist ein Hund.
　　 Alle Hunde sind gefräßig.
　　 Also ist Fido gefräßig.

VII   Fido ist ein Hund.
      Alle Hunde sind gefräßig.
      Also ist Fido ein Weibchen.

Offenbar ist Argument VI gültig, und Argument VII ist ungültig. Worin besteht die Ähnlichkeit von VI und VII mit I bzw. IV? VI und VII sind Argumente, die wir aus den Argumenten I und IV dadurch erhalten, daß wir bestimmte Ausdrücke in I und IV durch andere *ersetzen*. Dabei verändert sich der Inhalt der einzelnen Sätze, also das, was sie jeweils besagen. Das, was dabei erhalten bleibt, ist ihre *Form*. Was die Form eines Satzes ist, will ich hier (und auch im weiteren Verlauf dieses Kapitels) noch nicht definieren, sondern nur mit Beispielen illustrieren. Die Formen der Sätze der Argumente I und VI lassen sich etwa so darstellen:

> --- ist ein ...
> Alle ... sind ===
> Also ist --- ===

Wir haben hier die Ausdrücke, durch die sich die beiden Argumente unterscheiden, fortgelassen, und die so entstehenden *Leerstellen* in unterschiedlicher Art und Weise gekennzeichnet. Das, was verbleibt, sind die Formen von Sätzen. Was ist nun den Argumenten I und VI gemeinsam? Zweierlei, und zwar (1) die Formen der Sätze, aus denen beide Argumente bestehen, und (2) die Anordnung der Sätze gemeinsamer Form. Insbesondere haben die letzten Sätze, also die jeweiligen Konklusionen, dieselbe Form.

Formen von Sätzen, wie ich sie eben vorgeführt habe, wollen wir hinfort *Satzformen* nennen. Sie bestehen aus bestimmten Ausdrücken der natürlichen Sprache und aus *Leerstellen*, in die geeignete *Einsetzungen* gemacht werden können. Wenn wir in einem Argument die gegebenen Sätze durch Satzformen ersetzen, erhalten wir Anordnungen von Satzformen. Eine einem Argument zugrundeliegende Anordnung von Satzformen wollen wir die *Form des Arguments* oder *Argumentform* nennen.

In die Leerstellen der oben gezeigten Argumente können wir verschiedene Einsetzungen machen, und auf diese Weise erhalten wir unterschiedliche Argumente, deren Prämissen und Konklusionen jedoch dieselben Formen aufweisen. Hierbei ist zu beachten, daß die Einsetzungen in geeigneter Weise erfolgen: *Erstens* kommt es darauf an, daß Ausdrücke aus der geeigneten grammatischen Kategorie eingesetzt werden. So muß etwa dort, wo die Striche "---" vorkommen, ein Eigenname eingesetzt werden, dort, wo die Punkte "..." vorkommen, ein Substantiv (ebenso für "==="). Wie diese Kategorien zu bestimmen sind, wird uns später beschäftigen. *Zweitens* muß in Leerstellen, die auf gleiche Weise gekennzeichnet sind, immer derselbe Ausdruck eingesetzt werden; die Einsetzung hat also, wie man sagt, "uniform" zu sein.

Wenn wir in Satzformen Einsetzungen vornehmen, dann werden sich im Allgemeinen die Wahrheitswerte ändern. Wenn wir in Argumentformen Einsetzungen vornehmen, dann wird sich nicht ändern, ob sie gültig sind. In Abhängigkeit davon, wie wir in gegebene Satzformen geeignete Einsetzungen vornehmen, erhalten wir wahre oder falsche Sätze. Ob ein Satz, der aus Einsetzungen in eine

Satzform entsteht, wahr ist, hängt im Allgemeinen davon ab, welche Einsetzungen in die Satzformen vorgenommen werden. Machen wir uns dies an Beispielen klar. Betrachten wir etwa die Satzform

Alle ... sind ---

Wenn ich in "..." das Wort "Hunde" einsetze, in "---" das Wort "Vierbeiner", dann erhalte ich einen wahren Satz. Denn es trifft zu, daß alle Hunde Vierbeiner sind. Ändere ich die Einsetzung nun so, daß ich in "---" das Wort "bissig" einsetze, in die andere Leerstelle wieder das Wort "Hunde", erhalte ich einen falschen Satz. Denn es ist unzutreffend, daß *alle* Hunde bissig sind: einige sind es, andere aber nicht. Ob jedoch ein Satz, den man aus Einsetzungen in eine Satzform erhält, wahr ist, hängt nicht nur von der Einsetzung ab, sondern auch von den Charakteristika der Satzform. Betrachten wir zwei verschiedene Satzformen:

Alle ... sind ---
Einige ... sind ---

Wenn wir in "..." wieder das Wort "Hunde" einsetzen, in "---" das Wort "bissig", entsteht aus der ersten Satzform ein falscher Satz, aus der zweiten Satzform ein wahrer Satz:

Alle Hunde sind bissig.
Einige Hunde sind bissig.

Die Form der Sätze ist also ein Faktor, der mitbestimmt, ob die Sätze, die durch Einsetzungen in die Form entstehen, wahr oder falsch sind. – Zusammenfassend können wir sagen, daß die Wahrheit oder Falschheit von Sätzen, die aus Einsetzungen in eine Satzform erhalten werden, (1) von der Form der Sätze abhängt und (2) von den Einsetzungen, die in die Formen gemacht werden.

Was ändert sich, was bleibt erhalten, wenn wir Einsetzungen in gegebenen Argumentformen variieren? Hier scheint es, daß *alle* Argumente, die dieselbe Argumentform haben, gültig (bzw. ungültig) sind, sofern nur eines der Argumente mit der betreffenden Form gültig (bzw. ungültig) ist. So ist das Argument VI, das wir aus der Argumentform von I gewonnen haben, wieder gültig. Das Argument VII, das aus der Argumentform von IV erhalten wird, ist wieder ungültig. Das Vorliegen von logischer Folgerung scheint also unabhängig davon zu sein, welche Einsetzungen in die Satzformen des Arguments gemacht werden. Gültigkeit und Ungültigkeit scheinen Eigenschaften zu sein, die primär Argumentformen zukommen, und *bestimmte* Einsetzungen spielen dabei keine Rolle. Das Vorliegen logischer Folgerung scheint von der *Form* der das Argument bildenden Sätze und ihrer *Anordnung* abhängig zu sein. Wenn wir angeben wollen, was logische Folgerung ist, müssen wir also die Formen von Argumenten in unserer Betrachtung berücksichtigen.

Kehren wir zu unserer Ausgangsfrage zurück: Worin besteht für einen Satz die Möglichkeit, falsch zu sein, vorausgesetzt, daß die Prämissen wahr sind? Wann liegt also keine logische Folgerung vor? Jetzt kann ich diese Frage unter Rekurs auf die Begriffe der Argumentform und der Einsetzung in Leerstellen beantworten. Betrachten wir das ungültige Argument VIII:

VIII   Sokrates ist ein Mensch.
        Alle Menschen sind sterblich.
        _____
        Sokrates ist weise.

Die Prämissen sind wahr, die Konklusion ist wahr, aber offenbar 'braucht die Konklusion nicht wahr zu sein'. Wenn wir nunmehr die Form von VIII betrachten

> --- ist ...
>
> Alle ... sind ===
>
> ---
>
> --- ist ✿✿✿

und   in "---" "Schröder" einsetzen,

in "..." "Bundeskanzler",

in "===" "Politiker" und

in "✿✿✿" "Grüner",

erhalten wir:

IX   Schröder ist Bundeskanzler.

Alle Bundeskanzler sind Politiker.

Schröder ist Grüner.

In IX sind die ersten beiden Sätze wahr, der letzte Satz ist falsch. Nun habe ich über VIII gesagt, daß unter Voraussetzung der Wahrheit der Prämissen die Konklusion (die ja auch wahr ist) nicht wahr zu sein brauche. Jetzt sehen wir, was das bedeutet: Es gibt ein Argument mit derselben Argumentform (also der Argumentform von VIII), dessen Prämissen wahr sind, dessen Konklusion aber falsch ist. Die Argumentform von VIII bzw. von IX ist dergestalt, daß bei einer Einsetzung in die Satzformen des Arguments wahre Prämissen und eine falsche Konklusion resultieren. Anders ausgedrückt: Es gibt eine Einsetzung, bei der aus den Satzformen der Prämissen wahre Sätze werden, aus der

Satzform der Konklusion aber ein falscher Satz. Folgerung liegt also *nicht* vor, wenn es ein Argument derselben Form gibt, so daß die Prämissen des Arguments wahr sind, die Konklusion aber falsch.

Logische Folgerung, hatte ich weiter oben gesagt, liege genau dann vor, wenn es notwendig sei, daß die Konklusion wahr ist, falls die Prämissen wahr sind. Und ich hatte die Frage gestellt, worin die Notwendigkeit bestehen könne, von der hier gesprochen wird. Auch diese Frage läßt sich unter Rekurs auf die Begriffe der Einsetzung und der Argumentform beantworten. Wir müssen dabei aber nicht nur an *eine* Einsetzung denken, sondern an die Gesamtheit aller Möglichkeiten, in eine Satzform geeignete Einsetzungen zu machen. Sicher ist diese Gesamtheit aller Einsetzungsmöglichkeiten eine sehr große Menge, und für Argumente, die in der natürlichen Sprache formuliert sind, mag diese Menge auch nicht klar abgegrenzt sein. Wenn man die Existenz einer solchen Menge jedoch zugibt, dann kann man sich zu einer Argumentform, also zu einer Menge von Satzformen, die einem Argument zugrundeliegen, die Gesamtheit aller Möglichkeiten der Einsetzungen in diese Satzformenmenge denken. Denkbar ist nun auch, daß sich folgende Situation ergibt: Bei allen Einsetzungen, unter denen die Einsetzungsresultate in die Prämissenformen wahr sind, sind auch die Einsetzungsresultate in die Konklusion wahr. Für die Einsetzungen aber, unter denen Einsetzungsresultate in die Prämissenformen falsch sind, mag das Einsetzungsresultat in die Konklusion wahr sein oder falsch. Die Argumentform ist also dergestalt, daß, *wenn* unter einer gegebenen Einsetzung die Prämissen wahr sind, dann die Konklusion auch wahr ist. Wegen der Form des Arguments muß es sein, ist es *notwendig*, daß, falls unter einer gegebenen Einsetzung die Prämissen wahr sind, auch die Konklusion wahr ist.

Bei einem Argument liegt somit *logische Folgerung* vor, wenn für *alle* Einsetzungen in seine Argumentform gilt: Falls die Einsetzungsresultate in die Formen der Prämissen wahr sind, dann ist auch das Einsetzungsresultat in die Form der Konklusion wahr. Logische Folgerung liegt demnach *nicht* vor, wenn es *mindestens eine* Einsetzung in die Form eines Arguments gibt, für die gilt: Die Einsetzungsresultate der Prämissenformen sind wahr, das Einsetzungsresultat in die Form der Konklusion aber ist falsch.

Hierzu noch drei Bemerkungen:

(1) Zunächst zu formalen Charakteristika der logischen Folgerung: Logische Folgerung ist eine Beziehung, eine Relation (zu diesem Begriff siehe *Anhang 1*, G). Durch die logische Folgerung wird eine *Menge* von Sätzen (die Menge der Prämissen, die auch aus nur einem Satz bestehen kann) mit *einem* Satz (der Konklusion) in Bezug gesetzt. Logische Folgerung ist also eine Relation, die zwischen einer Satzmenge und einem Satz bestehen kann. Sie liegt vor oder sie liegt nicht vor.

(2) Nunmehr zu nicht-formalen, also inhaltlichen oder, wie man auch sagt, materialen Aspekten der Folgerungsbeziehung: Die Beziehung der logischen Folgerung betrifft die Wahrheitswerte von Sätzen; wenn sie vorliegt, dann besteht eine partielle *Abhängigkeit zwischen den Wahrheitswerten der Prämissen auf der einen Seite und dem Wahrheitswert der Konklusion auf der anderen Seite*: Wenn die Prämissen wahr sind, ist auch die Konklusion wahr; ist jedoch eine

der Prämissen falsch, dann ist der Wahrheitswert der Konklusion nicht festgelegt.

(3) Die hier besprochene Konzeption der logischen Folgerung hat eine lange Geschichte. Bereits Aristoteles (384 v. Chr. – 322 v. Chr.) hat sie formuliert. Eine genauere Untersuchung und Analyse des Begriffs wurde im 18. Jahrhundert von dem österreichischen Mathematiker und Philosophen Bernhard Bolzano (1781 – 1848) in seiner *Wissenschaftslehre* vorgenommen. Im 20. Jahrhundert hat der polnische Logiker Alfred Tarski (1902 – 1983) diese Analyse in seinem Aufsatz *Über den Begriff der logischen Folgerung* weiterentwickelt.

(ii) Die Methode der Gegenbeispiele

Wenn wir die hier gegebene Charakterisierung der logischen Folgerung näher betrachten, dann erhalten wir auch eine Vorgehensweise, die es oft erlaubt zu zeigen, daß logische Folgerung nicht vorliegt, daß Argumente also ungültig sind. Betrachten wir hierzu ein Beispiel:

X   Wenn wissenschaftlicher Fortschritt vom Stande der Produktivkräfte abhängig ist, dann ist das Bewußtsein vom materiellen Sein abhängig.
Der wissenschaftliche Fortschritt ist nicht vom Stande der Produktivkräfte abhängig.
Also ist das Bewußtsein nicht vom materiellen Sein abhängig.

Auf den ersten Blick überzeugt vielleicht diese Argumentation und scheint gültig zu sein. Überlegen wir uns jedoch, welche Form wir dem Argument zuweisen können, und ziehen dann eine geeignete Einsetzung heran:

(1) Wenn ---, dann ...
(2) Es ist nicht der Fall, daß ---
(3) Also ist es nicht der Fall, daß ...

Hierbei sind nun in "---" wie in "..." nicht bloß Wörter, sondern Sätze einzusetzen. In "---" können wir etwa einsetzen: "Napoleon ist Deutscher". In "..." setzen wir den Satz ein: "Napoleon ist Europäer". Nun ist das Resultat der Einsetzung in (1) wahr, ebenso das Einsetzungsresultat in (2). Aber offenbar ist "Es ist nicht der Fall, daß Napoleon Europäer ist" falsch. Die Prämissen sind also wahr, die Konklusion falsch. Aus diesem Grunde liegt bei dem neuen Argument keine logische Folgerung vor. Da X dieselbe Argumentform hat, ist auch X kein gültiges Argument (dieser Fehlschluß heißt im Englischen "fallacy of denying the antecedent" und wird im Deutschen als "Konversions-Fehlschluß" bezeichnet).

Die Methode, die wir hier anwenden, läßt sich folgendermaßen beschreiben: Unser Ziel ist nachzuweisen, daß ein gegebenes Argument ungültig ist. Um diesen Nachweis zu führen, eruieren wir zunächst die Form des Arguments. Sodann suchen wir nach einer Einsetzung in diese Argumentform, bei der die Prämissen wahr sind, die Konklusion aber falsch.

Diese Methode, die Ungültigkeit von Argumenten nachzuweisen, ist natürlich nicht voraussetzungslos. Sie beruht zum einen darauf, daß wir annehmen, von uns gewählte Einsetzungen in die Formen der Prämissen resultierten in wahren Sätzen, zum anderen auf der Annahme, daß die von uns gewählte Einsetzung in die Form der Konklusion in einem falschen Satz resultiert. Bei beiden Arten von Annahmen besteht aber die Möglichkeit des Irrtums, beide Annahmen rekurrieren auf Wissen, das sich als falsch herausstellen kann. – Insbesondere ist es auch nicht so einfach, geeignete Einsetzungen zu finden, so daß Wahrheit der Prämissen und Falschheit der Konklusion resultieren. Hierfür sind häufig Phantasie und Scharfsinn erforderlich. So benötigte man etwa sehr lange Zeit, um zum Nachweis zu gelangen, daß das Parallelenpostulat der Euklidischen Geometrie nicht aus den übrigen Annahmen der Euklidischen Geometrie folgt. Dies bedeutet, daß die hier vorgestellte Einsetzungsmethode zum Nachweis des Nicht-Folgens nicht mechanisch anwendbar ist. – Die Einsetzungsmethode zum Nachweise der Ungültigkeit von Argumenten ist also weder (1) mechanisch anwendbar, noch wird sie (2) in vielen Fällen ohne Wissen über die Welt durchgeführt. Dennoch ist sie *häufig* (nicht immer) recht nützlich. Wenn man sich ihrer bedient, sollte man aber darauf achten, daß die Einsetzungen so gewählt werden, daß Wahrheit der resultierenden Prämissen bzw. Falschheit der resultierenden Konklusion unproblematisch sind – wie in dem hier gebrachten Beispiel.

Die zentralen Fragestellungen des vorliegenden Buches
sind:

(1)   *Was ist logische Folgerung?*
(2)   *Wie läßt sich logische Folgerung feststellen?*

Wir haben in diesem Paragraphen eine bloß vorläufige
Antwort auf die Frage: "Was ist logische Folgerung?"
gegeben. Die Antwort ist vorläufig, weil sie in mehrfacher
Hinsicht unvollständig ist und noch nicht auf spezifische
Ausschnitte der natürlichen Sprache angewendet werden
kann. Unvollständig ist die Antwort aus folgenden Gründen:

(1) Ich bin einfach von der Annahme ausgegangen, daß
Sätze bestimmte logische Formen haben. Ich habe aber
nicht gezeigt, wie man im Einzelfall zur Zurechnung logischer Formen kommt, sondern mich auf bloße Plausibilität
verlassen. Insbesondere habe ich offen gelassen, (a) *welche*
grammatischen Kategorien es sind, denen *Leerstellen in
logischen Formen* entsprechen; ebensowenig habe ich diskutiert, (b) *welchen* grammatischen Kategorien diejenigen
Wörter angehören, die als *feste Konstanten* in den logischen Formen verbleiben.

(2) Des weiteren ist nicht beschrieben worden, *wie die in
den logischen Formen verbleibenden Wörter zur Wahrheit
eines Satzes beitragen.* Wie werden durch die logischen Formen die Wahrheitswerte von Sätzen festgelegt, wie die
partielle Wahrheitswertabhängigkeit der Konklusion eines
Arguments von den Wahrheitswerten der Prämissen?

Wenn wir diese Fragen beantwortet haben, können wir die Konzeption logischer Folgerung, die in diesem Paragraphen entwickelt wurde, auf bestimmte Ausschnitte der natürlichen Sprache anwenden. Und erst wenn wir dazu in der Lage sind, können wir darangehen, Methoden zur Feststellung von Folgerung zu entwickeln und die Frage "Wie läßt sich logische Folgerung feststellen?" zu beantworten.

Wir müssen also
(1) Ausschnitte der natürlichen Sprache isolieren, für die sich die logischen Formen der dort verwendeten Sätze beschreiben lassen; des weiteren müssen wir
(2) angeben, wie die Wahrheit dieser Sätze von ihrer logischen Form abhängt.
Wenn dies geleistet ist, können wir
(3) angeben, was logische Folgerung in dem jeweiligen Ausschnitt der natürlichen Sprache ist.
Und erst dann können wir an die Aufgabe gehen,
(4) Methoden zu spezifizieren, die zur Feststellung logischer Folgerung dienen.

Die Beantwortung der Frage "Was ist logische Folgerung?" erfordert es, Ausschnitte aus der natürlichen Sprache zu isolieren, für die sich die logischen Formen der zu ihnen gehörigen Sätze beschreiben lassen. Hierbei gehen wir nach bestimmten Prinzipien der Sprachanalyse vor, Prinzipien der sogenannten logischen Grammatik. Diese lernen wir in Kapitel II kennen und wenden sie für den Zweck an, grundlegende Kategorien der logischen Grammatik zu bilden. In Kapitel III geht es darum, unter Rekurs auf die

Prinzipien und Kategorien der logischen Grammatik zwei Systeme logischer Formen aufzustellen, nämlich das der Aussagenlogik und das der Prädikatenlogik. Um logische Folgerung mit Präzision charakterisieren zu können, müssen wir des weiteren angeben, wie die Wahrheit von Sätzen von ihrer logischen Form abhängt. Dies ist Gegenstand von Kapitel IV. – Die zweite Frage des vorliegenden Buches ist: Wie läßt sich das Vorliegen logischer Folgerung feststellen? Kapitel V entwickelt Feststellungsmethoden für das Vorliegen logischer Folgerung in den behandelten Bereichen der natürlichen Sprache. Des weiteren untersuchen wir in Kapitel V die Leistungsfähigkeit der Feststellungsmethode, also die Frage, ob und inwiefern sie adäquat und ausreichend ist. – Im abschließenden Kapitel VI gebe ich einen Überblick über verschiedene Fragestellungen der Logik. Zum einen will ich dort darauf hinweisen, wie sich in diesem Buch dargestellte Probleme in vertiefter Weise studieren lassen; zum andern möchte ich einige weiterführende Probleme erwähnen. – Die folgenden Entwicklungen setzen elementare Kenntnisse der Mengenlehre voraus. Die verwendeten Begriffe habe ich mit einigen Erläuterungen im *Anhang 1* zusammengefaßt. – Der *Anhang 2* enthält Übungsaufgaben zu den einzelnen Paragraphen. Teilweise ergänzen sie Ausführungen im Text.

II. GRUNDLAGEN DER LOGISCHEN GRAMMATIK

Wir wollen bestimmte Ausschnitte der natürlichen Sprache isolieren und die logischen Formen der dort verwendeten Sätze beschreiben. Für die Sätze aus diesen Sprachausschnitten wollen wir angeben, wie die Wahrheit dieser Sätze von ihrer logischen Form abhängt, und was logische Folgerung zwischen Sätzen dieses Sprachausschnittes ist. Wir gehen für diesen Zweck von Annahmen oder Prinzipien aus, die die Untersuchung leiten. In § 5 werden diese Prinzipien vorgestellt. Unter Rückgriff auf sie sollen in § 6 einige wichtige sprachliche Kategorien unterschieden werden, Kategorien der sogenannten logischen Grammatik. Wir verwenden die in diesem Kapitel behandelten Prinzipien und Kategorien der logischen Grammatik, wenn wir später in Kapitel III logische Formen beschreiben.

§ 5: *Prinzipien logischer Analyse*

Wir werden die natürliche Sprache nur soweit betrachten, als in ihr drei Prinzipien nicht verletzt werden, nämlich das Kontextinvarianzprinzip, das Prinzip der Wahrheitsfunktionalität und das Prinzip der Extensionalität.

(i) Das Kontextinvarianzprinzip

Für die Untersuchung logischer Folgerung sollte garantiert sein, daß die Sätze, zwischen denen logische Folgerung vorliegt, bei ihrer Verwendung eine gewisse Stabilität in ihren Wahrheitswerten besitzen. Variiert nämlich von Mal zu Mal der Verwendung eines Satzes sein Wahrheitswert, dann wird es nicht möglich sein, in allgemeiner Weise Wahrheitswertabhängigkeiten zwischen Sätzen zu studieren. Wir müssen also verlangen, daß weder das, worauf sich Teilausdrücke eines Satzes beziehen, noch der Wahrheitswert des Satzes selbst bei seinen unterschiedlichen Äußerungen in unkontrollierter Weise variieren. Am einfachsten erreichen wir dies dadurch, daß wir jede solche Variation ausschließen. Wir legen den folgenden Ausführungen ein Prinzip der *Kontextinvarianz* zugrunde:

> Die Ausdrücke, die in Sätzen vorkommen, insbesondere die Eigenschaftswörter und Eigennamen, beziehen sich überall, wo sie vorkommen, auf dasselbe; d. h., das, worauf sie sich beziehen, variiert nicht mit dem (sprachlichen oder außersprachlichen) Kontext, in dem die Ausdrücke verwendet werden.

Das Prinzip der Kontextinvarianz schließt die *mehrdeutige* Verwendung von Ausdrücken aus. Folgender Satz z. B., in dem das Wort "Bank" im verschiedenen Bedeutungen vorkommt, verletzt das Kontextinvarianzprinzip:

41

Die zwei Räuber setzten sich im Park auf eine Bank, bevor sie unter Schußwaffengebrauch in die Bank eindrangen.

Das Prinzip der Kontextinvarianz schließt aber auch alle die Sätze von unserer Betrachtung aus, deren Wahrheit und Falschheit davon abhängen, *von wem, an welchem Ort* und *zu welcher Zeit* sie verwendet werden. Ausgeschlossen wird etwa ein Satz wie "Ich studiere die Beziehung der logischen Folgerung"; denn die Wahrheit dieses Satzes bei einer Äußerung hängt davon ab, *wer* ihn ausspricht. Erst aus dem Kontext der Rede wird ersichtlich, wer durch "ich" bezeichnet ist; und dies variiert eben mit dem Kontext. Ausgeschlossen ist auch ein Satz wie "Heute löse ich Logikaufgaben". Seine Wahrheit oder Falschheit bei einer Äußerung hängt nicht nur davon ab, wer spricht, sondern zusätzlich davon, zu welcher Zeit er geäußert wird. "heute" bezeichnet normalerweise immer den Tag, an dem dieser Ausdruck verwendet wird. Das Kontextinvarianzprinzip schließt jedoch nicht aus, daß zwei verschiedene Ausdrücke dasselbe bezeichnen (wie etwa in (M) aus *(iii)* weiter unten).

Das Prinzip der Kontextinvarianz ermöglicht es, logische Folgerung als Beziehung zwischen *Sätzen* zu betrachten. Es gestattet nämlich, die Fälle auszublenden, in denen dieselben Sätze für unterschiedliche Behauptungen verwendet werden. Zusätzlich zu der in § 1 gemachten Unterscheidung zwischen Satzäußerungen und Sätzen können wir auch zwischen Sätzen und (Satz-)Inhalten unterscheiden. Ein *Inhalt* – oder auch *Proposition* – ist das, was durch einen Satz bei einer Verwendung des Satzes ausgedrückt wird. Bisher hatte ich nicht problematisiert, daß gleiche

Sätze gleiche Inhalte ausdrücken, verschiedene Inhalte durch verschiedene Sätze ausgedrückt werden. Dem ist aber nicht immer so. Der Inhalt, der etwa mit dem Satz "Heute gehe ich in die Mensa zum Essen" ausgedrückt wird, variiert von Kontext zu Kontext der Verwendung des Satzes. Das Kontextinvarianzprinzip soll eben solche Fälle ausschließen, in denen gleiche Sätze verschiedene Inhalte ausdrücken. Dadurch ermöglicht es uns, die Beziehung der logischen Folgerung als Beziehung zwischen Sätzen einer Sprache zu betrachten.

Im folgenden wollen wir innerhalb der theoretischen Entwicklungen immer davon ausgehen, daß das Kontextinvarianzprinzip nicht verletzt wird. In anderen Worten: Wir betrachten die natürliche Sprache nur insofern, als in ihr dieses Prinzip gilt. Diese Einschränkung kann und soll irgendwann – aber nicht in diesem Buch – aufgehoben werden und ist nur vorläufig. Um aber zu ersten Resultaten zu gelangen, ist es oft nützlich, zunächst das Untersuchungsfeld einzuschränken.

(ii) *Extensionalitätsprinzip und Wahrheitsfunk-*
    tionalitätsprinzip

Wir haben gesehen, daß der logischen Folgerung etwas zugrunde liegt, das, gegeben die Wahrheit der Prämissen, die Wahrheit der Konklusion festlegt. Die Frage ist also: Was legt diese Wahrheitswertabhängigkeiten fest? Antwort: zum einen kommt es auf die Wahrheitswerte der Teilsätze von Prämissen und Konklusion an, zum anderen darauf, worauf sich die einzelnen Ausdrücke, die in den Teilsätzen vorkommen, beziehen. Dies läßt sich mit den folgenden beiden Prinzipien ausdrücken:

(1) das Prinzip der *Wahrheitswertfunktionalität*: Der Wahrheitswert eines Satzes hängt in funktionaler Weise von den Wahrheitswerten seiner Teilsätze ab.

(2) das *Extensionalitätsprinzip*: Der Wahrheitswert eines Satzes hängt in funktionaler Weise davon ab, worauf sich in ihm vorkommende Teilausdrücke beziehen.

In beiden Fällen wird das Vorliegen funktionaler Relationen (zu diesem Begriff siehe *Anhang 1*, H) behauptet: Im ersten Fall wird einer Menge von Wahrheitswerten ein Wahrheitswert zugeordnet; im zweiten Fall werden den Dingen, auf welche sich Teilausdrücke eines Satzes beziehen, Wahrheitswerte zugeordnet.

Das Prinzip der Wahrheitswertfunktionalität läßt sich in folgender Weise erläutern: Wenn ich in einem Satz S einen Teilsatz T durch einen anderen Teilsatz T' ersetze, der denselben Wahrheitswert hat wie T, dann ist der Wahrheitswert des resultierenden Satzes S' derselbe wie der von S. Und analog läßt sich das Extensionalitätsprinzip erklären: Wenn ich in einem Satz S einen Ausdruck A durch einen anderen Ausdruck A' ersetze, der sich auf dasselbe bezieht wie A, dann ist der Wahrheitswert des resultierenden Satzes S' derselbe wie der von S.

Sowohl das Wahrheitsfunktionalitätsprinzip wie auch das Extensionalitätsprinzip legen Wahrheitswertabhängigkeiten zwischen Sätzen fest. Dies ist klar etwa im Fall von

Die Venus ist ein Planet.

Der Morgenstern ist ein Planet.

Wenn einer dieser Sätze wahr ist, dann auch der andere (weil die Namen "Morgenstern" und "Venus" dasselbe bezeichnen, sich also auf dasselbe beziehen). Oder im Fall von

Die Venus ist ein Planet.

Es ist nicht der Fall, daß die Venus ein Planet ist.

Der erste Satz ist Teilsatz des zweiten. Da der erste Satz wahr ist, ist der zweite falsch. Wäre dagegen der erste Satz falsch, dann wäre der zweite Satz wahr.

Wir werden beide Prinzipien dazu benutzen, Bereiche der natürlichen Sprache zu finden, für die wir logische Folgerung definieren können. Denn Beziehungen der logischen Folge sind partielle Wahrheitswertabhängigkeiten. Dabei soll die Einschränkung unserer Untersuchungen auf solche Sätze, für die das Kontextinvarianzprinzip gilt, festgehalten werden.

(iii) Weitere Erläuterung der drei Prinzipien

Bevor ich mit der Durchführung dieses Programms beginnen kann, möchte ich alle drei hier eingeführten Prinzipien noch etwas genauer erläutern. Zunächst betrachten wir einen Fall, auf den alle drei Prinzipien zutreffen, sodann Fälle, in denen eines oder mehrere der Prinzipien verletzt werden. – Ein Satz, der keines der drei Prinzipien verletzt, ist der folgende:

(M)   Der Morgenstern ist mit dem Abend-
        stern identisch, und der Morgenstern
        ist ein Planet.

Das Kontextinvarianzprinzip trifft hier zu, denn der Name "Morgenstern" bezeichnet ein bestimmtes Objekt am Himmel, und zwar immer dasselbe. Der Name kommt im vorliegenden Fall zweimal vor, und beide Male bezeichnet er dasselbe. – Auch das Wahrheitsfunktionalitätsprinzip trifft zu: Wenn wir den Teilsatz nach dem "und" durch irgendeinen anderen *wahren* Satz ersetzen (etwa durch "5 + 7 = 12"), ist der dann resultierende Satz wieder wahr. – Und schließlich trifft hier auch das Extensionalitätsprinzip zu: Es ist der Fall, daß der Wahrheitswert des ganzen Satzes in funktionaler Weise davon abhängt, was "Morgenstern" bezeichnet. Das heißt, der Wahrheitswert bleibt erhalten, wenn wir in dem zweiten Teilsatz das Vorkommnis des Namens "Morgenstern" durch ein Vorkommnis der Namen "Abendstern" oder "Venus" ersetzen. Wie wir ein und dasselbe Objekt – hier: ein und denselben Himmelskörper – bezeichnen, spielt also für die Wahrheit des Satzes keine Rolle.

Für viele Sätze gelten nicht alle drei Prinzipien zusammen: Viele Sätze sind dergestalt, daß mindestens eines der drei Prinzipien *nicht* auf sie zutrifft. Wie manche Sätze das Kontextinvarianzprinzip verletzen, habe ich etwas weiter oben illustriert. Das Prinzip der Wahrheitsfunktionalität und das Extensionalitätsprinzip scheinen etwa von Sätzen verletzt zu werden, die unter Verwendung von Verbindungen wie "glauben, daß", "wissen, daß" oder "wünschen, daß" konstruiert sind. Erinnern wir uns an die alte Geschichte von Ödipus. Bekanntlich hatte Ödipus Jokaste geheiratet, die Königin von Theben. Später mußte Ödipus herausfinden, daß Jokaste seine Mutter war – längere Zeit über war ihm dies unbekannt geblieben. In diesem Zeitraum, also bevor er die tragische Entdeckung machte, traf wohl der folgende Satz zu:

(*) Ödipus wünschte, daß Jokaste das Bett mit ihm teilen solle.

Nun trifft auf jeden Fall auch zu:

Jokaste ist die Mutter von Ödipus.

Betrachten wir außerdem:

(1) Jokaste sollte das Bett mit ihm (Ödipus) teilen.

Wenn Satz (1) wahr ist, dann ist wegen des Extensionalitätsprinzips auch folgender Satz wahr:

(2) Ödipus' Mutter sollte das Bett mit Ödipus teilen.

Vorausgesetzt ist, daß (*) wahr ist, und wenn das Wahrheitsfunktionalitätsprinzip gilt, dann sollte auch der folgende Satz wahr sein:

(**) Ödipus wünschte, daß seine Mutter das Bett mit ihm teilen solle.

Dieser Satz aber ist falsch – zumindest für unser gewöhnliches Verständnis. Als Ödipus die Entdeckung machte, daß Jokaste seine Mutter war, floh er die Bettstatt Jokastes und wollte sterben. Ödipus hatte also nie den Wunsch, seine Mutter solle die Bettstatt mit ihm teilen. Obzwar sowohl im Satz (*) wie auch im Satz (**) die jeweiligen Teilsätze wahr sind, unterscheiden sich die resultierenden Sätze im Wahrheitswert. Dem Wahrheitswert WAHR für den Teilsatz wird im einen Falle FALSCH als Funktionswert für den gesamten Satz zugeordnet, im anderen Falle

WAHR. Der Wahrheitswert des gesamten Satzes hängt mithin nicht funktional von den Wahrheitswerten der Teilsätze ab. Das Prinzip der Wahrheitsfunktionalität scheint damit verletzt zu sein, dem gemäß Wahrheitswerte davon abhängen, worauf sich Ausdrücke beziehen. Auch das Extensionalitätsprinzip ist verletzt. Denn derselben Person wird im einen Falle WAHR als Funktionswert zugeordnet, im anderen Fall FALSCH.

Wird hier nun das Extensionalitätsprinzip oder das Kontextinvarianzprinzip verletzt? Betrachten wir hierzu ein weiteres Beispiel:

S: Wolfgang glaubt, daß der Abendstern ein Planet ist.

Wenn wir in S den Namen "Abendstern" durch den Namen "Morgenstern" ersetzen, erhalten wir:

S': Wolfgang glaubt, daß der Morgenstern ein Planet ist.

Angenommen, Wolfgang weiß nicht, daß Abendstern = Morgenstern. Er glaube etwa, daß der Morgenstern kein Planet ist, sondern ein Fixstern. Dann ist der Satz S', den wir durch Ersetzung des Namens "Abendstern" gewonnen haben, falsch. Ist hier das Kontextinvarianzprinzip oder das Extensionalitätsprinzip verletzt oder werden beide Prinzipien durchbrochen? Ich will zeigen, daß auf jeden Fall *eines* dieser beiden Prinzipien verletzt wird, werde mich aber des Urteils darüber enthalten, welches nun tatsächlich verletzt wird.

Angenommen, das Kontextinvarianzprinzip gilt. Das, was die Ausdrücke in S und S' bezeichnen, variiert also nicht mit dem Kontext. Die Ausdrücke sind mithin nicht mehrdeutig. Angenommen also, daß der Name "Morgenstern" in dem Satz S' denselben Gegenstand bezeichnet, den auch der Name "Abendstern" in S bezeichnet. Der ursprüngliche Satz S wurde als wahr angenommen; ein Name in ihm wurde durch einen anderen Namen ersetzt, der dasselbe bezeichnet. Das Ersetzungsresultat S' ist ein falscher Satz. Das heißt aber: Der Wahrheitswert von S' hängt nicht in funktionaler Weise davon ab, was die in dem Satz vorkommenden Ausdrücke bezeichnen. Also ist das Extensionalitätsprinzip verletzt.

Oder nehmen wir an, daß das Extensionalitätsprinzip gilt: Es besteht also die funktionale Abhängigkeit des Wahrheitswertes von S' davon, worauf sich die Teilausdrücke beziehen. Dann muß aber der Name "Morgenstern" in S' etwas anderes bezeichnen als den Planeten Venus. D.h., das, was Ausdrücke bezeichnen, variiert mit dem Kontext. Das Kontextinvarianzprinzip wird verletzt: Ausdrücke bezeichnen scheinbar etwas anderes, wenn sie in einem "daß"-Nebensatz vorkommen, der dem Verb "glauben" untergeordnet ist, als dann, wenn sie außerhalb solcher Nebensätze vorkommen. – Wir haben also entweder das Extensionalitätsprinzip zu modifizieren oder das Kontextinvarianzprinzip.

Wir sehen somit: Es gibt einige Bereiche der natürlichen Sprache, in denen die drei Prinzipien nicht gleichzeitig zutreffen. Der hier behandelte Bereich war der der Sätze, in denen Verben wie "glauben", "meinen", "wünschen", "beabsichtigen" vorkommen. Verben also, die psychische Einstellungen zu Inhalten bezeichnen. Ein zweiter, hier nicht behandelter Bereich ist der derjenigen Sätze, in denen Ausdrücke für *Modalitäten* vorkommen, wie "es ist notwendig", "es ist möglich".

Unser Ziel ist die Beschreibung von logischen Folgerungsbeziehungen in einem bestimmten Teil der Sprache. Logische Folgerung bedeutet das Vorliegen einer partiellen
Abhängigkeit des Wahrheitswertes der Konklusion eines
Arguments von den Wahrheitswerten seiner Prämissen.
Wir sind also daran interessiert herauszubekommen, in
welcher Weise die Wahrheitswerte von Sätzen durch ihre
Form, dadurch, worauf sich Teilausdrücke beziehen, und
durch Wahrheitswerte von Teilsätzen festgelegt sind. Aus
diesem Grunde muß die Analyse der Sätze, die wir hier
vornehmen, von dem Ziel geleitet sein zu sehen, in welcher
Weise sprachliche Einheiten zur Wahrheit oder Falschheit
von Sätzen beitragen. Wir werden nunmehr sprachliche
Einheiten hinsichtlich der je verschiedenen Art, in der sie
zum Wahrheitswert von Sätzen beitragen, klassifizieren.
Der hierbei angewendete Klassifikationsgesichtspunkt ist
nur *einer* von mehreren möglichen Klassifikationsgesichts-
punkten für sprachliche Einheiten und deckt sich nicht mit
denen, die in der traditionellen Grammatik zur Anwendung kommen. Er führt zu einer sogenannten *logischen
Grammatik*.

(i) Aussagen

Wir wollen aus der Gruppe der Sätze einer Sprache eine
Teilklasse aussondern: die Klasse der Aussagen oder Aussagesätze. *Sätze* selbst sind unabhängige, vollständige
sprachliche Gebilde. Im Allgemeinen ist ein Satz alleine
eine sinnvolle Einheit in der Kommunikation – er muß

nicht unter Verwendung bestimmter anderer sprachlicher Einheiten erst zu einer Einheit der Kommunikation gemacht werden, wie etwa der Ausdruck "ist rot", der nur bei Voranstellung etwa von "die Rose" oder von "eine Fahne" eine sinnvolle Einheit in der Verständigung ergibt.

Es gibt nun verschiedene Arten von Sätzen, die jeweils bestimmten kommunikativen Zwecken dienen. Mit Fragesätzen werden typischerweise Fragen gestellt; Befehlssätze dienen meist dazu, die Adressaten zu einem bestimmten Verhalten zu bringen; Wunschsätze sollen normalerweise Wünsche mitteilen. Von allen solchen Sätzen kann man aber nicht sagen, sie seien wahr oder falsch, hätten also einen Wahrheitswert. Betrachten wir etwa den Satz:

Lies dieses Buch gründlich!

Die Frage, ob dieser Befehlssatz wahr oder falsch ist, ist unsinnig. Der mit dem Satz erteilte Befehl mag erfüllbar sein oder nicht, und er mag befolgt werden oder nicht; aber er ist weder wahr noch falsch. Auch Fragesätze haben keinen Wahrheitswert, wie etwa der folgende:

Ist die Logik langweilig?

Ebenso haben Sätze, die Wünsche mitteilen, keinen Wahrheitswert; dies ist klar, wenn wir den etwas altmodisch klingenden Wunschsatz betrachten:

Möge sie mich doch heute abend besuchen!

Nicht hinsichtlich aller Sätze kann man also in sinnvoller Weise fragen, ob sie wahr oder falsch sind. Bei *Aussagen* oder *Aussagesätzen* kann man dies. Aussagen sind Sätze, die oft zum Zwecke verwendet werden, Behauptungen zu machen, oder zu dem Zwecke, Annahmen zu machen. Bei ihnen macht es Sinn, nach dem Wahrheitswert zu fragen.

Eine Aussage ist also ein Satz, bei dem die Frage nach seinem Wahrheitswert sinnvoll ist.

Ob nun jede Aussage auch tatsächlich einen Wahrheitswert hat, ist eine umstrittene Frage, auf die ich hier nicht eingehen kann. Hier werden wir nur solche Aussagen betrachten, von denen sich in unproblematischer Weise annehmen läßt, sie hätten einen Wahrheitswert. Wir gehen also davon aus, daß Aussagen *wahrheitswertdefinit* sind.

Wir nehmen außerdem an, daß Aussagen nur entweder wahr oder falsch sind. Außer den zwei Wahrheitswerten: WAHR und FALSCH, gibt es keine weiteren Wahrheitswerte. Dies ist das Prinzip der *Bivalenz* oder *Zweiwertigkeit*. (Es gibt logische Systeme, die mehr Wahrheitswerte als nur WAHR und FALSCH annehmen. Eine solche Annahme führt zu sogenannten *mehrwertigen* Logiken.)

Im Zentrum der logischen Betrachtung stehen Aussagesätze, nicht Sätze als solche. Denn Folgerung, so wie sie in § 3 charakterisiert wurde, hat mit Wahrheitswertabhängigkeiten zu tun und kann wohl nur zwischen Aussagesätzen, zwischen wahren und falschen Sätzen, vorliegen, nicht zwischen Befehlssätzen, Fragesätzen oder Wunschsätzen. Zwischen Sätzen dieser Art gibt es sicher auch 'logische' Beziehungen; welcher Art sie sind, ist aber nicht so einfach zu beantworten und soll uns hier nicht weiter beschäftigen. – Da im folgenden nur Aussagen eine Rolle spielen, nicht Befehls- oder Fragesätze, entstehen keine Mißverständnisse, wenn ich weiterhin häufig das Wort "Satz" verwende und damit Aussagesatz meine.

(ii) Aussageoperatoren

Aussagen bestehen oft aus Teilaussagen. Um aus gegebenen Aussagen zusammengesetzte Aussagen zu erhalten, verwenden wir bestimmte Wörter wie "und", "weil", "oder" (gelegentlich verwenden wir dafür gar keine Wörter: Wir schreiben nur ein Komma und beim Sprechen machen wir einfach eine kurze Pause). Diese Wörter heißen *Aussageoperatoren* (oder *Satzoperatoren*). Manchmal sind Aussagen so zusammengesetzt, daß der Wahrheitswert des ganzen Satzes Funktion der Wahrheitswerte der Teilsätze ist, manchmal nicht. Sofern Aussageoperatoren den Wahrheitswert des gesamten Satzes in funktionaler Weise von den Wahrheitswerten der Teilsätze abhängig machen, handelt es sich um *wahrheitsfunktionale* Aussageoperatoren.

Wenn wir zwei Sätze etwa mit "und" zusammensetzen, führen wir eine *Operation* aus, nämlich die Operation der "und"-Verknüpfung. Mengentheoretisch gesehen handelt es sich hierbei um eine Funktion oder Abbildung, die gegebenen Sätzen A, B neue Sätze der Form

A und B

zuordnet. Da wir mit dieser Funktion die Vorstellung verbinden, daß wir mit den Sätzen A, B eine zielgerichtete Tätigkeit ausführen – die dann in

A und B

resultiert –, scheint es auch angebracht, hier von *Operationen* zu sprechen. Ein *Operator* ist nun ein sprachlicher Ausdruck, der eine Operation bezeichnet. Satzoperatoren sind sprachliche Ausdrücke, die Operationen der Satzbildung bezeichnen.

Betrachten wir einige Beispiele für wahrheitsfunktionale und nicht-wahrheitsfunktionale Satzoperatoren. Wir wollen von Aussagen ausgehen, die ihrerseits nicht weiter in selbständige Aussagen zerlegt werden können, wie etwa von der Aussage

(1)   Kohl ist der Kanzler der BRD.

Wenn wir den Ausdruck "es ist nicht der Fall, daß" davor schreiben (und die Kopula "ist" nach hinten stellen), erhalten wir eine neue Aussage:

(2)   Es ist nicht der Fall, daß Kohl der Kanzler der BRD ist.

Der Satz (1) ist Teilsatz des Satzes (2). Wenn wir die Sätze

Kalbfleisch wird billiger.

Östrogenzugaben werden vorgenommen.

durch "weil" verbinden (und im zweiten Satz das Wort "werden" nach hinten stellen), erhalten wir folgenden Satz:

(3)   Kalbfleisch wird billiger, weil Östrogenzugaben vorgenommen werden.

"Es ist nicht der Fall, daß" ergibt, auf einen Satz angewendet, einen neuen Satz. Das Wort "weil", auf zwei Sätze angewendet, und das heißt zwischen sie hineingeschrieben, ergibt einen neuen Satz. Wir haben hier also mit Ausdrücken zu tun, die, auf Aussagen angewendet, neue Aussagen oder Sätze entstehen lassen.

Ein Aussageoperator, der auf einen Satz angewendet einen neuen Satz ergibt, heißt *einstelliger Aussageoperator*. Ein Aussagenoperator, der auf mehr als eine Aussage angewendet eine Aussage ergibt, heißt *mehrstellig*. Ein Sonderfall der Mehrstelligkeit ist etwa die Zweistelligkeit. "und" bzw. "weil" sind zweistellige Aussageoperatoren. "es ist nicht der Fall, daß" ist ein einstelliger Aussageoperator.

Zu "es ist nicht der Fall, daß" noch eine Bemerkung. Einen Satz, der mit (2) bedeutungsgleich ist, erhalten wir auch, wenn wir zwischen "ist" und "der Kanzler" in Satz (1) einfach das Wort "nicht" hineinschieben und hierdurch also erhalten:

(4)   Kohl ist nicht der Kanzler der BRD.

"nicht" als einzelnes Wort wird also auch als Satzoperator verwendet. Nur muß dieses Wort anders gestellt werden als "es ist nicht der Fall, daß". "nicht" muß in dem Satz, auf den das Wort als Satzoperator angewendet wird, in eine geeignete Stelle eingesetzt werden (die durch die Regeln des deutschen Satzbaus vorgeschrieben ist), und so ergibt sich ein neuer Satz. Das Wort "nicht" allein kann offensichtlich nicht einfach *vor* den Satz gestellt werden, auf den es als Satzoperator angewendet wird, denn sonst würde ein die Regeln des Satzbaues verletzendes Gebilde entstehen.

(iii) Singuläre Terme der natürlichen Sprache

Wenn wir Sätze, die Aussageoperatoren enthalten, immer weiter in Teilsätze zerlegen, bis wir schließlich Aussagen bekommen, die keine Aussageoperatoren mehr enthalten, stellt sich die Frage, wovon der Wahrheitswert solcher Sätze abhängt – es kann ja nicht mehr der Wahrheitswert von Teilsätzen sein. Nehmen wir einen Satz wie (5):

(5)   Kohl ist ein geschickter Taktiker.

Wir sehen, daß er in zwei Teile zerfällt, die in unterschiedlicher Weise zum Wahrheitswert des Gesamtsatzes beitragen, einmal in das Wort "Kohl", zum anderen in den Ausdruck "ist ein geschickter Taktiker". (5) ist wahr, wenn auf die durch das Wort "Kohl" bezeichnete Person der Ausdruck "ist ein geschickter Taktiker" zutrifft; trifft er nicht zu, dann ist (5) falsch. Wir haben also auf jeden Fall zwei Klassen von Ausdrücken: solche, die Gegenstände oder Personen *bezeichnen*, und solche, die auf Gegenstände oder Personen *zutreffen*.

Betrachten wir die erste Klasse von Ausdrücken näher. Das Wort "Kohl" gehört hierher. Es ist ein Ausdruck, der Einzeldinge bezeichnet, und zwar ein *Eigenname*. Nun verfügen wir in einer natürlichen Sprache – wenn wir von den Bezeichnungen der natürlichen Zahlen absehen – nur über eine beschränkte Anzahl von Eigennamen. Die Zahl der Dinge, die uns irgendwie interessieren können, auf die wir uns aber seltener beziehen, ist jedoch viel größer als die der Dinge, die einen Eigennamen haben. Um über sie zu sprechen, verwenden wir ein anderes sprachliches Mittel, nämlich sogenannte *Kennzeichnungen*. Eine Kennzeichnung ist ein Ausdruck, der den Gegenstand, über den gesprochen wird, nicht einfach nennt – wie ein Eigenname es tut –, sondern ihn auch *beschreibt* und als *einzig auf die Beschreibung passend* hervorhebt. Eine Kennzeichnung ist etwa der folgende Ausdruck:

> die erste Person, die eine lebende menschliche
> Retina sah

Diese Kennzeichnung beschreibt in eindeutiger Weise den Physiker und Physiologen Hermann von Helmholtz (1821 – 1894). – Im folgenden werden wir, um die grammatischen Ausführungen einfach zu halten, davon ausgehen, daß auch Kennzeichnungen Einzelgegenstände bezeichnen. Diese Annahme ist nicht unproblematisch. Denn Kennzeichnungen verhalten sich in mancher Hinsicht anders als

Eigennamen. – Eigennamen und als Bezeichnungen aufgefaßte Kennzeichnungen will ich hier als *singuläre Terme der natürlichen Sprache* zusammenfassen. Für singuläre Terme der natürlichen Sprache gilt also, daß wir sie dafür verwenden, bestimmte Einzeldinge zu bezeichnen.

Nun ist zu beachten, daß die Verwendung singulärer Terme nicht immer garantiert, daß sie tatsächlich Einzeldinge bezeichnen. So fällt etwa unter die Kennzeichnung "der gegenwärtige König von Frankreich" niemand, obwohl man sie mit der Absicht, jemanden zu bezeichnen, verwenden könnte. Auch bei der Verwendung von Eigennamen mag es nicht immer gelingen, ein Einzelding zu bezeichnen. So ist es etwa keineswegs ausgemacht, daß der Eigenname "Homer" tatsächlich eine bestimmte einzelne Person bezeichnet. Wir werden im folgenden unsere Betrachtung auf solche Fälle einschränken, in denen singuläre Terme tatsächlich Einzeldinge bezeichnen.

(iv) Allgemeine Terme der natürlichen Sprache

Wir haben gesehen, daß der Satz (5) in einen singulären Term der natürlichen Sprache zerfällt und in einen anderen Ausdruck, nämlich

     ist ein geschickter Taktiker

Auch solche Ausdrücke sind für den Wahrheitswert eines Satzes wichtig. Hätten wir nach "Kohl" etwa geschrieben:

     ist ein bedeutender Stilist

dann hätten wir einen falschen Satz erhalten. Ausdrücke wie diese tragen, wie schon gesagt, in anderer Weise zum Wahrheitswert eines Satzes bei als singuläre Terme der natürlichen Sprache. Sie bezeichnen nicht bestimmte Einzeldinge, sondern sie *treffen* auf bestimmte Einzeldinge *zu*, auf andere nicht. Ausdrücke, die auf bestimmte Einzeldinge zutreffen können, auf andere möglicherweise nicht, wollen wir *Prädikatausdrücke* nennen. Man sagt auch, daß sie Eigenschaften ausdrücken. – Wir können uns nun alle Dinge, auf die ein Prädikatausdruck zutrifft, zu einer Menge zusammengefaßt denken. Dann können wir die Leistung von Prädikatausdrücken auch so beschreiben, daß wir sagen, sie bezeichneten nicht Einzeldinge, sondern Mengen von Einzeldingen, eben von denen, auf die sie zutreffen. Diese Ausdrucksweise ist, wie wir sehen werden, manchmal nützlich, obzwar sie genau genommen mißverständlich ist. Denn sie scheint den Beitrag, den Prädikatausdrücke für den Wahrheitswert eines Satzes leisten, dem anzugleichen, den singuläre Terme leisten. In Wirklichkeit aber ist Etwas-bezeichnen etwas anderes als Auf-etwas-zutreffen.

Betrachten wir nunmehr den Satz

(6)   Helmut hat ein Verhältnis mit Juliane.

Streichen wir aus diesem Satz nur einen singulären Term, erhalten wir einen Prädikatausdruck. Streichen wir jedoch beide singuläre Terme, so entsteht ein Ausdruck, den wir *Relationsausdruck* nennen wollen:

---- hat ein Verhältnis mit ===

Dies ist ein zweistelliger Relationsausdruck. Ob wir hier nun den Namen "Helmut" zuerst einsetzen oder den Namen "Juliane" – für den Wahrheitswert des Satzes spielt die Reihenfolge der Einsetzung keine Rolle. Anders verhält es sich mit (7):

(7)   Göttingen liegt zwischen Kassel und Hannover.

Durch Streichung der singulären Terme entsteht der dreistellige Relationsausdruck

---- liegt zwischen === und +++

Für den Wahrheitswert durch Einsetzung resultierender
Sätze spielt die Reihenfolge der Einsetzung hier aber durch-
aus eine Rolle. So ist zwar (7) wahr, aber

(8)   Kassel liegt zwischen Göttingen und Hannover.

ist falsch. Dies liegt daran, daß "---- liegt zwischen ===
und +++" zwar auf Göttingen, Kassel und Hannover (in
dieser Reihenfolge) zutrifft, nicht aber auf Kassel, Göttingen und Hannover (in nunmehr dieser Reihenfolge). Relationsausdrücke können also auch auf etwas zutreffen, aber
nicht wie Prädikatausdrücke einfach auf Einzeldinge, sondern vielmehr auf *Einzeldinge in einer gewissen Anordnung.*
Mengentheoretisch gesprochen: Relationsausdrücke treffen
auf n-Tupel von Einzeldingen zu. Ein zweistelliger Relationsausdruck trifft auf ein 2-Tupel zu, also auf ein geordnetes Paar, ein dreistelliger Relationsausdruck auf ein
Tripel von Einzeldingen; und allgemein eben ein n-stelliger
Relationsausdruck auf ein n-Tupel. Der Beitrag der Relationsausdrücke zum Wahrheitswert von Sätzen ist somit,
daß sie – wie auch Prädikatausdrücke – auf etwas zutreffen.
Wir können Prädikatausdrücke und Relationsausdrücke
nunmehr zusammenfassen als *allgemeine Terme der natürlichen Sprache.*

"Prädikatausdruck" und "Relationsausdruck" (bzw.
"allgemeiner Term") bezeichnen bestimmte Kategorien der
logischen Grammatik, d. h., sie bezeichnen Ausdrucksklas-
sen, die eine einheitliche Rolle bei der Festlegung des Wahrheitswertes von Sätzen spielen. Innerhalb einer Grammatik,

die in ihrer Klassifikation sprachlicher Einheiten von eher sprachwissenschaftlichen Interessen geleitet ist, gibt es jedoch verschiedene andere Klassen von Ausdrücken: etwa Adjektive, Nomina, Verben, Präpositionen. Ausdrücke aus diesen Klassen spielen im Allgemeinen nicht selbst die Rolle von Prädikatausdrücken, Relationsausdrücken oder singulären Termen der logischen Grammatik. Sie gehen vielmehr in Ausdruckskombinationen ein, die die Rolle von allgemeinen Termen oder singulären Termen übernehmen.

(v) Quantitätszeichen

Sätze bestehen nicht immer bloß aus allgemeinen und singulären Termen der natürlichen Sprache und Aussageoperatoren. Sie können auch Ausdrücke wie "einige", "alle", "jemand", "etwas", "nichts" oder "viele", "die meisten", "500 Mann", "357 Stück" u. ä. enthalten. Solche Ausdrücke wollen wir *Quantitätszeichen* nennen (was sogleich motiviert werden soll). Beispiele von Aussagen, die Quantitätszeichen enthalten, sind etwa:

(9)   Einige fahren Ski.

(10)   Es gibt keinen Reifen für jedes Wetter, aber für jedes Wetter gibt es einen Reifen.

(11)   Die Funktion f: $\mathbb{R} \to \mathbb{R}$ ist stetig bei $z \in \mathbb{R}$ genau dann, wenn gilt:
für alle $x \in \mathbb{R}$ $x > 0$ gibt es ein $y \in \mathbb{R}$ $y > 0$ mit $d(f(z)-f(v)) < x$, wenn $d(z-v) < y$.

(12)   Keiner läuft schneller als der Bote des Königs.

(13)   500 Mann gehorchen dem Befehl.

"alle" in (11) bezieht sich offenbar – im Gegensatz zu einem Eigennamen – nicht auf einen einzelnen, bestimmten Gegenstand. Dasselbe gilt für "einige" in (9). "alle" meint jedes einzelne aus einer Gesamtheit, bezieht sich irgendwie auf eine Menge in ihrer Gesamtheit. "jemand" oder "etwas" dagegen muß sich nicht auf alle in der Gesamtheit beziehen; es genügt, daß ein Teil der Gesamtheit entsprechende Eigenschaften aufweist. "keiner" schließt alles aus der Gesamtheit aus. In Sätzen, die Quantitätszeichen enthalten, werden Eigenschaften also nicht spezifischen Gegenständen zugeschrieben, sondern bestimmten Objektgruppen. Und diese Objektgruppen werden *quantitativ* ausgegrenzt: So mag eine Eigenschaft einer gesamten Objektgruppe oder einer Teilgruppe zugeschrieben, oder aber völlig für jedes Element der Gesamtheit ausgeschlossen werden.

Beim ersten Hinsehen scheint es, als brauchte man nicht eigens zwischen Quantitätszeichen und singulären Termen zu unterscheiden. In den Sätzen unserer Sprache kommen Quantitätszeichen nämlich an denselben Stellen vor, an denen auch singuläre Terme vorkommen. Außerdem: Wenn wir Quantitätszeichen mit allgemeinen Termen verknüpfen, resultieren vollständige Aussagen, wie auch dann, wenn wir singuläre Terme mit allgemeinen Termen kombinieren. Es scheint also, als wären Quantitätszeichen nur eine Untergruppe von singulären Termen der natürlichen Sprache.

Wenn wir jedoch den Beitrag, den jeweils Quantitätszeichen bzw. singuläre Terme zu den Wahrheitswerten von Sätzen machen, betrachten, entstehen Schwierigkeiten für eine Auffassung, die für die Zwecke der logischen Grammatik nicht zwischen Quantitätszeichen und singulären Termen unterscheidet. Hierzu zwei Überlegungen. *Erstens:*

Betrachten wir etwa (12) und ziehen (14) zum Vergleich heran:

(14) Nurmi läuft schneller als der Bote des Königs.

(14) beinhaltet, daß es tatsächlich mindestens eine Person gibt, die schneller läuft als der Bote des Königs. Wenn (14) wahr ist, dann ist der Bote des Königs nicht der schnellste. Aber (12) behauptet, daß der Bote des Königs der schnellste ist. Die Bedingungen, unter denen (12) und (14) wahr sind, sind also völlig verschieden. – Betrachten wir *zweitens* bestimmte Argumente, die Sätze mit Quantitätszeichen beinhalten, etwa die folgenden:

XI Nurmi läuft schneller als der Bote des Königs.
Der Bote des Königs läuft schneller als der Bote des Herzogs.
Also läuft Nurmi schneller als der Bote des Herzogs.

XII Keiner läuft schneller als der Bote des Königs.
Der Bote des Königs läuft schneller als der Bote des Herzogs.
Also läuft keiner schneller als der Bote des Herzogs.

Es gibt hier zwei Möglichkeiten: Entweder sind XI und XII von gleicher Form, und die XI und XII gemeinsame Argumentform ist ungültig. In diesem Fall können wir Quantitätszeichen als singuläre Terme auffassen. Oder XI und XII sind von unterschiedlicher Form und allein XI ist gültig. Aber dann sind Quantitätszeichen keine singulären Terme. Es ist klar: Wenn die Prämissen von XI wahr sind, dann muß auch die Konklusion wahr sein. XI ist ein gültiges

Argument. Dagegen ist XII ungültig. Wenn die Prämissen wahr sind, dann ist die Konklusion falsch (in der Tat besteht zwischen der zweiten Prämisse und der Konklusion ein Widerspruch). – Der erste Anschein, daß beide Argumente dieselbe Form haben, entsteht dadurch, daß, wie oben angedeutet, Quantitätszeichen und singuläre Terme ähnliche Rollen beim Aufbau von Sätzen spielen. Wie die erste Überlegung zeigt, scheinen die Wahrheitsbedingungen aber unterschiedlich zu sein. Und die Tatsache, daß das erste Argument gültig ist, das zweite Argument jedoch ungültig, ist ein Indiz dafür, daß die Argumentformen und damit die sie konstituierenden Satzformen unterschiedlich sind, und das heißt insbesondere, daß die Quantitätszeichen zum Wahrheitswert von Sätzen in anderer Weise beitragen als die singulären Terme (hierzu mehr in § 8). – Hier noch zwei Argumente, die sich in ähnlicher Weise unterscheiden wie XI und XII:

XIII   Kohl ist verheiratet oder nicht verheiratet.
───
Kohl ist verheiratet oder Kohl ist nicht verheiratet.

Offenbar gilt: Wenn die Prämisse wahr ist, dann muß auch die Konklusion wahr sein. Im folgenden, ähnlich erscheinenden Argument XIV, in dem ein Quantitätszeichen vorkommt, ist die Prämisse wahr, die Konklusion dagegen falsch:

XIV   Jeder ist verheiratet oder nicht verheiratet.
───
Jeder ist verheiratet oder jeder ist nicht verheiratet.

III. Systeme logischer Formen

Können wir bestimmte Bereiche der natürlichen Sprache isolieren, so daß die Konzeption der logischen Folgerung aus § 3 auf sie angewendet werden kann? Diese Frage beschäftigt uns in diesem und im nächsten Kapitel. In diesem Kapitel wollen wir die für logische Folgerung maßgeblichen Formen von Sätzen der natürlichen Sprache aufdecken. Dabei erhalten wir zwei Systeme von Satzformen. Im nächsten Kapitel untersuchen wir sodann, wie Einsetzungen in Satzformen beider Arten logische Folgerung festlegen.

In § 3 sahen wir, daß für die Form der Sätze, aus denen Argumente bestehen, zweierlei ausschlaggebend zu sein schien: Einmal das Vorkommen bestimmter Wörter wie "alle", "einige", "und" bzw. von Wortkombinationen wie "wenn–dann" oder "es ist nicht der Fall, daß". Zum anderen kam es bei den logischen Formen auf die grammatischen Kategorien der Ausdrücke an, die in Leerstellen einzusetzen waren. Bevor wir logische Formen von Sätzen der natürlichen Sprache beschreiben können, geht es zunächst um zwei Ziele: (1) darum, die Kategorien der Wörter genauer zu bestimmen, die in den Satzformen stehenbleiben, und auch diese Wörter selbst, die *logische Wörter* oder *logische Konstanten* genannt werden; (2) darum zu bestimmen, welche grammatischen Kategorien es sind, aus denen Ausdrücke in die Leerstellen eingesetzt werden. Dabei werden wir auf zwei Prinzipien der logischen Analyse aus § 5 zurückgreifen: das Wahrheitsfunktionalitätsprinzip und das Extensionalitätsprinzip. Das Wahrheitsfunktionalitätsprinzip betrifft die Abhängigkeit des Wahrheitswertes eines gegebenen ganzen Satzes von seinen Teilsätzen, das Extensionalitätsprinzip die Abhängigkeit eines gegebenen ganzen Satzes davon, worauf sich die Teilausdrücke beziehen. Es scheint auf den ersten Blick so, als wären beide Prinzipien allein für gegebene Sätze und ihre Bestandteile relevant, und als wären sie irrelevant für Beziehungen zwischen Sätzen, etwa die der logischen Folgerung. Daß dem nicht so ist, soll im folgenden ausgeführt werden.

Während die Lektüre der Kapitel I und II ohne die Kenntnis der elementaren Mengenlehre möglich war, wird dies von jetzt an anders. Wer sich nicht mit dem mengentheoretischen Begriff der Funktion auseinandergesetzt hat, wird meist nur wenig verstehen und sei deshalb an dieser Stelle mit Nachdruck auf den *Anhang 1* verwiesen.

§ 7: *Logische Wörter I: Wahrheitsfunktionale Satzoperatoren*

Wir versuchen nun, unter Verwendung des Wahrheitsfunktionalitätsprinzips gültige Argumentformen zu konstruieren. Dabei werden wir sehen, daß Wahrheitsfunktionen eine Klasse von Folgerungsbeziehungen in der natürlichen Sprache festlegen. Wenn Wahrheitsfunktionen bestimmte

Folgerungsbeziehungen festlegen, dann sind die Wörter, die Wahrheitsfunktionen ausdrücken, für das Vorliegen von logischer Folgerung maßgeblich. Diese Wörter werden wir als logische Konstanten einordnen; die Ausdrücke, die in die Leerstellen eingesetzt werden müssen, gehören dagegen zur Kategorie der Aussagen. – Zunächst möchte ich in abstrakter Weise zeigen, wie Wahrheitsfunktionen Folgerungsbeziehungen festlegen; sodann will ich ausführen, wie sich diese abstrakten Überlegungen auf Folgerungsbeziehungen in der natürlichen Sprache anwenden lassen. Schließlich soll eine Schreibweise entwickelt werden, die es uns erlaubt, durch Wahrheitsfunktionen festgelegte Folgerungsbeziehungen zu beschreiben.

(i) Wahrheitsfunktionalitätsprinzip und
logische Folgerung

Das Wahrheitsfunktionalitätsprinzip besagt, daß der Wahrheitswert eines Satzes in funktionaler Weise davon abhängt, welche Wahrheitswerte seine Teilsätze haben. Betrachten wir hierzu (a) zwei Sätze, S und S', die mittels eines Satzoperators zu einem ganzen Satz zusammengefügt werden können, (b) die Wahrheitswerte von S und S', sowie (c) den Wahrheitswert des zusammengefügten Satzes. Welches sind die hier überhaupt möglichen funktionalen Relationen zwischen Wahrheitswerten? Aus der Tabelle in **Figur 1** können wir sie ersehen. Angezeigt wird dort, welche Wahrheitswerte ein aus S und S' zusammengesetzter Satz haben kann, sofern der Wahrheitswert der Zusammensetzung durch die Wahrheitswerte der Teilsätze funktional bestimmt ist. Die ersten beiden Spalten bzw. Kolumnen ver-

S	S	f_1	f_2	f_3	f_4	f_5	f_6	f_7	f_8	f_9	f_{10}	f_{11}	f_{12}	f_{13}	f_{14}	f_{15}	f_{16}
W	W	W	W	W	W	W	W	W	W	F	F	F	F	F	F	F
F	W	W	W	W	F	F	F	W	F	W	F	F	W	F	W	F
W	F	W	W	F	F	W	F	F	W	W	W	F	F	W	W	F
F	F	W	F	F	F	F	W	W	W	W	W	W	F	F	F	F

Figur 1

67

zeichnen die möglichen Wahrheitswerte der Teilsätze S und S'. Die darauf folgenden Kolumnen spezifizieren die Funktionswerte der einzelnen Wahrheitswertfunktionen (oder einfach: Wahrheitsfunktionen). Die einzelnen Anordnungen von Wahrheitswerten für die verschiedenen Funktionen nennt man *Wahrheitstafeln*.

Wir haben 16 verschiedene Funktionen. Jede dieser Funktionen ordnet einer möglichen Kombination von Wahrheitswerten von Teilsätzen einen Wahrheitswert für eine Satzverbindung zu. Die erste aufgelistete Funktion etwa, nennen wir sie "Funktion f_1", ordnet einer Satzverbindung immer den Wahrheitswert WAHR zu, gleich welche Wahrheitswerte die beiden Teilsätze haben. Oder betrachten wir die elfte aufgelistete Funktion f_{11}. Wenn die Sätze S und S' den Wahrheitswert FALSCH haben, dann hat die Satzverbindung den Wahrheitswert WAHR, ansonsten jedoch den Wahrheitswert FALSCH. – Wir können für den Moment davon absehen, daß Wahrheitswerte Wahrheitswerte von Sätzen sind, und stellen diese Funktionen als Funktionen dar, die einfach Kombinationen *zweier* Wahrheitswerte *einen* Wahrheitswert zuweisen. Mit Hilfe der mengentheoretischen Ausdrucksweise läßt sich dann eine zweistellige Wahrheitsfunktion f auf folgende Weise beschreiben: *f ist eine Funktion vom kartesischen Produkt der Menge der Wahrheitswerte in die Menge der Wahrheitswerte.* Wir sagen: f ist eine (zweistellige) Wahrheitsfunktion. In Symbolen drücken wir dies folgenderweise aus:

$$f: \{W, F\} \times \{W, F\} \to \{W, F\}.$$

Unter Verwendung solcher Wahrheitsfunktionen können wir gültige Argumentformen konstruieren. Betrachten wir etwa die vierte der Funktionen aus Figur 1, f_4. Für die durch sie geregelte Satzverbindung gilt: *Nur wenn beide Teilsätze wahr sind, dann ist auch ihre Verbindung wahr.* Ein Ausdruck der natürlichen Sprache, der eine Wahrheitsfunktion ausdrückt, werde durch "a(f_i)" ($1 \leq i \leq 16$) bezeichnet. Um also etwa f_4 auszudrücken, schreiben wir: "a(f_4)". Die Abhängigkeit, die zwischen den einzelnen Sätzen besteht, läßt sich dann folgendermaßen darstellen:

Wenn ----- wahr ist,
und ==== ist wahr,
dann ist ----- a(f_4) ==== wahr.

Die verschiedenen Arten von Strichelung deuten Leerstellen an, in die Aussagen einzusetzen sind. "====" steht für eine Aussage, "-----" steht für eine andere Aussage. Und wir drücken dies vereinfacht so aus:

====
Also ----- a(f_4) ====

Das Schema insgesamt soll ausdrücken, daß, falls zwei Sätze wahr sind, auch der mittels dieser beiden Sätze und "a(f_4)" gebildete Satz wahr ist. – Oder betrachten wir die Funktion f_2. Für die durch diese Funktion geregelte Verbindung gilt: Eine Verbindung zweier Teilsätze ist wahr, wenn beide Teilsätze wahr sind, wenn allein der erste Teilsatz wahr ist, oder allein der zweite. Wenn beide falsch sind, dann ist die Satzverbindung falsch. Angenommen nun, wir haben irgendeinen Satz, der wahr ist. Dann garantiert uns f_2, daß jede Satzverbindung wahr ist, die dadurch entsteht, daß ich mit dem zuerst gewählten einen beliebigen Satz verbinde. Dies läßt sich so darstellen:

$$====$$
$$\text{Also:} \ ==== \ a(f_2) \ \ldots\ldots$$

Auch hier, wie im vorigen Beispiel, stehen die Striche bzw. Punkte für Leerstellen für Sätze.

Die obige Tabelle hilft uns, formale Muster zu erstellen, die den Argumentformen aus § 3 ähneln. Die Muster unterscheiden sich nur dadurch von diesen Argumentformen, daß in ihnen keine Wörter wie "und", "oder" etc. vorkommen, sondern etwas künstliche Namen für die Funktionen aus Figur 1. Zwischen Prämissen und Konklusion liegt ja dann Folgerung vor, wenn die Tatsache, daß die Prämissen wahr sind, die Wahrheit der Konklusion sozusagen 'erzwingt'. Dieser Zwang kommt in den hier betrachteten Fällen dadurch zustande, daß die Zuordnung von Wahrheitswerten zu Teilaussagen von Aussagen des Arguments dergestalt ist, daß, falls die Prämissen wahr sind, sich aufgrund wahrheitsfunktionaler Abhängigkeiten die Konklusion als wahr ergibt. Wir sehen: Wenn wir die Funktionen kennen, die die Abhängigkeit des Wahrheitswertes eines Satzes S von den Wahrheitswerten seiner Teilsätze regeln, dann können wir Aussagen über logische Folgerungen machen. – Die hier betrachteten Folgerungen sind durch die Funktionen festgelegt, die die Abhängigkeit des Wahrheitswertes eines Satzes von den Wahrheitswerten seiner Teilsätze regeln. Bestimmte logische Folgerungsbeziehungen zwischen Sätzen lassen sich also unter Verwendung des Wahrheitsfunktionalitätsprinzips sozusagen 'konstruieren'.

Natürlich gilt dies nicht allein für die hier nur beispiels-
halber betrachteten Wahrheitsfunktionen. Alle Funktionen
aus der Tabelle in Figur 1 können für diesen Zweck verwendet werden.

*(ii) Aussagenlogische Folgerungsbeziehungen in
    der natürlichen Sprache*

Bislang haben wir mögliche Wahrheitswertabhängigkeiten
auf rein abstrakte Weise betrachtet. Solche Wahrheitswertabhängigkeiten könnten nun auch in der *natürlichen Sprache* vorliegen, falls es in ihr Ausdrücke für die verschiedenen Wahrheitsfunktionen gibt. Für das Vorliegen solcher
Wahrheitswertabhängigkeiten in der natürlichen Sprache
wären Wörter wichtig, die dazu dienen, aus Teilsätzen
einen neuen Satz zu machen, dessen Wahrheitswert in
funktionaler Weise von den Wahrheitswerten der Teilsätze
abhängt. Aber gibt es solche Wörter? Wenn wir für die
Bezeichnung der einzelnen Wahrheitsfunktionen Wörter
der natürlichen Sprache hätten, nicht die künstlichen Ausdrücke "a(f_2)" oder "a(f_4)", dann könnten diese Wörter
vermittels dessen, was sie ausdrücken, Wahrheitswertabhängigkeiten und damit logische Folgerungsbeziehungen
festlegen. Diese Wörter wären also für das Vorliegen logischer Folgerung maßgeblich. Somit wären es diese Wörter,
die in den logischen Formen von Sätzen als Konstanten
stehenbleiben. In die Leerstellen wären dann ganze Sätze
einzusetzen. Gibt es solche Wörter der natürlichen Sprache?

Betrachten wir wieder die Funktion f_4. Es scheint, daß
dieser Funktion das Wort "und" in der *Verwendung als*

Satzoperator (also nicht verwendet, um Adjektive oder Substantive zu verknüpfen) recht gut entspricht. Sehen wir uns nämlich an, wie es in Sätzen der natürlichen Sprache funktioniert:

Clinton ist Präsident der USA, und Kohl ist Kanzler der BRD.

Beide Teilsätze sind wahr (im Jahre 1992), und auch der ganze Satz ist wahr. Betrachten wir andererseits:

Reagan ist Präsident der USA, und Kohl ist Kanzler der BRD.

Dieser Satz ist falsch (im Jahre 1992) und zwar, weil einer seiner Teilsätze falsch ist. Offenbar ist eine mit "und" zusammengesetzte Aussage auch falsch, wenn beide Teilaussagen falsch sind. Dem Satzoperator "und" der natürlichen Sprache scheint also die Funktion f_4 recht gut zu entsprechen.

Der Funktion f_2 korrespondiert dagegen das Wort "oder" in seiner Verwendung als Satzoperator. Eine Verbindung, in der "oder" auf diese Weise gebraucht wird, ist etwa:

Helmut geht ins Kino oder er geht in die Kneipe.

Dabei ist nicht ausgeschlossen, daß Helmut sowohl ins Kino geht wie auch in die Kneipe.

Manchmal behauptet man, die Entsprechung zwischen "oder" und der Funktion f_2 sei sehr unvollkommen. "oder" sei nämlich mehrdeutig. Es werde oft auch in einem ausschließenden Sinne verwendet, wobei nur die Wahrheit *einer* Teilaussage zugelassen wird. In seiner zweiten Bedeutung entspreche es also der Funktion f_{14}. Nun ist zuzugestehen, daß bei vielen Verwendungen von "oder" tatsächlich nur eine Möglichkeit zugelassen wird. Daß die andere Möglichkeit ausgeschlossen wird, scheint aber nicht daraus zu resultieren, daß "oder" in diesem ausschließenden Sinne verwendet würde, sondern ergibt sich vielmehr aus dem sprachlichen und nichtsprachlichen Kontext. So schließen beide Teilsätze einander oft aufgrund unseres Wissens über die beschriebene Thematik aus, wie in

> Die CDU stellt den Kanzler oder die SPD
> stellt den Kanzler.

Wir wissen, daß nur eine Partei den Kanzler stellen kann. Daß beide Möglichkeiten einander ausschließen, ist durch institutionelle Regelungen bedingt, nicht durch den Sinn von "oder". – Manchmal behauptet man auch, daß das Wort "und" mehrere Bedeutungen habe. So unterscheidet man von der wahrheitsfunktionalen Bedeutung eine zweite, die eine zeitliche Anordnung anzeigt, wie sie etwa in dem folgenden Satz ausgedrückt wird:

> Schumi setzt sich ins Auto und fährt los.

Nehmen wir an, daß dieser Satz wahr ist. Dann scheint der folgende Satz

> Schumi fährt los und setzt sich ins Auto.

falsch zu sein; auf jeden Fall empfinden wir ihn als merkwürdig. Wenn zwei Sätze durch "und" verbunden sind, dann ist die Verbindung nur dann wahr, wenn beide Teilsätze wahr sind und das von dem ersten Teilsatz beschriebene Ereignis *vor* dem von dem zweiten Teilsatz beschriebenen Ereignis stattfindet – so scheint es. Diese Verwendungsweise von "und" läßt sich aber unter Zugrundelegung der wahrheitsfunktionalen Bedeutung durch kontextuelle

Faktoren erklären. Auch hier ist unser Wissen über die beschriebene Situation entscheidend: Man kann nicht losfahren, ohne sich zuvor ins Auto gesetzt zu haben. Regeln der Konversation, das Erzählen von Ereignissen betreffend, halten uns dazu an, eine 'natürliche' Ordnung von Ereignissen zu beachten und das zuerst stattgefundene Ereignis auch zuerst aufzuführen.

Wichtig ist die Funktion f_8. Sie wird gewöhnlich mit "wenn–dann" ausgedrückt. Die Entsprechung zum Gebrauch in der natürlichen Sprache ist hier aber schlechter als in den vorigen Fällen. Welche Beziehung zwischen dem "wenn ----, dann ===" der natürlichen Sprache und f_8 besteht, ist ein viel diskutiertes Thema in Logik und Sprachphilosophie. Ich weise hier nur auf eine Schwierigkeit hin. Wenn wir etwa behaupten:

Wenn es regnet, dann ist die Straße naß.

setzen wir wohl implizit voraus, daß eine kausale Verbindung zwischen dem Ereignis des Regnens und dem Zustand der Straßennässe besteht. Wenn eine solche Verbindung nicht besteht, dann neigen wir dazu, dem ganzen "wenn–dann" Satz einen Wahrheitswert abzusprechen, gleich welche Wahrheitswerte die Teilsätze haben, oder ihn als falsch einzustufen. Es scheint also nicht-wahrheitsfunktionale Verwendungsweisen von "wenn–dann" in der natürlichen Sprache zu geben, und diese scheinen sogar die gebräuchlichsten Verwendungsweisen zu sein. – Wird aber nun "wenn–dann" dazu verwendet, f_8 auszudrücken – wie dies in der Mathematik sicherlich meist der Fall ist –, dann ist der ganze Satz falsch, sofern der erste Teilsatz wahr ist, und der zweite Teilsatz falsch; ansonsten ist der ganze Satz wahr. Uns interessiert hier *nur diese* Verwendungsweise von "wenn–dann". Wenn "wenn–dann" f_8 ausdrückt, dann ist folgender Satz wahr:

Wenn der Mond aus Schlagsahne besteht, dann ist $5 + 2 = 7$.

Dieser Satz wird als wahr eingestuft, obzwar keine Verbindung ursächlicher oder anderer Art zwischen den in den Teilsätzen behaupteten Sachverhalten besteht.

Für viele der anderen Funktionen aus der obigen Tabelle gibt es keine eigenen Wörter in der deutschen Sprache. Sie können aber mittels der in der Sprache tatsächlich verwendeten Ausdrücke in unterschiedlich komplexer Weise umschrieben werden. So läßt sich etwa die Funktion f_5 mit "(---- und ===) oder (es ist nicht der Fall, daß ----, und ===)" bezeichnen, wie in folgendem Satz:

Helmut geht ins Kino, und Juliane geht in die Kneipe; oder Helmut geht nicht ins Kino, und Juliane geht in die Kneipe.

Bislang haben wir nur zweistellige Wahrheitsfunktionen betrachtet. Nun gibt es aber auch *einstellige* Wahrheitsfunktionen, und zwar genau vier, wie aus Figur 2 hervorgeht:

S	g_1	g_2	g_3	g_4
W	W	F	W	F
F	W	W	F	F

Figur 2

75

Betrachten wir etwa die Funktion g_2 aus dieser Tabelle. Sie kehrt die Wahrheitswerte um. Dies sehen wir, wenn wir folgenden (im Jahre 1992 wahren) Satz betrachten:

S: Kohl ist der Kanzler der BRD.

Bei Anwendung von g_2 erhalten wir einen falschen Satz, der S als Teilsatz enthält. Betrachten wir dagegen einen falschen Satz S':

S': Wojtila ist der Kanzler der BRD.

Bei Anwendung von g_2 erhalten wir einen wahren Satz, der S' als Teilsatz enthält. Der Funktion g_2 entsprechen in der natürlichen Sprache offenbar die Satzoperatoren "es ist nicht der Fall, daß" oder "es ist falsch, daß" bzw. einfach "nicht". Wenn wir diese Operatoren auf S anwenden, erhalten wir falsche Sätze; wenn wir sie auf S' anwenden, erhalten wir wahre Sätze. – Betrachten wir nunmehr die Funktion g_3 von Figur 2. Sie ist die Identitätsfunktion, die dem gesamten Satz denselben Wahrheitswert zuweist, den der Teilsatz bereits besitzt. In der natürlichen Sprache entsprechen dieser Funktion die Satzoperatoren: "es ist der Fall, daß" oder "es ist wahr, daß". Oft wird aber gar nicht eigens ein Satzoperator verwendet. Wenn der Teilsatz wahr ist, dann ist auch der gesamte (mit dem 'Teilsatz' identische) Satz wahr; ist der Teilsatz aber falsch, dann ist der gesamte (mit dem 'Teilsatz' identische) Satz falsch.

Überlegen wir uns, welche Rolle die Funktion g_1 spielt. g_1 könnte man so ausdrücken:

Gleich ob S zutrifft oder nicht, so trifft der
Satz, der S als Teilsatz enthält, doch zu.

Rein formal gesehen liegt hier eine Wahrheitsfunktion vor. In der deutschen Sprache gibt es jedoch keine einfachen oder irgendwie natürlichen Zeichen zur Bezeichnung dieser

Wahrheitsfunktion. Man kann diese Wahrheitsfunktion aber ausdrücken. Als Ausdruck für diese Wahrheitsfunktion kommen etwa in Frage "(Es schneit oder es schneit nicht) oder ----" oder "(Es regnet oder es regnet nicht) oder ----", wo in die Leerstelle der Satz S einzusetzen ist.

Wir sehen: Für das durch das Wahrheitsfunktionalitätsprinzip festgelegte Vorliegen logischer Folgerung kommt es auf zweierlei an: *Einmal* auf wahrheitsfunktionale Satzoperatoren, die in den Sätzen vorkommen, und zwar auf solche, denen einstellige oder zweistellige Wahrheitsfunktionen entsprechen; zum *zweiten* auf Leerstellen, wobei als Leerstellen in den logischen Formen nur solche zugelassen sind, in die ganze Sätze oder Aussagen eingesetzt werden können.

(iii) Die Zeichen der Aussagenlogik

Wir wollen nunmehr eine Schreibweise entwickeln, mit welcher sich durch Wahrheitsfunktionen festgelegte Folgerungszusammenhänge beschreiben lassen. Betrachten wir hierzu die folgenden Argumente:

XV   Die Synoptiker sind als authentische Quelle zu betrachten, oder das Johannesevangelium ist als authentische Quelle zu betrachten. Das Johannesevangelium ist aber nicht als authentische Quelle zu betrachten. Deshalb sind die Synoptiker als authentische Quelle zu betrachten.

XVI Wenn die Einheit Deutschlands zustande kommt, dann werden die Steuern steigen, und innerhalb des Gebiets der früheren DDR wird eine hohe Arbeitslosigkeit herrschen. Die Einheit Deutschlands kommt zustande. Also wird innerhalb des Gebiets der früheren DDR eine hohe Arbeitslosigkeit herrschen.

Der erste Satz des Arguments XV besteht aus zwei Teilaussagen, die durch "oder" verknüpft sind. Der zweite Satz enthält als Teilsatz den zweiten Teilsatz des ersten Satzes, auf den der Satzoperator "nicht" angewendet wurde. Die Konklusion des Arguments ist der erste Teilsatz der ersten Prämisse. Wir nehmen an, daß "oder" und "nicht" hier als wahrheitsfunktionale Operatoren verwendet werden, und erhalten als Argumentform von XV:

$$==== \text{ oder } \ldots\ldots$$
$$\text{nicht} \ldots\ldots$$

Also: ====

Als Argumentform von XVI erhalten wir aufgrund ähnlicher Überlegungen und unter der Annahme, daß "wenn, dann" als wahrheitsfunktionaler Operator verwendet wird:

$$\text{Wenn} \ldots\ldots, \text{dann} ==== \text{ und } ++++$$
$$\ldots\ldots$$

Also: ++++

Anstatt die Leerstellen in der bisher geübten Weise unterschiedlich zu markieren, ist es kürzer und übersichtlicher, für sie einfach Buchstaben mit Indizes zu nehmen: Wir wollen uns auf "p"s mit unteren Indizes einigen:

$$p_1, p_2, p_3, \ldots, p_n, \ldots$$

und nennen sie *Satzbuchstaben*. Die Satzbuchstaben sind nichts anderes als eine alternative Schreibweise von Leerstellen für Sätze oder Aussagen. Es sind *Buchstaben*, die wir an Stelle von solchen Leerstellen verwenden, an denen *Sätze* stehen können. Die Einführung von Satzbuchstaben ist also kein neuer gedanklicher Schritt in der Entwicklung unserer Materie, sondern im wesentlichen bedeutet sie nur, daß wir eine kürzere und bequemere Schreibweise oder *Notation* verwenden. Dabei werden wir aber dazu veranlaßt, uns über eine Implikation der bisherigen Praxis klarer zu werden: Wenn wir die logischen Formen in einem längeren Text klarlegen wollen, müssen wir unterschiedlichen Teilsätzen unterschiedliche Leerstellen zuordnen. Wir benötigen hierfür einen hinreichend großen Vorrat von Leerstellenkennzeichnungen. Texte können nun unterschiedlich lang sein, und prinzipiell gibt es keine obere Grenze für ihre Länge und für die Anzahl der Teilsätze. Die Liste der Satzbuchstaben liefert uns einen unbegrenzten Vorrat.

Jetzt können wir die Formen der betrachteten Argumente unter Verwendung von Satzbuchstaben kürzer hinschreiben; für XV erhalten wir:

p_1 oder p_2

nicht p_2
———————
p_1

und für XVI:

$$\text{Wenn } p_1, \text{ dann } (p_2 \text{ und } p_3)$$

$$\frac{p_1}{p_3}$$

In die erste Zeile habe ich Klammern eingefügt um anzuzeigen, wie die Verbindung zu lesen ist: nicht als

(wenn p_1, dann p_2) und p_3

sondern als

wenn p_1, dann (p_2 und p_3)

Die Klammern gliedern die Satzformen. Um die Satzform-
kombinationen *eindeutig lesbar* zu machen, benötigen wir
geeignete Hilfsmittel. Wir gebrauchen *Gliederungszeichen*,
für die wir "(", ")", also runde Klammern, verwenden.

In den Argumentformen der hier untersuchten Argumente bleiben einige Ausdrücke der natürlichen Sprache
als Konstanten zurück: die Satzoperatoren "wenn–dann",
"oder", "und", "nicht", die Funktionen aus den Tabellen
von Figur 1 bzw. Figur 2 ausdrücken. Sie sind für das Vorliegen von logischer Folgerung ausschlaggebend – nicht der
Inhalt der Sätze, die wir jetzt durch Satzbuchstaben darstellen. Diese Satzoperatoren kann man als *logische Wörter*
oder als *logische Konstanten* bezeichnen. Der Kürze halber
wollen wir für die bisher eingeführten logischen Wörter
eine eigene Notation verwenden:

für "wenn p_1, dann p_2" schreiben wir: $\qquad p_1 \rightarrow p_2$

für "p_1 oder p_2": $\qquad\qquad\qquad\qquad\quad p_1 \vee p_2$

für "p_1 und p_2": $\qquad\qquad\qquad\qquad\quad p_1 \ \& \ p_2$

für "nicht p_1" bzw.

"es ist nicht der Fall, daß p_1": $\qquad\qquad \neg p_1$

Die Zeichen "→", "&", "∨" und "¬" nennen wir *(aussa-gen-)logische Zeichen.*

Den Pfeil "→" nennen wir das "wenn–dann-Zeichen". Einen Ausdruck, gebildet aus Satzformen und dem Pfeil, nennen wir *Konditional* (man sagt auch *Subjunktion* oder *materiale Implikation*). Der erste Teil eines Konditionals heißt "Antezedens" oder "Vorderglied", der zweite Teil "Konsequens" oder "Hinterglied". (Beachte: "Konsequen§" ist nicht mit "Konsequenz" zu verwechseln!)

Das Zeichen "∨" nennen wir das "Disjunktionszeichen". Einen Ausdruck, gebildet aus Disjunktionszeichen und Satzformen, nennen wir *Disjunktion* (manchmal spricht man auch von *Adjunktion*).

Einen aus "&" und zwei Satzformen gebildeten Ausdruck nennen wir *Konjunktion*; das Zeichen "&" heißt "Konjunktionszeichen". Teile bzw. Teilsätze einer Disjunktion bzw. einer Konjunktion heißen "Disjunktionsglieder" bzw. "Konjunktionsglieder".

Das Zeichen "¬" heißt "Negationszeichen". Den Ausdruck, der entsteht, wenn wir einer Satzform das Negationszeichen voranstellen, nennen wir die *Negation* dieser Satzform.

Unter Verwendung der eben erläuterten Zeichen können wir die Argumentformen von XV und XVI folgendermaßen darstellen:

für XV:

$$p_1 \vee p_2$$
$$\underline{\neg p_2}$$
$$p_1$$

für XVI:

$$p_1 \to (p_2 \ \& \ p_3)$$
$$\frac{p_1}{p_3}$$

Die hier entwickelte Terminologie können wir auch auf Sätze der natürlichen Sprache anwenden, nicht nur auf Ausdruckskombinationen in einem System logischer Formen. So nennen wir einen Satz, der mit "wenn–dann" gebildet ist, *Subjunktion* oder *Konditional*. Einen mit "oder" zusammengefügten Satz nennen wir *Disjunktion*; einen mit "und" zusammengefügten Satz *Konjunktion*. Einen Satz, den wir aus einem anderen durch Voranstellen von "es ist nicht der Fall, daß" gebildet haben oder durch Anwendung von "nicht", nennen wir die *Negation* des Ausgangssatzes.

Fassen wir zusammen, welches Zeicheninventar wir gewonnen haben:

(1)　　die logischen Zeichen: $\to$, $\lor$, $\&$, $\neg$;

(2)　　die Satzbuchstaben: p_1, p_2, ..., p_n, ...; und

(3)　　die Klammern als Gliederungszeichen: (,).

Dies ist das *Vokabular* des ersten hier zu betrachtenden Systems logischer Formen, des *Systems der Aussagenlogik*. "Aussagenlogik" sagen wir deshalb, weil es Aussagen sind, die in die Leerstellen der Satzformen eingesetzt werden. – Aus diesem Vokabular lassen sich nun längere Ausdruckskombinationen zusammensetzen. Wie man dabei vorzugehen hat, gehört zum Thema von § 9.

Dieser Paragraph sollte zeigen, wie uns das Prinzip der Wahrheitsfunktionalität dabei helfen kann, gültige Argumentformen zu entwickeln. Wir verwendeten als Hypothese, daß Wahrheitsfunktionen eine Klasse von Folgerungsbeziehungen als Wahrheitswertabhängigkeiten festlegen. Wir haben gesehen, daß ein- und zweistellige Wahrheitsfunktionen Wahrheitswertabhängigkeiten zwischen Aussagen festlegen, und damit Beziehungen der logischen Folgerung. Es ergab sich, daß Wörter, die Wahrheitsfunktionen bezeichnen, als logische Konstanten anzusehen sind, und daß die Ausdrücke, die in die Leerstellen einzusetzen sind, zur Kategorie der Aussagen gehören.

Begründet wurde, daß wahrheitsfunktionale Satzoperatoren logische Wörter sind und zu den logischen Formen gehören. Die Auswahl von "und", "oder", "nicht", "wenn–dann" für das Vokabular der Aussagenlogik läßt sich aber nicht durch die hier vorgetragenen Überlegungen begründen. Sie hängt vielmehr auch davon ab, daß 'zufälligerweise' die natürliche Sprache Wörter aufweist, die die zugehörigen Wahrheitsfunktionen mehr oder weniger gut ausdrücken. Man kann fragen: Warum haben wir in der natürlichen Sprache nur für einige der Wahrheitsfunktionen einen kurzen Ausdruck? Warum nur für die, für die wir einen Ausdruck haben? Und warum scheinen bestimmte Satzoperatoren wie "wenn–dann" in der natürlichen Sprache oft nicht in wahrheitsfunktionaler Weise verwendet zu werden?

§ 8: *Logische Wörter II: Quantitätszeichen*

Manche Argumente – dies haben wir im letzten Paragraphen gesehen – sind dadurch als gültig festgelegt, daß die Wahrheitswerte der Sätze, die in dem Argument vorkommen, von den Wahrheitswerten ihrer Teilsätze funktional abhängen. Daß die Konklusion aus den Prämissen logisch folgt, ist durch wahrheitsfunktionale Abhängigkeiten zwischen Teilsätzen bedingt, die Prämissen und Konklusion konstituieren. Nur ein Teil gültiger Folgerungsbeziehungen aus der Menge aller gültigen Folgerungsbeziehungen der natürlichen Sprache läßt sich auf solche wahrheitsfunktionalen Abhängigkeiten zurückführen. Dies ist offenbar nicht möglich für gültige Argumente wie die folgenden, in denen Quantitätszeichen vorkommen:

XVII   Alle sind sterblich.
           ————————————
           Sokrates ist sterblich.

XVIII   Kohl und Lafontaine sind Politiker.
           ————————————————
           Einige sind Politiker.

Hier ist weder die jeweilige Prämisse Teilsatz der jeweiligen Konklusion, noch ist die Konklusion Teilsatz der Prämisse, noch lassen sich Teilsätze angeben, aus denen Prämissen und Konklusion bestehen. Wahrheitsfunktionale Beziehungen liegen hier der Folgerungsbeziehung also nicht zugrunde.

Kann nun das Extensionalitätsprinzip dazu beitragen, weitere Klassen gültiger Argumentformen auszusondern? Und, falls dem so ist, entspricht diesen Argumentformen eine weitere Klasse logischer Folgerungen in der natürlichen Sprache? Diesen Fragen will ich in diesem Paragraphen nachgehen. Im ersten Teil will ich zeigen, daß dem Extensionalitätsprinzip eigene Folgerungsbeziehungen entsprechen, und daß dies uns dazu führt, bestimmte Quantitätszeichen als logische Wörter auszuzeichnen. Im zweiten Teil geht es um die logischen Formen von Sätzen, in denen diese Quantitätszeichen vorkommen. Im dritten Teil überlegen wir uns, wie die logischen Formen von Sätzen, in denen Quantitätszeichen vorkommen, darzustellen sind.

(i) Extensionalitätsprinzip und logische Folgerung

Betrachten wir Sätze, die keine Satzoperatoren und auch keine Quantitätszeichen enthalten, sondern allein aus allgemeinen Termen und singulären Termen der natürlichen Sprache bestehen. Der Wahrheitswert solcher Sätze hängt laut Extensionalitätsprinzip davon ab, was die singulären Terme bezeichnen und worauf die allgemeinen Terme zutreffen. Die funktionale Abhängigkeit besteht also zwischen dem, was bezeichnet wird (den Gegenständen) und dem, worauf die allgemeinen Terme zutreffen, auf der einen Seite, und Wahrheitswerten auf der anderen Seite. Betrachten wir solche Funktionen genauer.

In den Vorbereich der Funktion gehen sowohl Gegenstände ein wie auch Funktionen, die Gegenständen als Argumenten TRIFFT ZU oder TRIFFT NICHT ZU als Werte zuweisen. Die Funktionen, die TRIFFT ZU bzw. TRIFFT NICHT ZU als Werte haben, stehen für den Beitrag, den allgemeine Terme zum Wahrheitswert von Sätzen machen. Jedem allgemeinen Term kann eine solche Funktion zugeordnet werden. Auf der anderen Seite, im Nachbereich der Funktion, haben wir Wahrheitswerte. – Betrachten wir hierzu ein Beispiel. Sei M eine nicht-leere Menge von Gegenständen, die beliebig groß sein mag. Es handle sich etwa um die Menge aller Hunde, in Vergangenheit, Gegenwart und Zukunft. Wir bilden Teilmengen von M, die wir mit Prädikatausdrücken bezeichnen. So haben wir "... hat schwarzes Fell" für die Menge von Hunden, die schwarzes Fell haben, "... hat braunes Fell" für die Menge von Hunden, die braunes Fell haben, usw. Wir kürzen "... hat schwarzes Fell" mit "N" ab. Wir können nun N nehmen und für jedes einzelne Individuum aus M prüfen, ob "N" auf es zutrifft oder nicht. Genauso können wir mit anderen Prädikatausdrücken vorgehen, so auch mit "H" ("... ist Hund"). Diesen imaginären Prüfprozeß können wir uns als die Anwendung von Funktionen s auf die Menge von Gegenständen aus M vorstellen, die als Werte für einen gegebenen Prädikatausdruck TRIFFT ZU und TRIFFT NICHT ZU hat. Für jeden etwa einstelligen Prädikatausdruck P gibt es eine solche Funktion s_P und für sie gilt:

$$s_P: M \text{-------}> \{TRIFFT\ ZU,\ TRIFFT\ NICHT\ ZU\}$$

Wenn wir einen Satz haben, der aus einem singulären Term und einem Prädikatausdruck zusammengesetzt ist, etwa

Fido hat schwarzes Fell.

dann stellt sich die vom Extensionalitätsprinzip geforderte funktionale Abhängigkeit f folgendermaßen dar:

$f(Fido, s_N) = WAHR$
genau dann, wenn $s_N(Fido) = TRIFFT\ ZU$,
und FALSCH sonst.

Die vom Extensionalitätsprinzip geforderten Funktionen f weisen also Kombinationen von Einzelgegenständen und auf sie angewendeten Funktionen s_P Wahrheitswerte zu.

Nun gibt es klarerweise verschiedene Resultate bei der Anwendung dieser Funktion s für einen Prädikatausdruck P, nämlich unter anderen die folgenden:

(1) s_P ergibt *immer* TRIFFT ZU

(2) s_P ergibt *nicht immer* TRIFFT ZU

(3) s_P ergibt *mindestens einmal* TRIFFT ZU

(4) s_P ergibt *nie* TRIFFT ZU

Natürlich kann s_P mit präziseren Resultaten verbunden sein, etwa mit:

ergibt 69 Mal TRIFFT ZU

ergibt 345 Mal TRIFFT ZU

ergibt in unendlich viel Fällen TRIFFT ZU

Untersuchen wir zunächst die folgende Situation: s_H ergibt (für H) immer TRIFFT ZU. Alle Individuen haben also die Eigenschaft H. Deswegen ergibt s_H auch für ein ganz bestimmtes Individuum, etwa für Fido, den Hund des Nachbarn, TRIFFT ZU. Wenn s_H auf Fido zutrifft, wenn der Name "Fido" Fido bezeichnet, dann ist der Satz "Fido ist ein Hund" wahr. Die Tatsache, daß s_H, auf jeden Gegenstand angewendet, TRIFFT ZU ergibt, erzwingt es also, daß "Fido ist ein Hund" wahr ist.

Gibt es nun Aussagen, die genau dann wahr sind, wenn s für "ist ein Hund" immer TRIFFT ZU ergibt? Aus solchen Aussagen würde offenbar der Satz "Fido ist ein Hund" logisch folgen. Wir haben den Prädikatausdruck "... ist Hund". Und wir benötigen einen Ausdruck *a*, der, vereinigt mit einem Prädikatausdruck, einen Satz ergibt. *a* darf aber kein singulärer Term der natürlichen Sprache sein, denn sonst würde er ja nur ein bestimmtes Einzelding bezeichnen. So bilden wir:

a ist Hund

und es soll gelten:

"*a* ist Hund" ist wahr genau dann,

wenn s_H immer TRIFFT ZU ergibt.

Wir haben also:

a ist Hund
_____

Fido ist Hund.

Offenbar gehören zu den gesuchten Ausdrücken solche wie "alle" oder "jedes beliebige Ding". Denn es gilt:

"Alle sind Hunde" ist wahr genau dann,
wenn s_H immer TRIFFT ZU ergibt.

Nun hatte ich weiter oben konstatiert: Falls s_H immer TRIFFT ZU ergibt, und falls der Name "Fido" Fido bezeichnet, dann ist auch der Satz "Fido ist ein Hund" wahr. Aber genau dann, wenn s für H immer TRIFFT ZU ergibt, ist "Alle sind Hunde" wahr. Es gilt also: Wenn "Alle sind Hunde" wahr ist, dann *muß* auch "Fido ist ein Hund" wahr sein. Diese Abhängigkeit gilt aus zwei Gründen: (1) weil s_H immer TRIFFT ZU ergibt, und (2) weil "Fido" ein Element aus M bezeichnet. Daß die Wahrheit von Sätzen davon abhängt, was singuläre Terme in ihnen bezeichnen bzw. worauf allgemeine Terme in ihnen zutreffen, ist also entscheidend für das Vorliegen der hier betrachteten Abhängigkeit.

Betrachten wir den Fall (3). Nehmen wir an,

Lassie hat braun-weiß geschecktes Fell.

ist wahr. Dann trifft s_B auf Lassie zu (wo B für "hat braun-weiß geschecktes Fell" steht). Dann ergibt s_B aber mindestens einmal TRIFFT ZU. Welche Aussage kann nun wahr sein, wenn s für B mindestens einmal TRIFFT ZU ergibt? Wir bilden:

b hat braun-weiß geschecktes Fell.

und fragen: welcher Ausdruck der natürlichen Sprache kann für "b" eingesetzt werden, sofern gilt:

"*b* hat braun-weiß geschecktes Fell" ist
wahr genau dann, wenn s_B mindestens
einmal TRIFFT ZU ergibt?

Als geeignete Ausdrücke bieten sich an: "es gibt welche,
die", oder "einer", "manche" oder "etwas". Wir haben also:
Wenn "Lassie hat braun-weiß geschecktes Fell" wahr ist,
dann *muß* auch "Es gibt welche, die braun-weiß geschecktes Fell haben" bzw. "Etwas hat braun-weiß geschecktes
Fell" wahr sein. Der zweite Satz folgt also aus dem ersten,
und dies ist dadurch bedingt, was singuläre Ausdrücke in
den Sätzen bezeichnen, und worauf allgemeine Terme in
den Sätzen zutreffen. Ein Satz, der ein Quantitätszeichen
enthält, folgt logisch aus einem Satz, der kein Quantitätszeichen enthält. Auch diese Folgerung beruht auf dem
Extensionalitätsprinzip.

Bislang haben wir von den oben unterschiedenen vier
Möglichkeiten zwei untersucht: den ersten Fall, wenn die
Funktion s_P immer TRIFFT ZU ergibt, und den dritten,
wenn s_P mindestens einmal TRIFFT ZU ergibt. Hierzu
haben wir in der natürlichen Sprache einmal Ausdrücke
wie "alle" und "jedes beliebige Ding" gefunden, zum anderen Ausdrücke wie "etwas" und "es gibt welche, die". Ähnlich können wir in den verbleibenden zwei Fällen vorgehen.
Für den Fall (2) erhalten wir dann natürlich-sprachliche
Ausdrücke wie "nicht alle" oder "nicht jeder beliebige
Gegenstand"; für den Fall (4) erhalten wir dagegen Ausdrücke wie "nichts" oder "kein Ding". – Wir sehen insbesondere: Das Vorkommen von Quantitätszeichen in einem
wahren Satz legt fest, daß bestimmte andere Sätze (die das
Quantitätszeichen nicht enthalten) wahr sein müssen; umgekehrt legt die Wahrheit bestimmter Sätze ohne Quanti-

tätszeichen fest, daß andere Sätze, in denen Quantitätszeichen vorkommen, wahr sein müssen. Insofern spielen Quantitätzeichen eine ähnliche Rolle wie die wahrheitsfunktionalen Satzoperatoren (die logischen Konstanten der Aussagenlogik aus dem vorigen Paragraphen): Diese legen – gegeben die Wahrheitswerte von Teilsätzen – den Wahrheitswert ganzer zusammengesetzter Sätze fest. Jene dagegen legen – gegeben das Zutreffen oder Nichtzutreffen von allgemeinen Termen auf Einzeldinge – ebenfalls den Wahrheitswert von Sätzen fest.

Diese Analogie zwischen Quantitätzeichen und wahrheitsfunktionalen Aussageoperatoren reicht aber noch nicht aus, um Quantitätzeichen als *logische* Konstanten auszuzeichnen. Daß bestimmte Abhängigkeiten zwischen Sätzen, in denen Quantitätzeichen vorkommen, durch das Extensionalitätsprinzip bedingt sind, genügt alleine noch nicht dafür, die Quantitätzeichen als logische Konstanten einzustufen. Denn aufgrund ähnlicher Überlegungen wie der hier angestellten könnten wir auch Wörter wie "500" oder "499" als logische Konstanten auszeichnen. Muß denn nicht etwa auch

499 Mann folgten dem Befehl

wahr sein, wenn

500 Mann folgten dem Befehl

wahr ist? Aus welchem Grund wollen wir also Wörter wie "500" *nicht* zu den logischen Konstanten zählen? Man sagt oft, daß logische Beziehungen wie die der logischen Folgerung solche 'formaler Natur' sein sollen. Ihr Vorliegen soll nicht durch die 'Inhalte', über die wir sprechen, festgelegt sein. Dementsprechend sollte das Vorliegen logischer Beziehungen auch von der Größe der Gegenstandsbereiche, über die wir sprechen, unabhängig sein. Die Resultate der Anwendungen der Funktion s_P, die ich oben unter (1) – (4) unterschieden habe, sind nun völlig unabhängig von der Größe der Gegenstandsbereiche, über die wir sprechen (sofern sie mindestens ein Element enthalten). Das ist aber offenbar bei den anderen Resultaten ("ergibt 20 Mal TRIFFT ZU" usw.) nicht der Fall. Aus diesem Grunde zählen wir Quantitätszeichen, die die Größe der Gegenstandsbereiche, über die wir sprechen, festlegen, nicht zu den logischen Konstanten. Und eben deswegen können wir Ausdrücke wie "alle", "es gibt welche", "keine", "einige" als logische Konstanten auszeichnen.

(ii) Quantitätszeichen und logische Formen

Bislang habe ich durch das Extensionalitätsprinzip festgelegte Folgerungsbeziehungen aufgewiesen, in denen Quantitätszeichen eine Rolle spielen, und zu motivieren gesucht, warum Quantitätszeichen logische Konstanten sind. Was sind nun die logischen Formen von Sätzen, in denen Quantitätszeichen vorkommen? Zunächst ist klar: in den logischen Formen bleiben Quantitätszeichen entsprechende Ausdrücke stehen. Welcher Art sind diese den Quantitätszeichen entsprechenden Ausdrücke?

Überlegen wir uns hierzu, wann folgender Satz (1) wahr ist:

(1)   Alle beneiden jemanden.

Stellen wir uns vor, daß Oskar den Helmut beneidet. Der Relationsausdruck "beneidet" trifft also auf das geordnete Paar <Oskar, Helmut> zu. Das bedeutet aber auch, daß

der Prädikatausdruck "Oskar beneidet" auf Helmut zutrifft. Und das bedeutet, daß, die Wahrheit von

> Oskar beneidet Helmut.

vorausgesetzt, auch die Wahrheit von

> Oskar beneidet mindestens einen.

garantiert ist. Denn die in dem Prädikatausdruck "Oskar
beneidet ----" zugeordnete Funktion ergibt ja in mindestens
einem Falle TRIFFT ZU. Stellen wir uns nun weiter vor,
daß Hannelore Juliane beneidet. "beneidet" trifft also auf
das Paar <Hannelore, Juliane> zu. Deshalb trifft auch der
Prädikatausdruck "Hannelore beneidet ----" auf mindestens
ein Individuum zu, und deshalb ist der Satz

> Hannelore beneidet jemanden.

wahr. – In den beschriebenen Fällen trifft also der Prädikatausdruck "... beneidet mindestens einen" auf Oskar zu
wie auch auf Hannelore. Nehmen wir nun an, daß dieser
Prädikatausdruck auf *alle* Individuen zutrifft, die der Menge angehören, die Argumentbereich für die Funktionen ist.
In diesem Fall ergibt die "beneidet mindestens einen" zugeordnete Funktion in allen Fällen TRIFFT ZU. Das
bedeutet aber, daß der Satz "Alle beneiden mindestens
einen" wahr ist.

Die Wahrheit von (1) hängt also in der beschriebenen
Weise von der Wahrheit anderer Sätze ab; und die Wahrheit der anderen Sätze ist ihrerseits durch das determiniert,
was die Teilausdrücke bezeichnen, sowie dadurch, worauf
die allgemeinen Terme zutreffen. So kann man die Wahrheitsbedingungen von Sätzen mit Quantitätszeichen auf die
Wahrheitsbedingungen einfacherer Sätze zurückführen und
schließlich auf die Bedingungen des Zutreffens von allgemeinen Termen auf Gegenstände bzw. n-Tupel von Ge-

genständen. Dabei gehen wir davon aus, daß Sätze, in denen Quantitätszeichen vorkommen, andere Sätze voraussetzen, in denen anstelle der Quantitätszeichen gewöhnliche singuläre Terme der natürlichen Sprache vorkommen. Diese Abhängigkeit in den Wahrheitswerten wollen wir nun zum Ausdruck bringen, wenn wir die logischen Formen von Sätzen mit Quantitätszeichen angeben. Die logischen Formen müssen also so spezifiziert werden, daß die Formen von Sätzen, die als wahr vorausgesetzt werden (angenommen, daß die Sätze, die wir analysieren, wahr sind) rekonstruierbar sind.

Betrachten wir noch folgenden Satz:

(2)   Mindestens einer beneidet alle.

Falls dieser Satz wahr ist, kann es etwa der Fall sein, daß Oskar alle beneidet. Nehmen wir dies an. Dann trifft "beneidet" auf alle solche Gegenstandspaare zu, deren erste Koordinate Oskar ist, deren zweite Koordinaten beliebige Objekte sind. Wenn dies der Fall ist, dann ist

Oskar beneidet alle.

wahr. Und wenn "beneidet alle" auf Oskar zutrifft, trifft "beneidet alle" auf mindestens eine Person zu, und deshalb ist (2) wahr. – Wenn wir die logischen Formen von Sätzen wie (1) und (2) spezifizieren, muß also deutlich werden, *welche unterschiedlichen Sätze jeweils für die Wahrheit des zu analysierenden Satzes als wahr vorausgesetzt werden*, und dabei muß auch klar werden, *welche allgemeinen Terme auf n-Tupel von Gegenständen zutreffen sollen*. Wie können wir dieser Aufgabe gerecht werden?

Letzten Endes wird nun immer vorausgesetzt, daß bestimmte Sätze, die *nur* allgemeine und singuläre Terme (und *keine Quantitätszeichen*) enthalten, wahr sind – wenn wir die Wahrheit der zu analysierenden Sätze unterstellen. So setzen die Annahme der Wahrheit von sowohl (1) wie (2) die Annahme der Wahrheit von Sätzen wie

Hannelore beneidet Juliane.

voraus. (1) und (2) selbst enthalten aber keine singulären Terme. Anstatt also singuläre Terme zu verwenden, bedienen wir uns eines Hilfsmittels: Wir setzen Ausdrücke ein, die anzeigen sollen, daß an ihrer Stelle singuläre Terme stehen könnten. Wir wollen hier die Buchstaben "x_1" und "x_2" für diesen Zweck verwenden. Somit erhalten wir als einen Grundbestandteil der logischen Formen von (1) und (2):

x_1 beneidet x_2.

Dieser Ausdruck zeigt an, Sätze welcher Art als wahr vorausgesetzt werden, wenn (1) bzw. (2) als wahr angenommen werden. Daß mindestens einer beneidet wird, können wir nun so schreiben:

Für mindestens ein x_2 trifft zu: x_1 beneidet x_2.

Dies trifft aber auf alle zu, d. h.

(3)   Für alle x_1 trifft zu: für mindestens ein x_2 trifft zu: x_1 beneidet x_2.

Auch für die Analyse von (2) gehen wir von "x_1 beneidet x_2" aus. Daß alle beneidet werden, schreiben wir so:

Für alle x_2 trifft zu: x_1 beneidet x_2.

Es gibt aber mindestens einen, auf den dies zutrifft; also erhalten wir:

(4)   Für mindestens ein x_1 trifft zu: für alle x_2 trifft zu: x_1 beneidet x_2.

Diese Schreibweise ist nur vorläufig; im nächsten Abschnitt werden wir sie durch eine weniger umständliche Schreibweise ersetzen.

(iii) Die Zeichen der Prädikatenlogik

Zunächst bestimmen wir die Kategorien der Ausdrücke, die in die Leerstellen logischer Formen einzusetzen sind. Betrachten wir folgendes Argument:

IXX   Alle Griechen sind Menschen.
       Alle Menschen sind sterblich.
       ─────────────────────────────
       Alle Griechen sind sterblich.

Wenn wir in diesem Argument die in den Sätzen vorkommenden Prädikatausdrücke ("Grieche", "Mensch", "sterblich") durch andere Prädikatausdrücke ersetzen, erhalten wir wieder ein gültiges Argument. Man setze etwa ein: für "Grieche" "Junger Pionier", für "Mensch" "Konsomolze" und für "sterblich" "Kommunist". Entscheidend für die Gültigkeit des betrachteten Arguments ist also nur – neben dem Vorkommen bestimmter Quantitätszeichen –, welcher grammatischen Kategorie die ersetzbaren Ausdrücke angehören. Es dürfen keine singulären Terme sein, es sind vielmehr Prädikatausdrücke (oder generell: allgemeine Terme). Wenn wir die logische Form des untersuchten Arguments aufdecken wollen, müssen wir also berücksichtigen, daß die ersetzbaren Ausdrücke der Kategorie der Prädikatausdrücke angehören. Dies können wir etwa auf folgende Weise tun:

$$\text{Alle } \text{----}_P \text{ sind } \text{........}_P$$
$$\text{Alle } \text{........}_P \text{ sind } ===_P$$
$$\overline{}$$
$$\text{Alle } \text{----}_P \text{ sind } ===_P$$

wobei ich unter die Leerstellenkennzeichnung ein "P" angebracht habe, um anzudeuten, daß hier nur Prädikatausdrücke der natürlichen Sprache eingesetzt werden dürfen.

Wir können nun die besonders gekennzeichneten Leerstellen mit eigens gewählten Kürzeln ersetzen. Wir wollen dabei nicht nur Prädikatausdrücke, sondern auch Relationsausdrücke berücksichtigen. Die Kürzel, die wir verwenden, nennen wir *Relationsbuchstaben*:

$$R_1, R_2, \ldots$$

Es sind Buchstaben, die für Leerstellen stehen, an denen sich Relationsausdrücke oder Prädikatausdrücke einsetzen lassen. Wenn Mißverständnisse entstehen können, müssen wir die *Stelligkeit* der Relationsbuchstaben angeben. Diese können wir mit den Relationsbuchstaben durch Anbringen eines oberen Index anzeigen. So erhalten wir folgende Liste:

$$R_1^1, R_2^1, \ldots, R_k^1$$
$$R_1^2, R_2^2, \ldots, R_i^2$$
$$\ldots\ldots\ldots\ldots\ldots\ldots$$
$$R_1^n, R_2^n, \ldots, R_m^n$$

Die oberen Indizes stehen für die Stelligkeit der Relationsbuchstaben, die unteren Indizes geben an, um die wievielten Relationsbuchstaben es sich in der Liste der n-stelligen Relationsbuchstaben handelt. Dabei bezeichnen "k", "i", "m", "n" irgendwelche natürlichen Zahlen. Die Argumentform von IXX können wir nunmehr vorläufig so darstellen:

$$\text{Alle } R_1^1 \text{ sind } R_2^1$$
$$\text{Alle } R_2^1 \text{ sind } R_3^1$$
$$\overline{\text{Alle } R_1^1 \text{ sind } R_3^1}$$

Die singulären Terme der natürlichen Sprache hatte ich in Eigennamen und Kennzeichnungen unterteilt. Betrachten wir jetzt ein Argument, in dem ein Eigenname vorkommt:

> Sokrates ist ein Mensch.
> Alle Menschen sind sterblich.
> ───────────────────
> Sokrates ist sterblich.

Von derselben Form ist das folgende Argument, in dem eine Kennzeichnung vorkommt:

> Das einzige Haustier des Nachbarn ist ein Hund.
> Alle Hunde sind Vierbeiner.
> ───────────────────
> Also ist das einzige Haustier des Nachbarn ein Vierbeiner.

Für die Gültigkeit dieser Argumente ist offenbar von Bedeutung, daß der Ausdruck "das einzige Haustier des Nachbarn" und der Ausdruck "Sokrates" singuläre Terme der natürlichen Sprache sind. Wir benötigen also auch Leerstellen, in die nur singuläre Terme der natürlichen Sprache eingesetzt werden dürfen. Diese Leerstellen wollen wir nun eigens kennzeichnen. Hierzu führen wir den kleinen Buchstaben "a" mit zugehörigem unterem Index ein und erhalten so die *Individuenbuchstaben*

$$a_1, a_2, a_3, \ldots, a_n, \ldots$$

Es sind Buchstaben, die für Leerstellen stehen, an denen singuläre Terme der natürlichen Sprache, also Ausdrücke, die Individuen bezeichnen, eingesetzt werden können.

Wie wir in (i) gesehen haben, müssen wir bei der logischen Analyse von Sätzen wie (1) und (2) Relationsausdrücke mit zugehörigen Zeichen berücksichtigen, die anzeigen, daß an ihrer Stelle singuläre Terme stehen können. Wir haben hierfür die Buchstaben "x_1" und "x_2" verwendet. Solche Zeichen wollen wir hinfort *Individuenvariablen* nennen. Um einen unbegrenzten Vorrat zu erhalten, verwenden wir die folgende Liste:

$$x_1, x_2, x_3, \ldots, x_n, \ldots$$

Anstatt wie in (3) und (4) die Quantitätszeichen "alle", "einige" und ihnen gleichbedeutende Ausdrücke auszuschreiben, ersetzen wir diese Ausdrücke durch abkürzende Symbole. Solche Ausdrücke, die anzeigen, daß ein Prädikat immer zutrifft, ersetzen wir durch "$\forall$" ("$\forall$" steht für "allgemein"). Solche Ausdrücke, die anzeigen, daß ein Prädikat mindestens einmal zutrifft, ersetzen wir durch "$\exists$" (für "existiert"). Somit erhalten wir aus (3) und (4) die folgenden Kurzfassungen:

(5) $\forall x_1 \ \exists x_2: x_1$ beneidet x_2.

(6) $\exists x_1 \ \forall x_2: x_1$ beneidet x_2.

Um zu einer einheitlichen Redeweise für solche formalisierten 'Sätze' zu gelangen, vereinbaren wir, (5) und (6) auf folgende Art zu lesen:

(5')   Für alle x_1, für mindestens ein x_2: x_1 beneidet x_2.

(6')   Für mindestens ein x_1, für alle x_2: x_1 beneidet x_2.

Die Symbole "$\forall$" und "$\exists$" (in der Literatur kommen auch andere Zeichen vor, so etwa "U" bzw. "E") nennen wir hinfort *Quantoren*. "∃" ist der *Existenzquantor*, "∀" der *Allquantor*.

Betrachten wir die Sätze

(7)   Alle Menschen sind sterblich.

(8)   Einige Menschen sind sterblich.

Wie können wir diesen Sätzen unter Verwendung des bisher erarbeiteten Instrumentariums logische Formen zuordnen? Beginnen wir mit (8). Wann ist dieser Satz wahr? Offenbar dann, wenn es mindestens einen Menschen gibt, etwa Sokrates, für den gilt:

Sokrates ist ein Mensch und

Sokrates ist sterblich.

Schreiben wir nun für die Prädikatausdrücke "ist ein Mensch" und "ist sterblich" "R_1^1" bzw. "R_2^1", für den Eigennamen "Sokrates" einfach "a_1" und für die Konjunktion "&", so erhalten wir:

$$(R_1^1 a_1 \ \& \ R_2^1 a_1).$$

Dies entspricht noch nicht (8). Denn in (8) kommt ja kein singulärer Term der natürlichen Sprache vor, sondern ein Quantitätszeichen. Ersetzen wir nun "a_1" durch die Individuenvariable "x_1", so erhalten wir:

$$(R_1^1 x_1 \ \& \ R_2^1 x_1).$$

Dies ist aber noch keine Satzform. Deshalb schreiben wir den Existenzquantor mit der passenden Individuenvariable davor:

$$\exists x_1 \ (R_1^1 x_1 \ \& \ R_2^1 x_1).$$

Und das ist die logische Form von (8). Wir können sie so lesen:

Für mindestens ein x_1 gilt: $R_1^1 x_1$ und $R_2^1 x_1$.

Was aber ist die logische Form von (7)? Um diese Frage beantworten zu können, überlegen wir uns zunächst, wann (7) falsch wäre. (7) wäre falsch, wenn es einen Menschen gäbe, der nicht sterblich wäre, etwa Herkules. Wenn (7) falsch wäre, könnte also gelten:

Herkules ist ein Mensch und
Herkules ist nicht sterblich.

In einem solchen Fall wäre aber der Satz (9) falsch:

(9)   Wenn Herkules ein Mensch ist,
         dann ist er sterblich.

Halten wir also fest: Wenn (7) falsch ist, dann ist ein Satz wie (9) falsch. Aber nun ist leider jeder Satz wie (9) wahr, gleich ob wir als Eigennamen nun "Herkules" oder "Kohl", "Juliane Weber" oder "Steffi Graf" nehmen. Weil jeder solche Satz wahr ist, ist auch (7) wahr. Für die Wahrheit von (7) scheint also die Wahrheit all derjenigen Sätze vorausgesetzt zu sein, welche die Form haben:

Wenn s ein Mensch ist, dann ist s sterblich.

wo "s" für die verschiedensten singulären Terme der natürlichen Sprache steht. Die logische Form solcher Sätze ist ein Konditional:

$$(R_1^1 s \rightarrow R_2^1 s).$$

Deswegen schließen wir, daß (7) ein 'verallgemeinertes Konditional' ist, also die folgende logische Form hat:

(10) $\forall x_1 \ (R_1^1 x_1 \rightarrow R_2^1 x_1).$

Die logischen Formen von (7) und (8) unterscheiden sich also auch durch die in ihnen vorkommenden aussagenlogischen Zeichen, nicht nur durch die in ihnen vorkommenden Quantoren. – Obzwar man vielleicht erwarten würde, daß

(11) $\forall x_1 \ (R_1^1 x_1 \ \& \ R_2^1 x_1)$

die logische Form von (7) ist, ist (11) de facto ein Ausdruck, der viel mehr behauptet als (10). Er ist nämlich die logische Form von

Alle Dinge sind Menschen und sterblich.

(7) besagt dies aber sicherlich nicht, und deshalb kann (11) nicht die logische Form von (7) sein.

Wenn wir uns die logischen Formen von (7) und (8) ansehen, bemerken wir, daß in ihnen *Satzoperatoren* vorkommen. Die Diskussion der Sätze (7) und (8) hat somit ergeben, daß wir bei der Zuordnung von logischen Formen zu Sätzen der natürlichen Sprache, in denen Quantitätszeichen vorkommen, die zweistelligen Satzoperatoren der Aussagenlogik heranziehen müssen. Natürlich benötigen wir außerdem den einstelligen Satzoperator der Negation. Das sehen wir, wenn wir etwa folgendem Satz eine Satzform zuordnen wollen:

Es gibt Personen, die glatzköpfig sind, und es gibt Personen, die nicht glatzköpfig sind.

Wenn wir für "Person" "R_1^1" und für "glatzköpfig" "R_2^1" setzen, dann erhalten wir:

$$(\exists x_1 \, (R_1^1 x_1 \,\&\, R_2^1 x_1) \,\&\, \exists x_1 \, (R_1^1 x_1 \,\&\, \neg R_2^1 x_1)).$$

In diesem Ausdruck kommt das Negationszeichen vor.

Der einstellige Satzoperator der Negation wird nun aber auch bei der Wiedergabe der Worte "keiner", "nichts" bzw. "nicht alle" verwendet, die – wie wir sahen – ja auch zu den Quantitätszeichen zählen. Betrachten wir etwa den Satz:

Es gibt Einhörner.

Dieser Satz hat die logische Form:

$$\exists x_1 \, R_1^1 x_1.$$

Der Satz "Es gibt Einhörner" ist falsch. Wahr ist dagegen der folgende Satz:

> Es ist nicht der Fall, daß es Einhörner gibt.

Oder besser:

> Es gibt keine Einhörner.

Dieser Satz hat die logische Form:

$$\neg\exists x_1\ R_1^1 x_1.$$

Negative Quantitätszeichen wie "keiner" bzw. "nichts" oder "nicht alle" erhalten wir also, wenn wir Sätze, die mit "es gibt" bzw. "einige" beginnen, negieren. "keiner" und "nichts" sind somit gleichbedeutend zu Kombinationen von Quantitätszeichen wie "alle" und "mindestens einer" und dem Negationsoperator, ebenso das negative Quantitätszeichen "nicht alle". Festzuhalten ist jedenfalls, daß die negativen Quantitätszeichen das Vorkommen des (aussagenlogischen) Negationsoperators in den logischen Formen anzeigen.

Fassen wir nunmehr zusammen, welches Zeicheninventar wir bei der Diskussion der logischen Formen von Sätzen mit Quantitätszeichen gewonnen haben:

Wir haben die *Satzoperatoren* erhalten, die uns bereits aus der Aussagenlogik bekannt sind.

In diesem Paragraphen haben wir zusätzlich die *Quantoren* "∀" und "∃" kennengelernt, die für bestimmte Quantitätszeichen der natürlichen Sprache stehen. Sowohl sie wie die Satzoperatoren sind logische Konstanten.

Eingeführt wurden des weiteren die *Individuenvariablen*:

$$x_1, x_2, x_3, \ldots$$

Die *Individuenbuchstaben* kamen hinzu als Leerstellen für singuläre Terme der natürlichen Sprache:

$$a_1, a_2, a_3, \ldots$$

Wir benötigten außerdem die *Relationsbuchstaben* R_m^n. Und schließlich brauchten wir die Klammern als *Gliederungszeichen*. Die Satzoperatoren, die Quantoren, die Individuenvariablen, die Individuenbuchstaben, die Relationsbuchstaben und die Klammern bilden zusammen das Vokabular des Systems der *Prädikatenlogik* (1. Ordnung). Wir nennen dieses System "Prädikatenlogik", weil Prädikatausdrücke zu den Ausdrücken gehören, die in die Leerstellen der logischen Formen eingesetzt werden. Warum wir "1. Ordnung" sagen, wird in § 18, H erläutert. Satzoperatoren und Quantoren stehen für die logischen Wörter der natürlichen Sprache; Individuenbuchstaben und Relationsbuchstaben stehen für Leerstellen unterschiedlicher Art.

Hierzu noch etwas Terminologie. Die Satzoperatoren und die Quantoren wollen wir die *logischen Zeichen der Prädikatenlogik* nennen. Es ist zweckmäßig, wenn wir Individuenbuchstaben und Individuenvariablen unter ein Wort fassen: als *singulären Term der Prädikatenlogik* wollen wir einen Ausdruck bezeichnen, sofern er Individuenbuchstabe oder Individuenvariable ist. – Einen Satz der natürlichen Sprache, dessen logische Form am Anfang einen Allquantor enthält (und sonst keine Quantoren), wollen wir *Allsatz* nennen; einen Satz der natürlichen Sprache, dessen logische Form am Anfang einen Existenzquantor aufweist (und sonst keine Quantoren), nennen wir *Existenzsatz*. Sätze, in deren logischen Formen Quantoren vorkommen, nennen wir *generelle Sätze*; Sätze, in deren logischen Formen keine Quantoren vorkommen, nennen wir *singuläre Sätze*. Diese Klassifikation hat insbesondere in der Wissenschaftstheorie Bedeutung.

§ 9: Zwei Systeme logischer Formen

Wir abstrahierten aus Sätzen der natürlichen Sprache ihre logischen Formen. Können wir nun die logischen Formen der Aussagenlogik bzw. der Prädikatenlogik in kurzer und systematischer Weise charakterisieren? Eine solche Charakterisierung gehört zu den Aufgaben der *Grammatik* oder *Syntax* eines Zeichensystems. Gegenstand dieses Paragraphen ist die Erstellung von Grammatiken der logischen Formen der Aussagenlogik und der Prädikatenlogik. Zunächst geht es um die Frage, was eine Grammatik im Allgemeinen zu leisten hat. Bei der Beantwortung dieser Frage lernen wir eine wichtige Art von Begriffsbildung kennen: die Definition von Mengen mittels sogenannter *induktiver Definitionen*. Induktive Definitionen sind mit einem besonderen mathematischen Beweisverfahren verbunden, dem Verfahren des *induktiven Beweises*. Induktive Definitionen und induktive Beweise sind die zweite Thematik dieses Paragraphen. Im dritten und im vierten Abschnitt werden die Grammatik der logischen Formen der Aussagenlogik und die Grammatik der logischen Formen der Prädikatenlogik erstellt.

(i) Syntaktische Systeme

Was ist eine *syntaktische Betrachtung* einer Sprache (oder allgemeiner: eines Zeichensystems)? Eine syntaktische Betrachtung sieht von der Bedeutung oder vom Sinn der Zeichen ab, ebenso davon, was durch diese Zeichen bezeichnet wird bzw. worauf sie zutreffen. Sie konzentriert sich auf bloß 'formale' Aspekte. Sie studiert, wie sprachliche Ausdrücke zusammengesetzt werden (*syntassein* heißt im Altgriechischen "zusammenstellen", daher "syntaktisch"). Im Gegensatz zur syntaktischen Betrachtung steht die *semantische Betrachtung* eines Zeichensystems (*semainein* heißt im Altgriechischen "bezeichnen"). Semantische Betrachtungen fragen danach, wovon die Wahrheit von Ausdruckskombinationen abhängt (falls man in einem gegebenen System Ausdruckskombinationen sinnvollerweise Wahrheit oder Falschheit zuschreiben kann), oder danach, was Ausdrücke bezeichnen bzw. worauf sie zutreffen, oder auch danach, welchen Sinn oder welche Bedeutung ein Ausdruck hat.

Wir können also ein Zeichensystem entweder in semantischer oder in syntaktischer Hinsicht untersuchen. Wenn wir es in syntaktischer Hinsicht untersuchen, dann behandeln wir es als *syntaktisches System*. Was ist ein syntaktisches System?

Definition:

Eine Zeichenmenge heißt *syntaktisches System*, wenn für sie zweierlei festgelegt ist:

(1) ein *Vokabular*, d.h. eine Menge einfacher oder nicht-zusammengesetzter (wie man auch sagt: *primitiver*) Zeichen;

(2) eine *Grammatik* (oder *Syntax*), das ist eine Menge von Regeln, die bestimmen, welche Kombinationen von Zeichen aus dem Vokabular zulässig sind, und welche andererseits als unzulässig auszuschließen sind; kurz: welche Zeichenkombinationen als grammatikalisch korrekt zu gelten haben.

Diese Definition möchte ich nunmehr erläutern: Zuerst erkläre ich, was ein Vokabular ist, sodann was eine Kombination von Zeichen aus dem Vokabular ist, und schließlich gehe ich auf den Begriff der Grammatik ein.

Was ist ein Vokabular? *Ein Vokabular ist eine nichtleere Menge von Zeichen*, oder, wie man in Bezug auf die natürliche Sprache sagen kann, von Wörtern oder Lexemen. Eine Kombination von Zeichen aus dem Vokabular, oder kurz: *ein Ausdruck über dem Vokabular*, ist dasjenige, das entsteht, wenn wir Zeichen aus dem Vokabular miteinander verbinden, etwa hintereinander schreiben. Dabei können wir verschiedene Zeichen nehmen, wir können aber auch dasselbe Zeichen wiederholen. Wenn wir Zeichen aus dem Vokabular hintereinander schreiben, dann verketten wir die Zeichen, wir wenden also die Operation der *Verkettung* an.

Gegeben ein Vokabular, können wir mit der Verkettungsoperation sehr viele Ausdrücke bilden. Über einem noch so kleinen Vokabular können wir immer neue Ausdrücke herstellen, wenn uns allein die Verkettungsoperation und sonst nichts gegeben ist. Das Vokabular kann dabei auch nur aus *einem einzigen* Zeichen bestehen, wie im folgenden *Beispiel*:

Vokabular V = {/};

Ausdrücke über V, geformt bis auf den ersten durch Verkettung sind etwa: /, //, /////; die Verkettung v von "/" mit "//" (also: v("/", "//") ist: ///.

Mittels der Verkettungsoperation erhalten wir über einem gegebenen Vokabular weitere Ausdrücke; durch beliebig oft wiederholtes Ausführen der Operation erzeugen wir beliebig viele Ausdrücke. Normalerweise sind wir aber nicht an all diesen Ausdrücken interessiert; die, die uns nicht interessieren, müssen wir hinauswerfen. Bei dieser

Aufgabe sollte uns eine *Grammatik* (oder *Syntax*) helfen. Sie soll die Menge der Ausdrücke in zwei Teilmengen unterteilen: in die Menge der *wohlgeformten* Ausdrücke und in die Menge der *nicht-wohlgeformten*. Sie soll sagen, welche Ausdrücke 'grammatikalisch korrekt' oder einfach 'grammatikalisch' sind, d. h., welche Ausdrücke den Regeln der Grammatik entsprechen, und welche nicht. Und da wir in jedem einzelnen Fall daran interessiert sind, darüber *entscheiden* zu können, ob eine Zeichenkombination grammatikalisch korrekt ist oder nicht, sollte uns die Grammatik dazu in die Lage versetzen, nach *endlich* vielen Schritten zu einer solchen Entscheidung zu kommen.

Diese Aufgabe könnte nun vielleicht gelöst werden, indem man eine *Liste* anfertigt: eine Liste, die die grammatikalischen Ausdrücke enthält und mit einer Bemerkung versehen ist, daß alle anderen Ausdrücke ungrammatikalisch sind, also nicht grammatikalisch korrekt. Manchmal kann eine endliche Liste als Grammatik angesehen werden. In solchen Fällen haben wir aber sehr beschränkte Symbolsysteme vor uns. – Selbst wenn das Vokabular endlich ist, ist es nämlich im Allgemeinen unmöglich, endlich lange Listen grammatikalischer Ausdrücke zu erstellen. Es ist unmöglich, weil es im Allgemeinen unendlich viele grammatikalische (nicht allein unendlich viele *un*grammatikalische) Ausdrücke gibt. Das liegt daran, daß die Verkettungsoperation beliebig oft hintereinander ausgeführt werden kann, und dabei im Allgemeinen nicht bloß ungrammatikalische, sondern immer wieder auch grammatikalische Ausdrücke zustandekommen. Eine Grammatik hat also normalerweise die Aufgabe, *unendliche* Mengen zu charakterisieren. Und diese Charakterisierung hat so zu erfolgen, daß wir, gegeben eine Zeichenkombination, in endlich vielen Schritten zur Entscheidung darüber kommen können, ob die Kombination grammatikalisch ist oder nicht.

Dieses Ziel kann erreicht werden, wenn wir folgendermaßen vorgehen: Zunächst erstellen wir endliche Listen *einfacher* Ausdrücke, die grammatikalisch sind, oder geben auf eine andere Weise eine Menge *einfacher* grammatikalischer Ausdrücke an; sodann spezifizieren wir, wie wir *stufenweise* – von den einfachen Ausdrücken ausgehend – von kürzeren grammatikalischen Ausdrücken zu längeren grammatikalischen Ausdrücken kommen können. Dabei erweist es sich oft als praktisch, die Menge der Ausdrücke wiederum in verschiedene Teilmengen zu unterteilen, sie damit also verschiedenen grammatischen Kategorien zuzuordnen.

Fortsetzung des Beispiels:

Grammatik über dem Vokabular V = {/}:

    Nur folgende Ausdrücke sind wohlgeformt:

    (i) "//" ist wohlgeformt;

    (ii) falls a wohlgeformt ist, ist auch v(a,"//")
        wohlgeformt.

Die Liste einfacher Ausdrücke enthält allein "//" gemäß Klausel (i); Klausel (ii) zeigt, wie wir stufenweise von kürzeren zu längeren grammatikalischen Ausdrücken kommen können.

Oft, und zwar insbesondere in der Sprachwissenschaft, wird der Ausdruck "Grammatik" auch in einem anderen Sinne gebraucht als in dem eben besprochenen: Man hält dort Zusammenstellungen von Ausdrücken, die irgendwie *unsinnig* sind, für ungrammatikalisch, so etwa Sätze wie

"Farblose Ideen schlafen auf wütende Weise". Bei dieser Verwendung von "Grammatik" wird der Inhalt von Sätzen berücksichtigt, und damit kommen semantische Überlegungen zum Tragen. In der Charakterisierung von "Grammatik", die wir in diesem Abschnitt kennengelernt haben, spielt dagegen der Inhalt von Ausdrücken bzw. ihre Semantik überhaupt keine Rolle. – Wieder eine andere Bedeutung von "Grammatik", die auch semantische Eigenschaften betrifft, hatten wir in § 6 kennengelernt. Dort wurde eine Klassifikation sprachlicher Einheiten "logische Grammatik" genannt, wenn sie die verschiedenen Arten berücksichtigt, in denen Ausdrücke zum Wahrheitswert von Sätzen beitragen.

(ii) Induktive Definition und induktiver Beweis

Bevor wir uns mit der Grammatik von Aussagen- und Prädikatenlogik beschäftigen, wollen wir uns die Art der Begriffsbildung näher ansehen, die mit der Aufstellung von Grammatiken verbunden ist. Die Grammatik in dem oben betrachteten Beispiel des syntaktischen Systems von Strichen kann als eine *Definition* angesehen werden. Definiert wird mit ihr eine Menge, und zwar die Menge der wohlgeformten Ausdrücke über dem Vokabular. Zunächst werden einfachste Elemente angegeben (nur ein Element: "//"), sodann wird eine Regel formuliert, die sagt, wie wir, wenn bereits gebildete Elemente gegeben sind, neue Elemente bilden können. Und dabei wird zum Ausdruck gebracht (durch "Nur folgende Ausdrücke sind wohlgeformt ..."), daß die definierte Menge *allein* die einfachsten Elemente enthält und solche, die mittels der Regel aus den einfachsten sich herstellen lassen. Eine Definition dieser Art heißt *induktive Definition*. – Eine induktive Definition besteht (1) aus einer *Basisklausel*, die die Grundelemente der definierten Menge spezifiziert, (2) aus einer *induktiven Klausel* (oder mehreren induktiven Klauseln), die sagt, wie weitere Elemente generiert werden, und (3) aus einer Angabe, daß *alle* Elemente der Menge entweder Grundelemente sind oder der induktiven Klausel entsprechend generiert.

Wenn ein Objekt Element einer induktiv definierten Menge ist, dann können wir dies mit Anwendung der induktiven Definition auch beweisen. Unter Verwendung der induktiven Definition unseres Beispiels können wir etwa folgende Behauptung beweisen:

"//////" ist ein wohlgeformter Ausdruck über {/}.

Erstens gilt wegen Klausel (i), daß "//" ein wohlgeformter Ausdruck ist. Nun wenden wir auf "//" die Verkettungsoperation an, indem wir "//" hinzufügen, und wir erhalten $v($"//","//"$) = ////$, und dies ist wegen (ii) ein wohlgeformter Ausdruck. Wenn wir mittels der Verkettungsoperation wiederum "//" hinzufügen, erhalten wir $v($"////","//"$) = //////$, und dies ist laut (ii) ein wohlgeformter Ausdruck. – Dieser Beweis nutzt die Tatsache aus, daß die Menge der wohlgeformten Ausdrücke induktiv definiert ist. Ausgehend von – laut der Basisklausel – einfachsten Elementen werden mit Anwendung der induktiven Klausel kompliziertere Elemente generiert und damit als wohlgeformt nachgewiesen.

Ebenso können wir beweisen, daß bestimmte Gegenstände *nicht* zur induktiv definierten Menge gehören. Unter der Verwendung der induktiven Definition unseres Beispiels können wir zeigen, daß bestimmte Ausdrücke nicht wohlgeformt sind. Betrachten wir etwa den Ausdruck "///".

Offenbar gilt: ///≠//. Also ist "///" nicht das einfachste Element. Mittels der induktiven Klausel lassen sich, gegeben bestimmte Elemente, nur Elemente erzeugen, die länger sind als die bisher erzeugten. Also kann "///" nicht aus v("//","//") erhalten werden oder aus Ausdrücken, die länger sind als v("//","//"). "///" kann also nicht mittels der induktiven Klausel erzeugt werden. Da die induktiv definierte Menge *nur* die einfachsten Elemente und die gemäß der induktiven Klausel erzeugten enthält, und "///" weder einfach noch erzeugt ist, kann "///" nicht zur Menge der wohlgeformten Ausdrücke gehören.

Induktive Definitionen begegnen uns nicht nur bei der Erstellung von Grammatiken. Eine besonders wichtige induktive Definition ist – wie wir gleich sehen werden – die der Menge der natürlichen Zahlen. Wir finden Mengen, die induktiv definiert sind, überall in der Mathematik. Deswegen zählt die Technik der induktiven Definition zum grundlegenden Instrumentarium mathematischen Denkens. Hier habe ich induktive Definitionen in intuitiver und nicht-präziser Weise eingeführt.[1]

Mit Mengen, die induktiv definiert sind, ist nun ein in der Mathematik überall verwendetes Beweisverfahren verbunden, nämlich die Methode des *induktiven Beweises*. Wenn wir Behauptungen der Art

Alle Gegenstände, die zur Menge F gehören, haben die Eigenschaft Q.

---

[1] Eine präzise mathematische Behandlung findet sich in Peter Aczel: "Inductive Definition" in: Barwise, J. (Hrsg.), *The Handbook of Mathematical Logic*, Amsterdam u. a. 1977.

zu beweisen haben, und wenn die Menge F induktiv definiert ist, dann müssen wir die Methode des induktiven Beweises verwenden. Ein induktiver Beweis einer solchen Behauptung ist ein Beweis, der aus zwei Schritten besteht: aus der *Induktionsbasis*, in der gezeigt wird, daß die Eigenschaft Q auf die einfachen Elemente zutrifft, und aus einem *Induktionsschritt*, in dem wir zeigen, daß, falls die Eigenschaft Q auf irgendwelche Elemente zutrifft, sie für alle Elemente zutrifft, die entsprechend der induktiven Klausel aus ihnen gebildet worden sind. Wenn diese Schritte durchgeführt sind, dann können wir schließen, daß *alle* Elemente der induktiv definierten Menge die Eigenschaft Q haben (da F ja *nur* Grundelemente enthält und aus diesen gemäß der induktiven Klausel generierte).

Betrachten wir wieder unser Beispiel. Für die dort definierte Menge gilt folgende *Behauptung*:

Alle wohlgeformten Ausdrücke bestehen aus einer geraden Anzahl von Vorkommnissen von "/".

Für diese Behauptung geben wir einen induktiven *Beweis*:
Induktionsbasis: Laut Basisklausel ist das Grundelement der Menge der wohlgeformten Ausdrücke "//". Offenbar besteht "//" aus zwei Vorkommnissen von "/", also einer geraden Anzahl.
Induktionsschritt: Sei a ein wohlgeformter Ausdruck. Nehmen wir an (eine solche Annahme nennt man *Induktionshypothese*), daß a aus einer geraden Anzahl von Vorkommnissen von "/" besteht. Zu zeigen ist, daß die Anzahl der Vorkommnisse von "/" in v(a, "//") auch gerade ist. Sei n

die Anzahl der Vorkommnisse von "/" in a. Dann ist n+2 die Anzahl der Vorkommnisse von "/" in v(a,"//"). Wenn n gerade ist, dann ist auch n+2 gerade. Laut Induktionshypothese ist n gerade. Deswegen ist n+2 gerade. ❑ (Damit ist der Beweis abgeschlossen, was durch das Zeichen "❑" ausgedrückt wird.)

Gewöhnlich wird die Methode des induktiven Beweises nur im Zusammenhang mit der Menge der natürlichen Zahlen N = {0, 1, 2, ...} entwickelt, als eine Methode, Behauptungen über Eigenschaften von Zahlen zu beweisen. Dabei beweist man zunächst (Induktionbasis), daß die 0 eine Eigenschaft Q hat. Sodann (Induktionsschritt) zeigt man, daß, falls irgendeine Zahl n die Eigenschaft Q hat, auch n+1 die Eigenschaft Q hat. Und dann wird geschlossen, daß alle Zahlen die Eigenschaft Q haben. – Die Methode des induktiven Beweises ist aber eigentlich allgemeiner. Sie kann im Zusammenhang mit allen induktiv definierten Mengen verwendet werden, und eben *auch* im Zusammenhang mit den natürlichen Zahlen. Denn die Menge N der natürlichen Zahlen ist eine induktiv definierte Menge. So ist das Folgende eine induktive Definition von N:

(1)   0 ist eine natürliche Zahl.

(2)   Falls n eine natürliche Zahl ist, ist auch n+1 eine natürliche Zahl.

(3)   Nichts ist eine natürliche Zahl, es sei denn, es ist ein Gegenstand, der durch die Anwendung von (1) und (2) erhalten wurde.

Der Ausdruck "Induktion" wird auch in einem anderen Zusammenhang verwendet. Siehe hierzu § 17 unten.

(iii) Das syntaktische System der Aussagenlogik

Nunmehr wollen wir die Systeme der Aussagenlogik und der Prädikatenlogik in syntaktischer Hinsicht betrachten (die Untersuchungen in den letzten 5 Paragraphen waren auf die Wahrheitswerte von Sätzen bezogen, also semantisch ausgerichtet). Dabei geht es uns – da wir bereits wissen, was in beiden Fällen das Vokabular ist – darum, anzugeben, welche Zeichenkombinationen über dem jeweiligen Vokabular wohlgeformt sind. Die wohlgeformten, die 'grammatikalischen' Zeichenkombinationen sollen als logische Formen von Sätzen der natürlichen Sprache gelten; die ungrammatikalischen Zeichenkombinationen dagegen werden ausgeschlossen und zählen nicht als logische Formen von Sätzen der natürlichen Sprache. – Beginnen wir mit der Aussagenlogik. Das Vokabular des syntaktischen Systems der Aussagenlogik haben wir bereits in § 7 kennengelernt. Ich wiederhole die Aufstellung:

  (i)   die Satzbuchstaben: $p_1, p_2, p_3, \ldots$
  (ii) die logischen Zeichen: $\rightarrow, \vee, \&, \neg$
  (iii) die Gliederungszeichen: $(,)$

Wie können wir mit endlich vielen Regeln die Menge der grammatikalischen Ausdrücke über diesem Vokabular, also die Menge der Satzformen der Aussagenlogik, angeben? Wie können wir dies so tun, daß wir im einzelnen Fall immer entscheiden können, ob ein gegebener Ausdruck zu dieser Menge gehört oder nicht, und andererseits auch wissen, wie wir aus gegebenen grammatikalischen Ausdrücken neue zusammensetzen können?

Die *Definition der Menge der aussagenlogischen Satzformen (oder Aussageformen)* liefert uns eine Grammatik
des syntaktischen Systems der Aussagenlogik:

Nur solche Ausdrücke über dem Vokabular der
Aussagenlogik sind Satzformen der Aussagenlogik,
die folgenden beiden Bedingungen genügen:

(i) p_1, p_2, p_3, ... sind Satzformen der Aus-
       sagenlogik.

(ii)   Wenn A und B Satzformen der Aussa-
       genlogik sind, dann sind dies auch ¬A,
       $(A \rightarrow B)$, $(A \& B)$, $(A \vee B)$.

Offenbar ist dies eine induktive Definition. Klausel (i) – die
Basisklausel – stellt eine Grundmenge von Satzformen
bereit. Klausel (ii) – die induktive Klausel – gibt an, wie
wir aus gegebenen Satzformen neue zusammenbauen können. – Die induktive Klausel fungiert, wie auch im zuvor
betrachteten Beispiel, als Regel dafür, wie man Satzformen
zusammensetzt, indem man auf weniger komplexe Satzformen rekurriert. Wenn – umgekehrt – ein Ausdruck gegeben ist, so können wir unter Anwendung der Definition
in endlich vielen Schritten entscheiden, ob der Ausdruck
eine Satzform der Aussagenlogik ist oder nicht.

Die Definition der Menge der aussagenlogischen Satzformen bedarf hinsichtlich der Unterscheidung (vgl. Ende
von § 1) zwischen den Dingen, über die wir sprechen, und
den Ausdrücken, die wir dabei verwenden, einiger Erläuterungen. Die Unterscheidung zwischen Dingen, über die
wir sprechen, und Ausdrücken, die wir dabei verwenden,

würde klar zum Ausdruck kommen, wäre die Definition folgendermaßen formuliert:

Nur solche Ausdrücke über dem Vokabular der Aussagenlogik sind aussagenlogische Satzformen, die folgenden beiden Bedingungen genügen:

(i)   "p_1", "p_2", ... sind Satzformen der Aussagenlogik;

(ii)   Wenn A und B Satzformen der Aussagenlogik sind, dann sind Satzformen der Aussagenlogik auch (a) Ausdrücke, in denen "¬" mit A (in dieser Reihenfolge) verkettet wird; (b) Ausdrücke, die außen mit "(" und ")" umgeben sind, in denen nur A und B vorkommen, und in denen zwischen A und B "→" geschrieben wird; (c) und (d): in entsprechender Weise für "∨" und "&" formuliert.

Offensichtlich ist diese Formulierung ziemlich kompliziert und umständlich. Aus diesen Gründen wurden in der anfangs gegebenen Definition der Menge der aussagenlogischen Satzformen die Ausdrücke

$$p_1, p_2, p_3, \ldots$$

ohne Anführungszeichen als Namen von sich selbst (als sogenannte *Autonyme*) verwendet. Ebenso vorgegangen bin ich mit den Gliederungszeichen

$$(,)$$

wie auch mit den Satzoperatoren

$$\neg, \rightarrow, \&, \vee.$$

In der Definition der Menge der aussagenlogischen Satzformen sprechen wir offensichtlich *über* das syntaktische System der Aussagenlogik und *über* aussagenlogische Satzformen. Das syntaktische System der Aussagenlogik, eine Art Sprache, ist die Gegenstandsebene, über die wir sprechen. Wir sagen, es sei die *Objektsprache*, die wir gerade betrachten. Wir verwenden aber auch eine Sprache, um über die Objektsprache zu sprechen, die sogenannte *Metasprache*. Unsere Metasprache ist im vorliegenden Fall die deutsche Umgangssprache, die mit Fachtermini ("Satzbuchstabe", "Gliederungszeichen" u. ä.) und durch *Mitteilungszeichen* angereichert ist. Mitteilungszeichen sind besondere Zeichen, die sich auf objektsprachliche Ausdrücke beziehen. Zu ihnen gehören die Zeichen "A" und "B" usw. als *metasprachliche Variablen*, die für beliebige Satzformen der Aussagenlogik stehen. In der Definition der aussagenlogischen Satzform sprechen wir aber auch über andere Elemente des Systems der Ausagenlogik, etwa über die Satzoperatoren. Auch um diese zu bezeichnen, müssen wir Mitteilungszeichen verwenden. Wie ich kurz zuvor ausgeführt habe, verwenden wir die objektsprachlichen Satzbuchstaben, die Gliederungszeichen und die Satzoperatoren als Namen von sich selbst, als Autonyme.

Betrachten wir nun zwei Beispiele von Ausdrücken über dem Vokabular der Aussagenlogik, für die unter Verwendung der Definition zu entscheiden ist, ob es aussagenlogische Satzformen sind oder nicht:

Beispiel 1:

Frage: Ist "$((p_1 \ \& \ p_5) \lor p_3)$" eine Satzform der Aussagenlogik?

Antwort: Der ganze Ausdruck heiße "R" ("R" ist hier der metasprachliche *Eigenname* einer Satzform der Objektsprache, keine metasprachliche Variable). Ist R eine aussagenlogische Satzform entsprechend der obigen Definition? R hat die Gestalt: (Q ∨ P). P, das rechte Glied der Disjunktion, ist ein Satzbuchstabe, p_3, und somit gemäß (i) eine Satzform; wenn nun auch Q, das linke Glied, eine Satzform ist, dann ist ganz R eine Satzform. Das linke Glied ist "(p_1 & p_5)". Dieser Ausdruck ist aus zwei Satzbuchstaben, die laut (i) Satzformen sind, entsprechend Klausel (ii) aufgebaut. Also ist R eine Satzform.

Beispiel 2:

Frage: Ist "(p_1 ∨ p_2 & p_3)" eine Satzform der Aussagenlogik?

Antwort: Nein. Dieser Ausdruck, den wir "R" nennen wollen, kann ja nur eine Konjunktion oder eine Disjunktion sein. Eine andere Möglichkeit ist ausgeschlossen, da als einzige logische Zeichen "∨" und "&" vorkommen. Angenommen, R ist eine Konjunktion. Dann hat R "p_1 ∨ p_2" als linkes Konjunktionsglied, "p_3" als rechtes. In diesem Fall ist R keine Satzform, denn "p_1 ∨ p_2" ist keine Satzform, da die Klammern links und rechts fehlen, und ist also nicht entsprechend (ii) zusammengesetzt. – Nehmen wir nunmehr an, daß A eine Disjunktion ist. Dann müßte "p_1" das linke Disjunktionsglied sein, "p_2 & p_3" das rechte. Aber in diesem Fall ist R auch keine Satzform. Denn "p_2 & p_3" ist keine Satzform, da auch hier die

Klammern fehlen, die laut Klausel (ii) links und rechts angebracht sein müßten.

Aus Klausel (ii) der Definition der Menge der aussagenlogischen Satzformen geht hervor, daß Verbindungen von Satzformen mit den Satzoperatoren "∨", "&", "→", "¬" immer mit Klammern zu umgeben sind. Sinn dieser Regelung ist, wie in § 8 bemerkt wurde, die Vermeidung von Mehrdeutigkeiten, also die Herstellung der sogenannten "eindeutigen Lesbarkeit". Nun gibt es aber Fälle, in denen keine Mehrdeutigkeiten zu befürchten sind, wenn wir Klammern weglassen. So entsteht keine Mehrdeutigkeit, wenn wir von "$((p_1 \ \& \ p_2) \lor p_3)$" die äußersten Klammern fortlassen. Wir erhalten dann "$(p_1 \ \& \ p_2) \lor p_3$". Deshalb wollen wir später oft von der folgenden *Konvention zum Weglassen von äußeren Klammern* Gebrauch machen:

Stehe "*" für ein logisches Zeichen außer für "¬".

Seien A und B Satzformen der Aussagenlogik.

Wenn die Satzform D = (A * B) keine Teilform einer Satzform C ist, dann können wir sie auch so schreiben: D = A * B

(iv) Das syntaktische System der Prädikatenlogik

Erinnern wir uns an das Vokabular der Prädikatenlogik aus § 8:

(i)	Relationsbuchstaben:	$R_1^1, R_2^1, \ldots, R_1^2, \ldots, R_1^3, \ldots R_m^n$
(ii)	Individuenbuchstaben:	$a_1, a_2, a_3, \ldots$
(iii)	Individuenvariablen:	$x_1, x_2, x_3, \ldots$
(iv)	Satzoperatoren:	¬, &, ∨, →
(v)	Quantoren:	∃, ∀
(vi)	Gliederungszeichen:	(,)

Mit einer induktiven Definition wollen wir nunmehr angeben, wann eine Kombination aus prädikatenlogischen Zeichen eine Satzform der Prädikatenlogik ist und wann nicht. Wir haben sechs grammatische Kategorien von Ausdrücken, die das Vokabular ausmachen – im Fall der Aussagenlogik hatten wir nur drei Kategorien von Ausdrücken im Vokabular. Allein schon deswegen ist es komplizierter anzugeben, was eine Satzform der Prädikatenlogik ist. Eine besondere Schwierigkeit ergibt sich zusätzlich dadurch, daß wir Satzformen mit Quantoren und Individuenvariablen haben, für die wir sichtbar machen müssen, wie sie aus einfacheren Satzformen durch Ersetzung hervorgehen.

Bevor wir an diese Aufgabe gehen können, müssen wir uns kurz mit den Mitteilungszeichen der Metasprache vertraut machen, mit denen wir über die Ausdrücke des Systems der Prädikatenlogik sprechen. Die Symbole "A", "B", "C" werden als Variable über prädikatenlogische Ausdrücke im Allgemeinen verwendet. "α", "β" sind Variablen für Individuenbuchstaben, und "x", "y", "z" sind Variablen über die Individuenvariablen "x_1", "x_2" ... der Prädikatenlogik. "t_1", "t_2", "t_3" sind Variablen über singuläre Terme der Prädikatenlogik. Die Ausdrücke "R_m^n" (n, m $\in$ N) dienen als Variablen über Relationausdrücke. Die objektsprachlichen Satzoperatoren, die Quantoren und die Gliederungszeichen werden in der Metasprache als Namen ihrer selbst, also autonym, verwendet. Gelegentlich werden wir dies auch mit den objektsprachlichen Relationsausdrücken, Individuenbuchstaben und Individuenvariablen tun.

Zentrale Schwierigkeit für das Erstellen einer Definition der Menge prädikatenlogischer Satzformen ist anzugeben, wie Satzformen mit Individuenvariablen und Quantoren aus einfacheren Satzformen gebildet werden. Hierfür greifen wir auf Satzformen zurück, in denen singuläre Terme durch andere singuläre Terme *ersetzt* werden. Wir gehen von Satzformen einfacher Sätze aus wie "Göttingen liegt zwischen Kassel und Hannover". Solche Satzformen bestehen aus Relationsbuchstaben und Individuenbuchstaben und enthalten keine Zeichen anderer Kategorie. Es sind Satzformen der folgenden Art: "$R^n \alpha_1 \alpha_2 \ldots \alpha_n$". Aus solchen Satzformen können wir mit den Satzoperatoren der Aussagenlogik weitere Satzformen zusammenbauen. Diejenigen Satzformen, in denen Individuenvariable und Quantoren vorkommen, sind dabei aber noch nicht berücksichtigt. Wir bilden sie jetzt, indem wir Individuenbuchstaben durch Individuenvariable ersetzen und passende Quantoren davorstellen. Angenommen also, wir haben etwa "$R_1^2 a_1 a_2$". Wie kann man mittels Ersetzungen hieraus

$$\exists x_1 \, \forall x_2 \, R_1^2 x_2 x_1$$

erhalten? Erst ersetzen wir das "a_1" durch "x_2", und setzen "$\forall x_2$" vor das Resultat; sodann ersetzen wir "a_2" durch "x_1" und stellen schließlich "$\exists x_1$" vor das Ganze. – Wir vereinbaren nun eine Schreibweise, wie wir in der Metasprache über solche Ersetzungen reden können. Diese Schreibweise soll uns helfen, in knapper Weise anzugeben, was eine Satzform der Prädikatenlogik ist, und soll für die Beschreibung von Satzformen, die Quantoren enthalten, eingesetzt werden. Wir *vereinbaren*:

Sei A ein Ausdruck, gebildet aus Zeichen des Vokabulars der Prädikatenlogik, seien t_1 und t_2 singuläre Terme der Prädikatenlogik (vgl. Def. S. 103). Dann ist $A[t_1/t_2]$ der Ausdruck, der aus A resultiert, wenn in A *alle* Vorkommnisse von t_1 durch Vorkommnisse von t_2 ersetzt werden.

Nunmehr drei *Beispiele*, die zeigen sollen, was sich hinter dieser Schreibweise verbirgt:

(1) Betrachte "$R_1^1 a_1$". Dies ist offensichtlich eine Kombination von Ausdrücken aus dem Vokabular.
Was ist: $R_1^1 a_1 ["a_1"/"x_1"]$?
Antwort: $R_1^1 x_1$.

(2) Betrachten wir nun eine Kombination von Zeichen aus dem Vokabular, die eigentlich ziemlich unsinnig ist, an der sich aber auch vorführen läßt, wie Ersetzungen gemacht werden. Sei der betrachtete Ausdruck
$$A = R_5^7 R_3^9 x_1) \, (a_5 R_1^1$$
Frage: Was ist $A["x_1"/"x_5"]$?
Antwort: $R_5^7 R_3^9 x_5) \, (a_5 R_1^1$
Weitere Frage: Was ist $A["x_5"/"x_5"]$?
Antwort: Wieder A. In diesem Fall hat sich also nichts verändert.

(3) $\forall x_2 \, R_1^2 a_2 a_1 ["a_1"/"x_2"] = \forall x_2 \, R_1^2 a_2 x_2$.
$\exists x_1 \, \forall x_2 \, R_1^2 a_2 x_2 ["a_2"/"x_1"] = \exists x_1 \, \forall x_2 \, R_1^2 x_1 x_2$.

Jetzt können wir die Menge der *Satzformen der Prädikatenlogik* definieren:

(i) Ausdrücke der Gestalt $R_m^n \alpha_1 \alpha_2 \ldots \alpha_n$ sind Satzformen der Prädikatenlogik.

(ii) Wenn A und B Satzformen der Prädikatenlogik sind, dann auch
$\neg A$, $(A \,\&\, B)$, $(A \lor B)$, $(A \rightarrow B)$.

(iii) Wenn x eine Variable ist, α ein Individuenbuchstabe und A ist eine Satzform der Prädikatenlogik, in der x nicht vorkommt, dann ist auch $\forall x\, A[\alpha/x]$ eine Satzform der Prädikatenlogik.

(iv) Wenn x eine Variable ist, α ein Individuenbuchstabe und A ist eine Satzform der Prädikatenlogik, in der x nicht vorkommt, dann ist auch $\exists x\, A[\alpha/x]$ eine Satzform der Prädikatenlogik.

(v) Nichts sonst ist eine Satzform der Prädikatenlogik.

Hier handelt es sich wieder um eine induktive Definition. (i) ist die Basisklausel; (ii), (iii) und (iv) sind die induktiven Klauseln. Anhand der folgenden zwei Beispiele können wir ersehen, wie die Definition 'funktioniert'.

Beispiel 1:

Ist $S = \forall x_3\, \forall x_1\, (R_1^2 a_1 x_1 \to (\exists x_2\, R_1^3 x_1 x_2 x_3 \,\&\, R_1^1 a_1))$ eine Satzform der Prädikatenlogik?

S hat die Gestalt: $\forall x_3\, T$. Und dies ist gemäß Klausel (iii) eine Satzform, falls etwa für den Individuenbuchstaben "a_2" $T["x_3"/"a_2"]$ eine Satzform ist. Es gilt nun:

$T["x_3"/"a_2"] = \forall x_1\, (R_1^2 a_1 x_1 \to (\exists x_2\, R_1^3 x_1 x_2 a_2 \,\&\, R_1^1 a_1))$.

Der Ausdruck nach "$\forall x_1$" heiße "V". $\forall x_1\, V$ ist gemäß (iii) eine Satzform, sofern für den Individuenbuchstaben "a_3" $V["x_1"/"a_3"]$ eine Satzform ist. Nun gilt:

$V["x_1"/"a_3"] = (R_1^2 a_1 a_3 \to (\exists x_2\, R_1^3 a_3 x_2 a_2 \,\&\, R_1^1 a_1))$.

Dies ist gemäß (ii) eine Satzform, sofern "$R_1^2 a_1 a_3$" und "$(\exists x_2\, R_1^3 a_3 x_2 a_2 \,\&\, R_1^1 a_1)$" beide Satzformen sind. Aber "$R_1^2 a_1 a_3$" ist gemäß Klausel (i) eine Satzform. Ist der andere Ausdruck eine Satzform? Gemäß (ii) ist er eine Satzform, sofern "$\exists x_2\, R_1^3 a_3 x_2 a_2$" und "$R_1^1 a_1$" Satzformen sind. Aber

$R_1^1 a_1$ ist gemäß (i) eine Satzform. Der Ausdruck "$\exists x_2 R_1^3 a_3 x_2 a_2$" ist laut (iv) eine Satzform, falls für einen Individuenbuchstaben "a_4" $R_1^3 a_3 x_2 a_2 ["x_2"/"a_4"]$ eine Satzform ist. Aber dies ist laut (i) eine Satzform. Deshalb ist S eine Satzform der Prädikatenlogik.

Beispiel 2:

Ist $S = \forall x_3 \, \forall x_1 \, (R_1^2 a_1 x_4 \rightarrow (\exists x_2 \, R_1^3 x_1 x_2 x_3 \, \& \, R_1^1 a_1))$ eine Satzform der Prädikatenlogik? Der Ausdruck nach "$\forall x_3$" heiße "T". Also $S = \forall x_3 \, T$. Dies ist wegen (iii) eine Satzform der Prädikatenlogik etwa für den Individuenbuchstaben "a_2", falls $T["x_3"/"a_2"]$ eine Satzform ist. Dieser Ausdruck ist gemäß (iii) eine Satzform, falls etwa für den Individuenbuchstaben "a_3" $V["x_1"/"a_3"]$ eine Satzform ist, wo V der Ausdruck nach "$\forall x_1$" in $T["x_3"/"a_2"]$ ist. Aber $V["x_1"/"a_3"] = (R_1^2 a_1 x_4 \rightarrow (\exists x_2 \, R_1^3 a_3 x_2 a_2 \, \& \, R_1^1 a_1))$. Dieser Ausdruck ist eine Satzform, sofern "$R_1^2 a_1 x_4$" und "$(\exists x_2 \, R_1^3 a_3 x_2 a_2 \, \& \, R_1^1 a_1)$" Satzformen sind. Aber "$R_1^2 a_1 x_4$" entspricht nicht der Klausel (i), ist offenbar auch nicht entsprechend einer der induktiven Klauseln aufgebaut und ist deshalb wegen (v) keine Satzform der Prädikatenlogik.

Warum wurde in den Klauseln (iii) und (iv) in der obigen Definition der Zusatz gemacht "in der x nicht vorkommt"? Dieser Zusatz dient dazu, daß die Quantoren in eindeutiger Weise auf die Individuenvariablen bezogen werden, die hinter den Relationsbuchstaben stehen. Betrachten wir hierzu etwa den Satz

(1)   Für alles gibt es noch etwas größeres.

Die logische Form von (1) ist:

$$\forall x_1 \, \exists x_2 \, R_1^2 x_1 x_2.$$

Gemäß der Definition kann man sich diese logische Form in folgenden Schritten aus "$R_1^2 a_1 a_2$" aufgebaut denken, der logischen Form von etwa "7 ist größer als 5":

(2) $R_1^2 a_1 a_2$,

(3) $\exists x_2\, R_1^2 a_1 a_2\, ["a_2"/"x_2"] = \exists x_2\, R_1^2 a_1 x_2$,

(4) $\forall x_1 \exists x_2 R_1^2 a_1 x_2\, ["a_1"/"x_1"] = \forall x_1 \exists x_2 R_1^2 x_1 x_2$.

Nun kann man ohne die Restriktion "in der x nicht vorkommt" etwa aus (3) auch (5) erhalten:

(5) $\forall x_2\, \exists x_2\, R_1^2 x_2 x_2$.

In (5) ist aber nicht mehr klar, ob nun das erste oder das zweite Vorkommnis von "x_2" hinter "R_1^2" auf "$\forall x_2$" oder auf "$\exists x_2$" bezogen ist. Und deswegen kann (5) auch keine logische Form von (1) sein.

Bezüglich der Aussagenlogik hatten wir im letzten Abschnitt eine Konvention über das Weglassen von Klammern getroffen. Dieselbe Konvention treffen wir nun auch für die Prädikatenlogik: auch hier dürfen wir die äußersten Klammern, die Satzformen begrenzen, weglassen.

§ 10: Von der natürlichen Sprache zur logischen Form

Gegenstand dieses Paragraphen ist das Verhältnis zwischen den Sätzen der natürlichen Sprache und ihren logischen Formen. Zwei Fragen will ich hier erörtern, eine Frage eher praktischer Art, und eine andere Frage theoretischer Natur. Die erste Frage lautet: Wie ordnet man Sätzen der natürlichen Sprache ihre logischen Formen zu? Die zweite Frage betrifft die *Art* des Verhältnisses zwischen logischen Formen und Sätzen der natürlichen Sprache. Und zwar geht es darum, in welchem Ausmaß die Zuordnung einer logischen Form zu einem Satz eindeutig ist.

(i) Das Problem der Übersetzung

In den letzten Paragraphen haben wir die logischen Formen bestimmter Sätze der natürlichen Sprache in ihren Grundzügen kennengelernt. Wir haben von der konkreten Gestalt der Sätze abstrahiert und symbolische, kürzelhafte Zeichenverbindungen eingeführt, die mit der natürlichen Sprache auf den ersten Blick wenig zu tun haben. Warum wir zu diesen Systemen gekommen sind, sollte dabei verständlich geworden sein. Aber *wie* man im einzelnen Fall einem Satz der natürlichen Sprache eine logische Form zuordnet, wie man also einen Satz der natürlichen Sprache in ein System logischer Formen 'übersetzt', das ist noch nicht geklärt. – Wichtig ist die Frage für die Bewertung von Argumentationen in der natürlichen Sprache; die Beurteilung solcher Argumentationen hängt ja zunächst davon ab, ob es uns gelingt, den Sätzen der natürlichen Sprache in adäquater Weise ihre logischen Formen zuzuordnen.

Als wir in § 7 logische Formen von Sätzen der natürlichen Sprache aufdeckten, haben wir gefunden, daß zwischen der konkreten Gestalt der Sätze der natürlichen Sprache und ihrer abstrakten aussagenlogischen Form noch ein relativ enger Zusammenhang besteht: sie weisen ähnliche syntaktische Strukturen auf, und deshalb konnten wir oft, wenn wir ihre Teilsätze identifiziert hatten, die logischen Formen von den Sätzen der natürlichen Sprache sozusagen 'ablesen'. Für die Prädikatenlogik aber veränderte sich die Situation. So erforderte die Zuordnung von logischen Formen zu den Sätzen (7) und (8) in § 8 längere Überlegungen. Allgemein kann man sagen, daß in den meisten Fällen die syntaktische Gestalt von Sätzen mit Quantitätszeichen in der natürlichen Sprache von der logischen Form dieser Sätze abweicht. Ausdrücke wie "nichts", "alle" usw. verhalten sich in syntaktischer Hinsicht ähnlich wie die singulären Terme der natürlichen Sprache; sie spielen jedoch eine ganz andere semantische Rolle, und wenn wir diese semantische Rolle in den logischen Formen wiedergeben, müssen wir auf Quantoren und Individuenvariablen zurückgreifen, die in der Syntax der natürlichen Sprache nicht vorkommen. Wie wir bei der Diskussion der Sätze (7) und (8) in § 8 auch sahen, sind in den Sätzen der natürlichen Sprache Satzoperatoren der Aussagenlogik versteckt, die man eigens 'auszugraben' hat. Für die Sätze der natürlichen Sprache mit Quantitätszeichen stellt sich also in besonders dringlicher Weise das Problem, ob und wie man auf systematische Art die ihnen zugehörigen logischen Formen finden kann.

Gibt es eine mechanische Weise des Vorgehens, die von jedem angewendet werden könnte und die nach einer endlichen Anzahl von Schritten immer das korrekte Resultat ergibt? Bislang wohl noch nicht. Es ist noch nicht gelungen, etwa eine Maschine so zu programmieren, daß sie in jedem Fall einer Satzäußerung in der natürlichen Sprache die zugehörige logische Form zuordnen könnte. Dies liegt u. a. daran, daß das Verstehen von Satzäußerungen – was bei der hier betrachteten Aufgabe ja eine wesentliche Rolle spielt – eine komplizierte Angelegenheit ist: es hängt von der Kenntnis der grammatischen Regeln ab, es hängt von der Kenntnis der Wortbedeutungen ab, vom Hintergrundwissen, das einzelne haben oder das sozial geteilt ist, und von der Kenntnis der Situation und des Zusammenhangs, in denen ein Satz verwendet wird. Erst wenn man diese Dinge in systematischer Weise zu berücksichtigen und zu beschreiben in der Lage ist, mag man dazu kommen, Anweisungen zu geben, die gestatten, einem Satz bei seiner Äußerung in mechanischer Weise seine logische Form zuzuordnen. Solange wir über solche Anweisungen nicht verfügen, müssen wir unser intuitives Sprachverständnis heranziehen und *Faustregeln* beachten, die für die Zuordnung logischer Formen zu Sätzen der natürlichen Sprache nützlich sind. – Im folgenden möchte ich einige Regeln angeben, die helfen sollen, für einen Satz der natürlichen Sprache die zugehörige logische Form (in Aussagenlogik und Prädikatenlogik) zu finden. Ich beginne mit Problemen der Zuordnung logischer Formen, die sich bei der Übersetzung in das syntaktische System der Aussagenlogik stellen.

(ii) Übersetzung in die Aussagenlogik

Bestimmte Untertöne von Satzäußerungen, die mit in Kommunikationssituationen geweckten oder bestehenden Erwartungen zu tun haben und in den Sätzen der natürlichen Sprache eigens formuliert werden, spielen für die logischen Formen der Sätze keine Rolle. So gibt es in der natürlichen Sprache Wörter für die Verknüpfung von Sätzen, also Satzoperatoren, die mit der Satzäußerung verbundene Erwartungen ausdrücken. Satzoperatoren dieser Art sind etwa "aber", "hingegen", "jedoch". Sie setzen Teilsätze gegeneinander ab, dienen aber gleichzeitig als *wahrheits-funktionale* Satzoperatoren. Betrachten wir hierzu:

(1)   Der Sommer hat begonnen, aber es regnet die
       ganze Zeit.

Der erste Teilsatz weckt beim Hörer die Erwartung, daß mit viel Sonnenschein zu rechnen ist. Fügt man den zweiten Teilsatz hinzu und verbindet beide Teilsätze mit dem Wort "aber", so soll damit angezeigt werden, daß die durch den ersten Teilsatz geweckte Erwartung nicht zutrifft. Nun spielen Erwartungen dieser Art für die Wahrheit oder Falschheit von Sätzen, die durch "aber" verbunden sind, keine Rolle. Ist auch nur einer der Teilsätze falsch, dann ist der gesamte Satz falsch; und nur dann ist der gesamte Satz wahr, wenn beide Teilsätze wahr sind. Aus diesem Grunde ist dem Wort "aber" das logische Zeichen "&" zuzuordnen, und eine logische Form von (1) ist also:

$$(p_1 \mathbin{\&} p_2).$$

Ähnliches trifft auch für "jedoch" und "hingegen" zu, ebenso für "einerseits ---, andererseits ...".

Welche Ausdrücke der natürlichen Sprache lassen sich durch das Konditional wiedergeben? Seien A und B Sätze der natürlichen Sprache. Betrachten wir nunmehr folgende Arten, sie zu verknüpfen:

Wenn A, dann B.

Falls A, dann B.

A, dann B.

B, wenn A.

Offenbar gilt, daß "A → B" wahr ist, wenn einer der obigen Sätze wahr ist. Mag mit diesen Sätzen auch noch mehr ausgedrückt sein: wahr sind sie auf jeden Fall nur dann, wenn auch das Konditional "A → B" wahr ist. Deswegen ist es oft angemessen, solchen Aussagen das Konditional als logische Form zuzuordnen. – Eine häufig anzutreffende Redeweise ist die von "notwendigen Bedingungen" und von "hinreichenden Bedingungen". So sagt man etwa, die Abfassung der Diplomarbeit in einem Studienfach sei notwendige Bedingung für die Zulassung zur schriftlichen Prüfung. Die Zulassung zur schriftlichen Prüfung kann also nicht erfolgen, wenn die Diplomarbeit nicht vorliegt. Das heißt aber umgekehrt genausoviel wie:

> Wenn die Zulassung zur schriftlichen Prüfung erfolgt, dann liegt die Diplomarbeit vor.

Das im Konsequens eines Konditionals Ausgesagte ist also *notwendige Bedingung* für das im Antezedens des Konditionals Ausgesagte. Umgekehrt ist das im Antezedens eines Konditionals Ausgesagte *hinreichende Bedingung* für das im Konsequens Ausgesagte. So ist Regenfall hinreichend dafür, daß die Reben naß werden. Denn:

> Wenn es regnet, dann werden die Reben naß.

Aber offenbar ist Regenfall *nicht* notwendig dafür, daß die Reben naß werden. Die Befeuchtung der Reben kann ja auch mittels einer Sprinkleranlage erfolgen. Daß B notwendig ist für A, bzw. daß A hinreichend ist für B, ist also durch

$$(A \to B)$$

wiederzugeben. Ebenso muß auch "A, nur wenn B" wiedergegeben werden, denn hierdurch wird das in B Ausgesagte als notwendig für das in A Ausgesagte behauptet.

In der natürlichen Sprache und insbesondere in mathematischen Zusammenhängen kommt oft der Satzoperator "genau dann ----, wenn ===" vor. So behauptet man etwa in der Geometrie:

> Ein Dreieck ist genau dann gleichseitig,
> wenn es gleichwinklig ist.

"genau dann ----, wenn ===" drückt, wie man sich leicht überzeugen kann, die Wahrheitsfunktion f_6 aus der Tabelle in **Figur 1** aus (siehe § 7, S 67). Nun ist offenbar durch "$(p_1 \rightarrow p_2)$ & $(p_2 \rightarrow p_1)$" dasselbe gesagt wie mit "Genau dann p_1, wenn p_2". "Genau dann p_1, wenn p_2" ist also ein Konditional in zwei Richtungen, ein *Bikonditional*, wie man es auch nennt. Daß p_1, ist notwendig und hinreichend dafür, daß p_2 (und umgekehrt). In den logischen Formen von Sätzen der natürlichen Sprache verwendet man für das Bikonditional häufig das Zeichen "$\leftrightarrow$". Ich nehme dieses Zeichen nicht ins Vokabular der Systeme logischer Formen auf, sondern behandle eine Satzform der Art

$$(A \leftrightarrow B)$$

als *Abkürzung*[2] von

$$((A \rightarrow B) \& (B \rightarrow A)).$$

Die Wörter "und" und "oder" werden in der natürlichen Sprache oft nicht als Satzoperatoren verwendet, sondern als Operatoren, die zwei Substantive, zwei Adjektive oder

---

[2] Daß ich das Zeichen für das Bikonditional nicht als primitives Zeichen in die Vokabulare der Systeme logischer Formen aufnehme, hat einen praktischen Grund: dadurch werden Definitionen, Behauptungen und Beweise über die Systeme logischer Formen verkürzt. Zum anderen hat es einen pädagogischen Grund: Ich will darauf aufmerksam machen, daß es möglich ist, unter Verwendung der von mir eingeführten Zeichen weitere Zeichen zu definieren. Später verwende ich oft den Ausdruck "genau dann, wenn" in der Metasprache und kürze ihn gelegentlich mit "gdw." ab.

zwei Verben zu komplexen Ausdrücken zusammensetzen. So sagt man:

> Kohl ist beleibt und bebrillt.

Oder:

> Rentner und Jugendliche erhalten eine Ermäßigung.

Oder:

> Die Gäste essen und trinken.

Alle drei Sätze lassen sich so analysieren, daß sie in zwei Teilsätze zerfallen, die durch "und" als Ausdruck einer Wahrheitsfunktion miteinander verbunden sind. Die Sätze kann man somit als Konjunktionen lesen:

> Kohl ist beleibt und Kohl ist bebrillt.
>
> Rentner erhalten eine Ermäßigung und Jugendliche erhalten eine Ermäßigung.
>
> Die Gäste essen und die Gäste trinken.

Wir unterstellen also, daß "und" bzw. "oder" in den logischen Formen immer die Rolle von Satzoperatoren spielen.

(iii) Übersetzung in die Prädikatenlogik

Wenn man Sätzen der natürlichen Sprache logische Formen zuordnen will, entsteht häufig dadurch ein Problem, daß in diesen Sätzen Quantitätszeichen vorkommen, die implizit auf bestimmte Gegenstandsarten verweisen. Bei der bisherigen Diskussion von Quantitätszeichen habe ich dies außer Acht gelassen. So verweisen manche Quantitätszeichen auf Menschen, andere auf Zeitpunkte oder Zeitintervalle, wieder andere auf Orte im Raum. – Eine Art von Quantitätszeichen mit Verweis auf eine Gegenstandsart haben wir bereits kennengelernt, nämlich solche, die auf *Personen* verweisen. Dabei handelt es sich um Ausdrücke wie "jeder", "jemand", "niemand", "keiner". So heißt "jeder" soviel wie "jede Person", "jemand" soviel wie "einige Personen" oder "es gibt Personen, die", und "niemand" heißt soviel wie "keine Person". Betrachten wir den Satz

(1)   Jeder übervorteilt jemanden.

Um meine Darstellung möglichst einfach zu halten, hatte ich zuvor davon abgesehen, daß beide in einem solchen Satz vorkommenden Quantitätszeichen Personen betreffen. Wenn man dies berücksichtigt, muß (1) aber als

Jede Person übervorteilt eine Person.

gelesen werden oder – wenn wir uns an die Diskussion von Quantitätszeichen im Zusammenhang mit allgemeinen Termen aus § 8 erinnern – besser als:

Für alle x_1 gibt es ein x_2, so daß gilt:
(x_1 ist eine Person → (x_2 ist eine Person
& x_1 übervorteilt x_2)).

Als logische Form von (1) erhalten wir dann:

$$\forall x_1 \, \exists x_2 \, (R_1^1 x_1 \rightarrow (R_1^1 x_2 \,\&\, R_1^2 x_1 x_2)).$$

Der Satz

(2)   Jemand übervorteilt niemanden.

ist dagegen zu lesen als:

Eine Person übervorteilt keine Person.

oder besser als:

Es gibt ein x_1, x_1 ist eine Person, und es ist nicht der Fall, daß es ein x_2 gibt, so daß gilt: x_2 ist eine Person und x_1 übervorteilt x_2.

Dieser Satz erhält als logische Form:

$$\exists x_1 \, (R_1^1 x_1 \,\&\, \neg \exists x_2 \, (R_1^1 x_2 \,\&\, R_1^2 x_1 x_2)).$$

Eine andere Art von Quantitätszeichen verweist auf *Zeit-punkte*. Quantitätszeichen dieser Art sind etwa "immer", "manchmal", "niemals". Betrachten wir etwa

Immer sind Sterne am Himmel.

Diesen Satz müssen wir lesen als:

Zu allen Zeitpunkten sind Sterne am Himmel.

oder

Für alle Zeitpunkte gilt, daß zu ihnen Sterne am Himmel sind.

Und dies ist ausführlicher:

Für alle x_1 gibt es ein x_2, so daß gilt:
wenn x_1 ein Zeitpunkt ist, dann ist x_2 ein Stern und x_2 befindet sich am Himmel zu x_1.

Wenn wir "---- befindet sich am Himmel zu ===" als zwei-stelligen Relationsausdruck der natürlichen Sprache be-trachten, erhalten wir als logische Form des untersuchten Satzes:

$$\forall x_1 \, \exists x_2 \, (R_1^1 x_1 \rightarrow (R_2^1 x_2 \, \& \, R_1^2 x_2 x_1)).$$

Eine dritte Art von Quantitätszeichen betrifft Mengen von *Orten* oder *Punkten im Raum*. Solche Quantitätszeichen sind etwa "überall", "mancherorts", "nirgends". Wenn wir die logischen Formen von Sätzen mit solchen Allgemein-heitsausdrücken angeben, dann müssen wir diesen Bezug auf Orte kenntlich machen. Den Satz

Überall leben Menschen.

haben wir also folgendermaßen zu analysieren:

Für alle x_1 gilt:
wenn x_1 ein Ort ist, dann leben Menschen an x_1.

und wir ordnen ihm folgende logische Form zu:

$$\forall x_1 \, (R_1^1 x_1 \rightarrow R_2^1 x_1).$$

Eine ausführlichere Analyse unseres Satzes ist:

Für alle x_1 gibt es ein x_2, so daß gilt:

wenn x_1 ein Ort ist, dann ist

x_2 ein Mensch und x_2 lebt an x_1.

Und wir schreiben:

$$\forall x_1 \, \exists x_2 \, (R_1^1 x_1 \to (R_2^1 x_2 \,\&\, R_1^2 x_2 x_1)).$$

In den vorher erörterten Beispielen habe ich zuweilen die negativen Quantitätsausdrücke "niemand" und "keiner" verwendet. Wir haben gesehen, daß "keiner" als "Es gibt keine Person, die" zu verstehen ist; d. h., wir müssen eine Satzform, die mit dem Existenzquantor beginnt, negieren. Dementsprechend ist etwa vorzugehen, wenn wir die logische Form von

Nicht jeder ist Abstinenzler.

angeben wollen. Dies fassen wir auf als:

Nicht für jedes x_1 gilt:

wenn x_1 eine Person ist, dann ist x_1 Abstinenzler.

Wir schreiben:

$$\neg \forall x_1 \, (R_1^1 x_1 \to R_2^1 x_1).$$

Analoges gilt für die negativen Quantitätsausdrücke, die implizit auf Zeit und Ort verweisen, wie "niemals", "nirgendwo", "nicht immer", "nicht überall".

Oft werden Quantitätszeichen in den Sätzen der natürlichen Sprache auch unterdrückt, obzwar sie in den logischen Formen der Sätze zu berücksichtigen sind. So erfüllen etwa der bestimmte Artikel oder ein einfacher Plural vielfach die Funktion von "alle" oder "jeder". Deswegen können die Sätze

Der Löwe ist ein wildes Tier.

und

Löwen sind wilde Tiere.

soviel bedeuten wie:

Alle Löwen sind wilde Tiere.

Ein anderes Problem der Zuordnung logischer Formen zu Sätzen der natürlichen Sprache habe ich bereits in § 8 besprochen, nämlich das Problem, welche logischen Formen *Allsätzen* bzw. *Existenzsätzen* der natürlichen Sprache zuzuordnen sind, welche logischen Formen also Sätze der folgenden Arten haben:

Alle S sind P.

Einige S sind P.

Für die erste Art Sätze fanden wir als logische Form:

$$\forall x_1 \, (R_1^1 x_1 \rightarrow R_2^1 x_1),$$

und für die zweite Art von Sätzen:

$$\exists x_1 \, (R_1^1 x_1 \, \& \, R_2^1 x_1).$$

Ein weiteres Problem, das ich hier kurz diskutieren will, betrifft die Behandlung von *Adjektiven*, die Substantive modifizieren. Betrachten wir einen Satz mit Substantiv und zugehörigem Adjektiv:

Lassie ist ein weibliches Tier.

Für die Zuordnung der logischen Form zu einem Ausdruck macht es nun im Allgemeinen keinen Unterschied, ob der betreffende Ausdruck ein Substantiv oder ein Adjektiv ist. Sowohl Substantive wie auch Adjektive rechnen wir normalerweise zur logischen Kategorie der Prädikatausdrücke, die gleichermaßen auf Objekte aus bestimmten Mengen zutreffen, und deshalb analysieren wir den Satz folgendermaßen:

Lassie ist weiblich und Lassie ist ein Tier.

Wir lesen den Satz also als Konjunktion zweier Sätze, die denselben singulären Term der natürlichen Sprache enthalten ("Lassie"), aber verschiedene Prädikatausdrücke, einmal "ist weiblich", zum anderen "ist ein Tier". Und so erhalten wir als logische Form:

$$(R_1^1 a_1 \,\&\, R_2^1 a_1).$$

Diese Behandlung von Adjektiven ist aber *nicht* für alle Arten von Adjektiven möglich. Die Annahme, daß Adjektive einfach auf Objekte aus bestimmten Mengen zutreffen, ist nämlich nicht immer gerechtfertigt. Deswegen ist das folgende Argument ungültig:

> Toby ist ein großer Floh.
>
> Alle Flöhe sind Tiere.
>
> Also ist Toby ein großes Tier.

Um zu erklären, warum dieses Argument ungültig ist, müssen wir der Tatsache Rechnung tragen, daß bestimmte Adjektive anders funktionieren als dadurch, einfach auf Gegenstände aus bestimmten Mengen zu verweisen. Auf dieses Problem kann ich hier nicht weiter eingehen.

Die 'Übersetzung' von Sätzen der natürlichen Sprache in eines der Systeme logischer Formen ist häufig ziemlich kompliziert. Oft ist es hilfreich, unser Wissen darüber heranzuziehen, in welchen logischen Beziehungen Kandidaten für eine 'korrekte' Zuordnung stehen, insbesondere ob Beziehungen der logischen Folgerung und der logischen Äquivalenz (zu diesem Begriff § 11 *(ii)* und § 12 *(ii)*) zwischen ihnen bestehen oder nicht. Für die, die Kapitel IV gelesen haben, wird es deshalb leichter sein, Aufgaben der Übersetzung natürlich-sprachlicher Sätze in Satzformen der Aussagenlogik und Prädikatenlogik zu lösen.

(iv) Die Eindeutigkeit logischer Formen

Eine gewisse Vereinfachung des Problems der Zuordnung logischer Formen zu Sätzen der natürlichen Sprache ergibt sich für praktische Zwecke dadurch, daß wir bei der Untersuchung von Argumenten häufig nicht alle Aspekte der logischen Formen zu berücksichtigen haben. Betrachten wir das folgende gültige Argument:

> Wenn alle Drohnen Faulpelze sind,
> dann arbeiten alle weiblichen Bienen.
> Alle Drohnen sind Faulpelze.
> _____
> Alle weiblichen Bienen arbeiten.

Die vollen prädikatenlogischen Formen der in diesem Argument vorkommenden Sätze sind:

$$\forall x_1\ (R_1^1 x_1 \to R_2^1 x_1) \to \forall x_2\ ((R_3^1 x_2\ \&\ R_4^1 x_2) \to R_5^1 x_2)),$$

$$\forall x_1\ (R_1^1 x_1 \to R_2^1 x_1),$$

$$\forall x_2\ ((R_3^1 x_2\ \&\ R_4^1 x_2) \to R_5^1 x_2).$$

Hier wurde berücksichtigt, daß in der ersten Prämisse und in der Konklusion des Arguments die Verbindung "weibliche Biene" vorkommt. Und zwar wurde diese Verbindung mittels zweier Relationsbuchstaben wiedergegeben. Der Tatsache, daß das Argument gültig ist, werden wir jedoch auch gerecht, wenn wir "ist weibliche Biene" als *einen* Prädikatausdruck betrachten und die logischen Formen dementsprechend vereinfachen. – Aber auch die so vereinfachten logischen Formen sind irrelevant für das Vorliegen der logischen Folgerung im betrachteten Argument. Es kommt in diesem Beispiel nämlich überhaupt nicht darauf an, daß wir die Quantitätszeichen in den Sätzen des Arguments berücksichtigen. Für das Vorliegen der Folgerung im hier betrachteten Fall ist allein die aussagenlogische Form der involvierten Sätze maßgebend. D. h., wir brauchen nur logische Formen wie die folgenden zu berücksichtigen:

$$(p_1 \rightarrow p_2),$$
$$p_1,$$
$$p_2.$$

Wenn wir ein Argument daraufhin untersuchen, ob es gültig ist, dann müssen wir also von den logischen Formen der Sätze, aus denen es besteht, nur soviel aufdecken, daß die Gültigkeit bzw. Ungültigkeit des Arguments ersichtlich wird. Und das heißt in vielen Fällen, daß wir – wie im eben untersuchten Beispiel – nicht alle Aspekte der logischen Formen der involvierten Sätze zu beachten haben. Wenn das Argument gültig ist, dann genügt möglicherweise eine grobe oder oberflächliche Analyse. Eine solche grobe Analyse erfaßt freilich nicht alle Eigenschaften eines Satzes, die für das Vorliegen logischer Folgerungsbeziehungen relevant sind. Sie gibt uns nur über bestimmte Merkmale der logischen Form des Satzes Aufschluß und klammert andere, für den gegebenen Zweck irrelevante, aus.

Gerade eben haben wir gesehen, daß bei der Zuordnung logischer Formen zu Sätzen der natürlichen Sprache eine gewisse Freiheit besteht. Je nach den Zwecken, die wir verfolgen, ist es uns belassen, mehr oder weniger Merkmale der logischen Form eines Satzes zu berücksichtigen. Manchmal genügt es, einige wenige Aspekte der logischen Form zu erfassen, manchmal jedoch brauchen wir eine Analyse, die alle für Folgerungsbeziehungen relevanten

Merkmale berücksichtigt. Angenommen, es geht uns um in diesem Sinne *alle* prädikatenlogischen Merkmale der logischen Form eines Satzes. Nehmen wir an, wir hätten eine in diesem Sinne vollständige Spezifizierung einer logischen Form. Auch in diesem Fall bleibt uns ein gewisser Spielraum bei der Zuordnung logischer Formen. Dieser Spielraum betrifft die Auswahl der Individuenbuchstaben, der Individuenvariablen und der Relationsbuchstaben. Wenn wir dem Satz

(1)   Hannelore beneidet jemanden.

logische Formen zuordnen, steht es uns offenbar frei, dem Satz irgendeine der folgenden Satzformen zuzuweisen:

$$\exists x_1 \; R_1^2 a_1 x_1,$$
$$\exists x_2 \; R_2^2 a_2 x_2,$$
$$\exists x_3 \; R_3^2 a_3 x_3,$$

oder wir nehmen etwa:

$$\exists x_{15} \; R_7^2 a_3 x_{15}.$$

Welche Tiefzahlen, also welche unteren Indizes wir im einzelnen wählen, ist offenbar völlig unerheblich. Wichtig ist allein, daß wir *unterschiedlich* indizieren, falls den Ausdrücken der natürlichen Sprache verschiedene Relationsbuchstaben, Individuenbuchstaben oder Individuenvariablen zuzuordnen sind. Wichtig ist etwa, daß wir zwei unterschiedliche Individuenvariablen verwenden, wenn wir dem Satz

(2)   Jeder beneidet jemandem

eine logische Form zuordnen:

$$\forall x_1 \; \exists x_2 \; (R_1^1 x_1 \rightarrow (R_1^1 x_2 \; \& \; R_1^2 x_1 x_2)).$$

Dem Satz (1) ist also eigentlich eine *Menge* logischer Formen zuzuordnen, und zwar die folgende:

die Menge aller Satzformen der Gestalt

$$\exists x_i \; R^2_j a_k x_i$$

wo i, j, k positive ganze Zahlen sind,

und dem Satz (2) die Menge aller Satzformen der Gestalt

$$\forall x_i \; \exists x_j \; (R^1_k x_i \to (R^1_k x_j \;\&\; R^2_m x_i x_j))$$

wo i, j, k, m positive ganze Zahlen sind,

und *insbesondere* i ≠ j.

Das, worauf es ankommt, ist allein die Struktur der logischen Form; die Zuordnung logischer Formen zu Sätzen der natürlichen Sprache ist im Wesentlichen eine Zuordnung von Klassen logischer Formen derselben Struktur. Dem Satz der natürlichen Sprache wird *nicht eine* logische Form zugeordnet, sondern eine Menge strukturgleicher logischer Formen. Eine Zuordnung einer ausführlichen prädikatenlogischen Form zu einem Satz der natürlichen Sprache ist also die Zuordnung aller derjenigen strukturellen Merkmale eines Satzes, die für die Rolle des Satzes in prädikatenlogischen Folgerungsbeziehungen wesentlich sind.

IV. Wahrheit und Folgerung

Im letzten Kapitel haben wir gefragt: Was sind Formen von Sätzen des Teils der natürlichen Sprache, in dem die Beziehungen der logischen Folgerung auf Wahrheitsfunktionalitätsprinzip und Extensionalitätsprinzip beruhen? Als Resultate längerer Überlegungen erhielten wir zwei Systeme logischer Formen. Hinsichtlich dieser zwei Systeme fragen wir in diesem Kapitel: (1) Wie sehen die funktionalen Abhängigkeiten des Wahrheitswertes eines Satzes von den Wahrheitswerten seiner Teilsätze und davon, was Satzbestandteile bezeichnen, im einzelnen aus? Die Beantwortung dieser Frage führt zu Präzisierungen des Begriffs "Wahrheit bei einer Einsetzung" aus § 3. Und damit zur nächsten Frage: (2) Können wir unter Rekurs auf diese präzisierten Begriffe die vorläufige Konzeption von logischer Folgerung aus § 3 durch präzisere Versionen ersetzen? Wir betrachten zunächst das syntaktische System der Aussagenlogik, sodann das System der Prädikatenlogik.

§ 11: *Wahrheit und Folgerung in der Aussagenlogik*

Aussagenlogische Satzformen sind Formen von Sätzen der natürlichen Sprache, die wahrheitsfunktionale Zusammenhänge widerspiegeln. Wie diese wahrheitsfunktionalen Zusammenhänge im einzelnen aussehen, beschäftigt uns als erstes in diesem Paragraphen. Im Anschluß daran werden wichtige Begriffe der Aussagenlogik definiert. Sodann folgen einige Sätze, die die aussagenlogische Folgerung charakterisieren. Zum Abschluß wird erläutert, in welcher Weise wir allgemeine Behauptungen über aussagenlogische Satzformen machen können.

(i) Belegung und Bewertung

Weiterhin abstrahieren wir von den Inhalten, die durch die Sätze der natürlichen Sprache ausgedrückt werden, richten unser Interesse jetzt aber nicht auf die Gestalt der logischen Formen, sondern darauf, wie die Form eines Satzes seinen Wahrheitswert bestimmt oder mitbestimmt. Dies wollen wir mathematisch beschreiben. In § 3 hatte ich den Begriff der Einsetzung in eine logische Form eingeführt und von "Wahrheit bei einer Einsetzung" gesprochen. Nun sind offensichtlich für die Beschreibung wahrheitsfunktionaler Zusammenhänge Einsetzungen irrelevant, bei denen der Wahrheitswert derselbe bleibt. Um dies klar zu machen, betrachten wir einfach die Satzform "p_1". Wir können einsetzen: "Der Abendstern ist ein Planet" oder wir setzen ein: "Göttingen liegt an der Leine". In beiden Fällen erhalten wir den Wahrheitswert WAHR. Aus diesem Grund genügt es, unsere Betrachtung auf unterschiedliche

Zuweisungen von Wahrheitswerten zu beschränken; wir können darauf verzichten, inhaltlich voll bestimmte Einsetzungen heranzuziehen. Zuweisungen von Wahrheitswerten zu Leerstellen wollen wir *Belegungen* nennen. Zunächst betrachten wir Belegungen für die Leerstellen eines Satzes, sodann spezifizieren wir, wie der Wahrheitswert der Satzform von der Belegung für die Leerstellen abhängt.

Wir gehen von Grundbestandteilen des syntaktischen Systems der Aussagenlogik aus, den Satzbuchstaben, denen wir mit einer Funktion Wahrheitswerte zuordnen.

Definition von Belegung:

Eine Funktion b von der Menge der Satzbuchstaben in die Menge {W, F} der Wahrheitswerte heißt *Belegung*.

Beispiel:

Betrachte die Funktion b, die folgendermaßen definiert ist: sei $b("p_1") = b("p_2") = W$, und gelte, daß b für alle Satzbuchstaben mit höherem Index als 2 F ergibt. b ist eine Belegung.

Wenn wir eine Belegung auf Satzbuchstaben anwenden und uns – wie eben im Beispiel – auf die Satzbuchstaben beziehen, müssen wir eigentlich Anführungszeichen verwenden. Da dies aber sehr aufwendig ist und der Übersichtlichkeit abträglich, werde ich gelegentlich von dieser Kennzeichnung durch Anführungszeichen absehen und Satzbuchstaben, wenn auf sie die Belegungsfunktion angewendet wird, in autonymer Weise, als metasprachliche Namen für sich selbst, verwenden. Anstatt

$$b("p_1") = b("p_2") = W$$

schreibe ich also auch einfach:

$$b(p_1) = b(p_2) = W.$$

Eine Belegung für die Satzbuchstaben alleine legt noch nicht die Wahrheitswerte der Satzformen fest, die aus Satzbuchstaben und Satzoperatoren zusammengesetzt sind. Wenn uns eine Belegung b gegeben ist, dann können wir jedoch eine weitere Funktion definieren, die die Wahrheitswerte solcher Satzformen festlegt, nämlich eine *aussagenlogische Bewertung*. Diese Funktion soll bestimmen, wie wir, gegeben eine Belegung b, für *alle* Satzformen des syntaktischen Systems der Aussagenlogik Wahrheitswerte erhalten. Nun ist die Menge der Satzformen, wie wir sahen, entsprechend einer induktiven Definition aufgebaut. Zu Grundelementen kommen weitere Elemente hinzu, die aus den Grundelementen generiert sind. Die Definition der Bewertungsfunktion muß diese Struktur der Menge der Satzformen berücksichtigen, da ja die Wahrheitswerte zusammengesetzter Satzformen von den Wahrheitswerten der Satzbuchstaben (unter einer Belegung) abhängig sein sollen. Die Bewertungsfunktion muß also in einem ersten Schritt für die Satzbuchstaben definiert werden. In einem zweiten Schritt muß dann festgelegt werden, wie die Wahrheitswerte zusammengesetzter Satzformen von den Wahrheitswerten der Satzbuchstaben abhängen.

Definition der aussagenlogischen Bewertungsfunktion:
Eine aussagenlogische Bewertung v_b, gegeben eine Belegung b, ist eine Funktion von der Menge der Satzformen der Aussagenlogik in die Menge $\{W, F\}$ der Wahrheitswerte, für die folgendes gilt:

(i) Wenn A ein Satzbuchstabe ist, dann ist
     $v_b(A) = b(A)$.

(ii) Wenn A eine Satzform ist, dann gelte:

$v_b(\neg A) = W$, wenn $v_b(A) = F$, und

$v_b(\neg A) = F$, wenn $v_b(A) = W$.

(iii) Wenn A und B Satzformen sind, dann gelte:

$v_b(A \,\&\, B) = W$, wenn

$v_b(A) = v_b(B) = W$, und

$v_b(A \,\&\, B) = F$ sonst.

(iv) $v_b(A \vee B) = F$, wenn

$v_b(A) = v_b(B) = F$, und

$v_b(A \vee B) = W$ sonst.

(v) $v_b(A \rightarrow B) = F$, wenn

$v_b(A) = W$ und $v_b(B) = F$, und

$v_b(A \rightarrow B) = W$ sonst.

Klausel (i) spezifiziert die Bewertungsfunktion für die Satzbuchstaben: Für diese ist die Bewertung mit einer Belegung identisch. Klauseln (ii) – (v) geben an, welche Werte die Bewertung bei Satzformen annimmt, die aus Satzbuchstaben und Satzoperatoren zusammengesetzt sind. Insgesamt gibt die Definition in vollständiger Weise an, wie die Zuweisung des Wahrheitswertes zu einer Satzform von der Wahrheitswertzuweisung zu einfacheren Satzformen abhängt.

Das Problem, das sich beim Definieren der Bewertungsfunktion stellt, läßt sich in allgemeiner Weise folgendermaßen beschreiben: *Gegeben ist uns eine gemäß einer induktiven Definition aufgebaute Menge M. Wir sollen nun eine Funktion mit dieser Menge als Argumentbereich definieren, die die Zuweisung der Funktionswerte zu aus Grundbestandteilen von M generierten Elementen abhängig macht von den Funktionswerten der Grundbestandteile.* Dieses Problem lösen wir dadurch, daß wir zunächst die Funktion für die

Grundbestandteile definieren und sodann angeben, wie die Funktionswerte der aus den Grundbestandteilen generierten Elemente von den Funktionswerten der Grundbestandteile abhängen. Definitionen von Funktionen, die auf diese Art aufgebaut sind, heißen auch *rekursive Definitionen*. Für rekursiv definierte Funktionen *gilt* nun: Wenn eine solche Funktion für die Grundbestandteile der Menge M definiert ist, dann ist die Funktion für den gesamten Argumentbereich M vollkommen bestimmt. Deswegen ist durch die rekursive Definition der Bewertungsfunktion eine Bewertung v_b vollkommen bestimmt, wenn nur eine Belegung b gegeben ist.[1]

Unter Rekurs auf die Begriffe der Belegung und der Bewertung lassen sich einige häufig verwendete terminologische Festlegungen machen:

(1) Wenn A eine Satzform ist, und es gilt $v_b(A) = W$, dann sagen wir, daß b die *Satzform* A *erfüllt*.

(2) Gibt es eine Belegung b mit $v_b(A) = W$, dann heißt A *erfüllbar*.

(3) Sei M eine Menge von Satzformen der Aussagenlogik. Gilt $v_b(S) = W$ für alle $S \in M$, dann sagen wir auch, daß b die *Menge* M *erfüllt*.

(4) Wenn M eine *Menge* von Satzformen ist, und es gibt b, so daß für jedes $S \in M$: $v_b(S) = W$, dann heißt M *erfüllbar*.

An dieser Stelle ist darauf hinzuweisen, daß die Begriffe von Wahrheit und Falschheit bei der Definition der aus-

[1] Der Beweis dieser Behauptung setzt fortgeschrittenere Kenntnisse der Mengenlehre voraus und kann deswegen hier nicht erfolgen. Eine leicht zugängliche Darstellung gibt Herbert Enderton, *A Mathematical Introduction to Logic*, New York/London 1972, S. 25-30.

sagenlogischen Belegung wie auch beim Aufbau der aussagenlogischen Bewertungsfunktion ihres intuitiven Gehalts weitgehend beraubt sind. Wahrheit und Falschheit gehen in die zwei Definitionen als zwei voneinander unterschiedene Objekte ein, die ansonsten überhaupt nicht weiter spezifiziert werden. Nur 'zufällig' sind sie mit "W" bzw. "F" bezeichnet. Jede andere Bezeichnungsweise (etwa "1" und "0") würde den Zwecken, die mit den Belegungs- und Bewertungsfunktionen erfüllt werden sollen, genauso gut genügen. Dies bedeutet auch, daß die Definitionen philosophisch neutral sind: In ihrem mathematischen Gehalt sind sie in keiner Weise mit philosophischen Auffassungen über die 'Natur der Wahrheit' verbunden.

*(ii) Aussagenlogische Folgerung und Äquivalenz,
        Tautologie und Widerspruch*

Folgerung, die allein durch wahrheitsfunktionale Beziehungen festgelegt ist, ist aussagenlogische Folgerung. Was sind die Bedingungen dafür, daß eine Satzform A aus einer Menge M von Satzformen aussagenlogisch folgt? Hierzu müssen wir *alle möglichen Belegungen* der Satzbuchstaben in M und A heranziehen. Der Begriff der Menge aller möglichen Belegungen präzisiert den Begriff der Menge aller möglichen Einsetzungen, den wir in § 3 kennengelernt hatten. Offenbar liegt aussagenlogische Folgerung dann vor, wenn jede Belegung, die die Satzformenmenge M erfüllt, auch die Satzform A erfüllt. Dies läßt sich mit Hilfe der hier eingeführten Begriffe und Symbolik folgendermaßen hinschreiben:

Definition von aussagenlogischer Folgerung:

Sei M eine Menge von Satzformen der Aussagenlogik, sei A eine Satzform der Aussagenlogik. Wenn für jede Belegung b gilt:

falls $v_b(S) = W$ für alle $S \in M$, dann $v_b(A) = W$,

dann sagen wir:

A *folgt aussagenlogisch* aus M.

Jede Belegung, die M erfüllt, erfüllt auch A.

Notation: Diesen Sachverhalt bezeichnen wir in folgender Weise: $M \vDash_{al} A$. Oft, wenn keine Mißverständnisse zu befürchten sind, schreiben wir anstatt "$\vDash_{al}$" einfach nur "$\vDash$". Um anzuzeigen, daß logische Folgerung *nicht* vorliegt, schreiben wir "$\nvDash_{al}$" bzw. nur "$\nvDash$". – Folgerung, wie hier definiert, ist eine Beziehung zwischen einer Menge von Satzformen und einer Satzform. Wenn die Satzformenmenge eine Einermenge ist, also nur eine Satzform B enthält, dann sagen wir, daß A aus B aussagenlogisch folgt. Auch in der Schreibweise wollen wir dies berücksichtigen. Sei also $M = \{B\}$, und gelte $\{B\} \vDash_{al} A$, dann schreiben wir einfach unter Fortlassung der Mengenklammern: $B \vDash_{al} A$.

Beispiele:

(1) $\{(p_1 \,\&\, p_2)\} \vDash_{al} (p_1 \,\&\, p_2)$

(2) $\{\neg p_{17}; \neg p_{28}\} \vDash_{al} \neg(p_{17} \lor p_{28})$

(3) $\{(p_1 \to p_2)\} \vDash_{al} (\neg p_1 \lor p_2)$

(4) $\{p_1\} \vDash_{al} \neg\neg p_1$

Zu beachten ist, daß in der Formulierung der obigen Beispiele die Satzformen eigentlich mittels Anführungszeichen zu benennen wären. Dies habe ich aus Gründen der Übersichtlichkeit unterlassen und die Satzformen autonym verwendet. Dieser Praxis werde ich im weiteren Verlauf gelegentlich folgen.

Beweis von (3):

Gelte für eine beliebige Belegung b: $v_b("(p_1 \rightarrow p_2)") = W$.
Zu zeigen ist, daß dann auch $v_b("(\neg p_1 \vee p_2)") = W$ gilt.
Wir nehmen das Gegenteil an, d. h., wir *nehmen an*:

$$v_b("(\neg p_1 \vee p_2)") = F.$$

Wegen (iv) (Def. der Bewertungsfunktion) bedeutet das
aber, daß (1) $v_b("\neg p_1") = F$ und (2) $v_b("p_2") = F$. Aus (1)
folgt aber wegen (ii): $v_b("p_1") = W$. Es gilt also:
$v_b("p_2") = F$, $v_b("p_1") = W$. Wegen (v) muß dann gelten:
$v_b("(p_1 \rightarrow p_2)") = F$. Laut Voraussetzung gilt jedoch auch:
$v_b("(p_1 \rightarrow p_2)") = W$. Das heißt, daß die Bewertung v_b der
Satzform zwei verschiedene Wahrheitswerte zuweist. Aber
das ist ein Widerspruch dazu, daß v_b eindeutig festgelegt
ist, wenn b gegeben ist.

Die Annahme, daß $v_b("(\neg p_1 \vee p_2)") = F$, ist somit zurück-
zuweisen. Es gilt vielmehr: $v_b("(\neg p_1 \vee p_2)") = W$. ◻

Die in diesem Beweis verwendete Methode ist die Methode des *indirekten Beweises* oder, wie man auch sagt, der
reductio ad absurdum. Wir nehmen dabei das Gegenteil –
also die Negation – dessen an, was wir beweisen wollen,
und folgern daraus einen Widerspruch. Wenn aber die Negation des Satzes, den wir beweisen wollen, in den Widerspruch führt, dann muß dieser Satz zutreffen.

Angenommen, Satzform B folgt aussagenlogisch aus Satzform A. Dann gilt normalerweise *nicht*, daß A aussagenlogisch aus B folgt. So gilt zwar, daß "$p_1 \vee p_2$" aus "p_1"
folgt, umgekehrt folgt "p_1" nicht aus "$p_1 \vee p_2$". Der Fall, in
dem wechselseitige aussagenlogische Folgerung vorliegt, ist
der der *aussagenlogischen Äquivalenz*:

Seien A und B Satzformen der Aussagenlogik. Falls gilt:

$$A \vDash_{al} B \text{ und } B \vDash_{al} A$$

dann heißen A und B *aussagenlogisch äquivalent*. Wir schreiben auch: $A \vDash \dashv_{al} B$.

Beispiele:

(1) "p_1" und "$\neg\neg p_1$" sind aussagenlogisch äquivalent;

(2) ebenso: "$(p_1 \to p_2)$" und "$(\neg p_2 \to \neg p_1)$" (ein Einzelfall des Gesetzes der *Kontraposition*).

Wichtig ist der Begriff der *Tautologie* oder der *aussagenlogischen Wahrheit*:

Sei A eine Satzform der Aussagenlogik. Gelte für *alle* Belegungen b: $v_b(A) = W$, dann heißt A *Tautologie* oder *aussagenlogische Wahrheit*.

Beispiele:

(1) $\neg\neg p_1 \to p_1$

(2) $p_1 \to (p_2 \to p_1)$

(3) $\neg p_1 \to (p_1 \to p_2)$

Beweis von (1):

Um zu zeigen, daß $v_b("\neg\neg p_1 \to p_1") = W$ unter *jeder* Belegung b, genügt es zu zeigen, daß $v_b("\neg\neg p_1 \to p_1") = F$ unter *keiner* Belegung b. Angenommen nämlich für ein b, daß $v_b("\neg\neg p_1 \to p_1") = F$. Dann gilt wegen (v) der Definition der Bewertungsfunktion: (a) $v_b("\neg\neg p_1") = W$, (b) $v_b("p_1") = F$. Aus (a) folgt wegen (ii) der Definition der Bewertungsfunktion: $v_b("\neg p_1") = F$, und hieraus weiter: $v_b("p_1") = W$. Aber $v_b("p_1") = W$ und (b) sind gleichzeitig unmöglich. ☐

Es gilt: $\varnothing \vDash_{al} A$ genau dann, wenn A eine Tautologie ist. Falls $\varnothing \vDash_{al} A$ für eine Satzform A, schreiben wir auch einfach: $\vDash_{al} A$.

Der Begriff der Tautologie ist wichtig, weil ein enger Zusammenhang zwischen (aussagen-)logischer Wahrheit und (aussagen-)logischer Folgerung besteht. Einzelfällen von logischer Folgerung entsprechen nämlich Tautologien in der Weise, in der es der *Satz über den Zusammenhang von Folgerung und Tautologie* beschreibt:

> Sei $M = \{B_1, B_2, B_3, ..., B_n\}$ eine (endliche) Menge von Satzformen, $n \in \mathbb{N}$. Sei A eine Satzform. Es gilt:
> $M \models_{al} A$ genau dann, wenn
> $((B_1 \,\&\, (B_2 \,\&\, (... \,\&\, B_n)...)) \rightarrow A)$
> eine Tautologie ist.

Während die Pünktchen vor "&" für Satzformen und linke Klammern stehen, steht die zweite Reihe von Pünktchen nur für rechte Klammern. Bevor ich diesen Satz beweise, möchte ich das, was er besagt, mit einem *Beispiel* illustrieren:

Betrachte $\{"(p_1 \rightarrow p_2)", "p_1"\}$ und "p_2". Es gilt sowohl:
$\{"(p_1 \rightarrow p_2)", "p_1"\} \models "p_2"$, wie auch:
"$(((p_1 \rightarrow p_2) \,\&\, p_1) \rightarrow p_2)$" ist eine Tautologie.

Eine aussagenlogische Folgerung aus einer endlichen Satzformenmenge M liegt also genau dann vor, wenn das Konditional, das aus der Konjunktion der Satzformen aus M als Antezedens und aus A als Konsequens besteht, eine Tautologie ist.
Beweis:
Wir müssen zwei Behauptungen beweisen:

(1)   Wenn $M \models A$,

dann ist $((B_1 \,\&\, (B_2 \,\&\, (... \,\&\, B_n)...) \rightarrow A)$ eine Tautologie.

(2)   Wenn $((B_1 \,\&\, (B_2 \,\&\, (... \,\&\, B_n)...) \rightarrow A)$ eine Tautologie ist, dann $M \models A$.

ad (1) Zu zeigen ist: es gibt *keine* Belegung b mit

$$v_b(((B_1 \,\&\, (B_2 \,\&\, (... \,\&\, B_n)...) \rightarrow A)) = F.$$

Wir geben einen indirekten Beweis und nehmen an, daß es doch eine solche Belegung b gibt:

(†) $v_b((B_1 \,\&\, (B_2 \,\&\, (... \,\&\, B_n)...)) = W$ und $v_b(A) = F$.

Wegen (iii), der Definition der Bewertungsfunktion, gilt

(*) $v_b(B_i) = W$ für alle i, $1 \le i \le n$.

Aber $M \models A$. D.h., für alle Belegungen, die M erfüllen, gilt, daß sie A erfüllen, also: wenn $v_b(B_i) = W$ für alle i, $1 \le i \le n$, dann $v_b(A) = W$.

Nun gilt (*), also auch: $v_b(A) = W$.

Das widerspricht aber unserer Annahme (†), nach der $v_b(A) = F$.

ad (2) Gelte $((B_1 \,\&\, (B_2 \,\&\, (... \,\&\, B_n)...) \rightarrow A)$ ist eine Tautologie. D.h., für alle Belegungen b gilt:

$v_b(((B_1 \,\&\, (B_2 \,\&\, (... \,\&\, B_n)...) \rightarrow A)) = W$. Und das heißt insbesondere:

(‡) Wenn b derart, daß $v_b((B_1 \,\&\, (B_2 \,\&\, (... \,\&\, B_n)...)) = W$, dann auch $v_b(A) = W$.

Gelte nun: $v_b(B_i) = W$ für alle i, $1 \le i \le n$. Dann gilt wegen der Definition der Bewertungsfunktion auch:

$v_b((B_1 \,\&\, (... \,\&\, B_n)...)) = W$. Dann folgt aber wegen (‡) sofort: $v_b(A) = W$. ❏

Ein weiterer wichtiger Begriff ist der Begriff der *Widersprüchlichkeit* oder der logischen Falschheit, oder, wie wir auch sagen, der *Kontradiktion*.

Definition aussagenlogischer Widersprüchlichkeit:
Sei M eine Menge von Satzformen der Aussagenlogik. Falls es *keine* Belegung b gibt, so daß $v_b(S) = W$ für alle $S \in M$, dann heißt M *(aussagenlogisch) widersprüchlich* oder *kontradiktorisch*. – Sei A eine Satzform der Aussagenlogik. Falls es keine Belegung gibt mit $v_b(A) = W$, dann heißt A *Widerspruch* oder *Kontradiktion*. Es gilt für alle b: $v_b(A) = F$.
Beispiel:
"$(p_2 \ \& \ \neg p_2)$" ist ein Widerspruch.

Es gilt folgender *Satz von der Anreicherung widersprüchlicher Satzformenmengen:*

> Sei M eine Menge von Satzformen. Sei M widersprüchlich. Dann ist auch $M \cup B$ für beliebiges B widersprüchlich.

Der Versuch, eine widersprüchliche Satzformenmenge durch Hinzufügen weiterer Satzformen widerspruchslos zu machen, ist aussichtslos.

Sei M eine Menge von Satzformen. Ist M nicht widersprüchlich, so sagen wir auch, daß M *widerspruchsfrei* ist. Klarerweise ist in diesem Fall M erfüllbar. Wenn M widerspruchsfrei ist, nennen wir die Satzformen aus M *miteinander verträglich* (oder *kompatibel*).

Ich habe den Ausdruck "kontradiktorisch" (bzw. "widersprüchlich") als Bezeichnung einer *Eigenschaft* von Sätzen bzw. von Mengen eingeführt. Davon unterscheiden läßt sich der Begriff "---- ist kontradiktorisch zu ===" als Bezeichnung einer *Relation* zwischen Sätzen. A ist kontradiktorisch zu B genau dann, wenn (A & B) kontradiktorisch ist. – Traditionellerweise hat man – hiermit auf Aristoteles in *De Interpretatione* zurückgreifend – zwei Arten von Beziehung, nämlich "kontradiktorisch zu" und "konträr zu" unterschieden. Betrachten wir zwei Aussagen C und D. Sie gelten als *miteinander kontradiktorisch* (in diesem traditionellen Sinn), wenn (1) nicht beide gemeinsam wahr sein können, und (2) sie nicht beide falsch sein können. C und D heißen dagegen *konträr zueinander*, wenn sie (1) nicht beide gemeinsam wahr sein können, aber (2) beide gemeinsam falsch sein können. – Betrachten wir *Beispiele*:

(1) "2 + 2 = 4" ist kontradiktorisch zu "Es ist nicht der Fall, daß 2 + 2 = 4". Weder können beide Sätze falsch, noch können beide Sätze wahr sein.

(2) "Am 2. November 1991 um 12 Uhr beträgt die Lufttemperatur in Göttingen 12° C" ist konträr zu "Am 2. November 1991 beträgt die Lufttemperatur in Göttingen 8° C". Beides kann nicht gleichzeitig zutreffen, dennoch können beide Sätze gemeinsam falsch sein, etwa dann, wenn in Göttingen am 2. November 1991 um 12 Uhr die Lufttemperatur 10° C ist.

Wie bezieht sich nun diese Terminologie auf die zuvor entwickelte Definition aussagenlogischer Widersprüchlichkeit? Die Bedingung (1) für "kontradiktorisch" wie auch für "konträr" besagt:

Es gibt keine Belegung b mit
$v_b(C) = v_b(D) = W$.

Bedingung (2) für "konträr" heißt soviel wie:

Es gibt b mit $v_b(C) = v_b(D) = F$.

Und Bedingung (2) für "kontradiktorisch" heißt soviel wie:

Für alle b: $v_b(C) = W$ und $v_b(D) = F$
(oder umgekehrt).

Die moderne Terminologie, der wir in der Definition von S. 154 folgen, ist allgemeiner als die traditionelle; sie unterscheidet nicht eigens zwischen den durch die traditionelle Terminologie unterschiedenen Fällen. Die traditionelle Terminologie ist in sprachwissenschaftlichen Untersuchungen, etwa beim Studium der Struktur des Wortschatzes, aber auch heute noch von Bedeutung.

Die hier eingeführten Begriffe wurden nur auf Satzformen der Aussagenlogik bezogen. Was uns oft vordringlich interessiert, sind aber die Sätze der natürlichen Sprache. Wie übertragen sich die Definitionen aus diesem Abschnitt auf die Sätze der natürlichen Sprache? Wann besteht etwa aussagenlogische Folgerung zwischen Sätzen der natürlichen Sprache? Sei M' eine Menge von Sätzen der natürlichen Sprache, sei S' ein Satz der natürlichen Sprache. Sei M eine Menge der aussagenlogischen Satzformen der Sätze aus M'. Sei S eine Satzform von S'. Dann folgt S' *aus M' aussagenlogisch*, falls S aus M aussagenlogisch folgt. – In analoger Weise lassen sich die Begriffe der Tautologie, der aussagenlogischen Äquivalenz und der Widersprüchlichkeit auf die Sätze der natürlichen Sprache übertragen.

Im Zusammenhang mit den in diesem Abschnitt eingeführten Begriffen will ich noch einige Erläuterungen machen, die die Anwendung dieser Begriffe insbesondere in Wissenschaftstheorie und Erkenntnistheorie betreffen und mit dem Aspekt der *Informativität* von Sätzen zu tun haben. Seien A und B zwei Aussagen der natürlichen Sprache. Wenn gilt:

$$A \models \dashv B,$$

scheint es angemessen zu sein, zu sagen, beide Sätze seien genauso informativ bzw. übermittelten genausoviel Information. Man kann auch sagen, beide Sätze seien *gleich stark*. – Betrachten wir eine Aussage in der natürlichen Sprache, deren logische Form eine Tautologie ist – kurz: eine Tautologie der natürlichen Sprache. Ein solcher Satz ist wahr, gleich was die einzelnen Teilsätze des Satzes besagen, und insbesondere gleich, ob diese Teilsätze wahr oder falsch sind. Er ist unter allen Umständen wahr; es sind keine Umstände möglich, unter denen er falsch wäre. Es scheint angemessen zu sein zu sagen, daß ein solcher Satz nicht über das informiert, was in der Welt vorgeht. Wir sagen auch, er sei *leer*. – Eine Tautologie, als Behauptung aufgestellt, ist zumindest dann uninteressant, wenn wir wissen wollen, was in der Welt vor sich geht. Der Begriff der Tautologie ist also in negativer Hinsicht für die Formulierung der Erkenntnisziele der empirischen Wissenschaft von Bedeutung: In der empirischen Wissenschaft sind Tautologien genau das, was wir vermeiden sollen. Der empirischen Wissenschaft kann es *nicht* um die Aufstellung von Tautologien gehen.

Wegen des Zusammenhangs zwischen Tautologie und logischer Folgerung könnte man auch den Begriff der Tautologie oder der logischen Wahrheit zum zentralen Begriff für den Aufbau der Logik machen und nicht, wie es hier geschieht, den Begriff der Folgerung. Dieses Vorgehen wird der Logik in rein mathematischer Hinsicht genauso gerecht wie eines, das den Begriff der Folgerung zugrundelegt. In Hinsicht auf die Anwendung der Logik auf Argumentationen in der natürlichen Sprache gibt ein Vorgehen, das sich auf den Begriff der Tautologie konzentriert, aber eine schiefe Perspektive. Es legt nahe, Logik habe nur mit 'trivialen', selbstverständlichen Sätzen zu tun, mit solchen, die keine Information übermitteln. Und es kann dann leicht der Eindruck entstehen, daß die Logik – wie etwa der englische Philosoph John Locke (1632 – 1704) annahm – eine völlig triviale Angelegenheit sei. Dabei wird aber übersehen, wie wichtig die Beziehung der logischen Folgerung ist, die Argumentieren überhaupt erst ermöglicht. Daß es eine solche Beziehung gibt, und daß diese Beziehung bestimmte – von uns hier untersuchte – Eigenschaften hat, ist alles andere als trivial oder selbstverständlich. Aus diesem Grunde habe ich den Begriff der logischen Folgerung, nicht den der Tautologie in den Mittelpunkt gestellt.

(iii) Einige Eigenschaften logischer Folgerung

Im letzten Abschnitt haben wir eine präzise Version des Begriffs der logischen Folgerung aus § 3 kennengelernt: den Begriff der aussagenlogischen Folgerung. Wie läßt sich aussagenlogische Folgerung weiter charakterisieren? Oder in anderen Worten: Welchen 'Gesetzen' unterliegt aussagenlogische Folgerung? Im folgenden will ich einige Sätze und Tatsachen aufführen, die aussagenlogische Folgerung näher bestimmen. – Diese Sätze gelten übrigens auch für den im nächsten Paragraphen zu entwickelnden Begriff der prädikatenlogischen Folgerung. Dort werde ich sie aber nicht mehr eigens aufführen.

Seien A und B aussagenlogische Satzformen. Seien M und N Mengen aussagenlogischer Satzformen. Sei (a) zugelassen, daß M und N leere Mengen sind, wie auch (b), daß sie unendlich viele Satzformen enthalten. Zuzulassen, daß M und N leer sind, ermöglicht eine allgemeinere Formulierung der hier aufzuführenden Sätze. Zuzulassen, daß M und N unendlich große Mengen sind, erlaubt die Anwendung dieser Sätze auf mathematische Zusammenhänge, in denen wir mit unendlich großen Satzmengen zu tun haben. Etwa mit der Menge all der Sätze, die in korrekter Weise die natürlichen Zahlen mit den Operationen der Addition und der Multiplikation beschreiben. Statt $M \cup N \vDash A$ schreiben wir auch: $M, N \vDash A$. – Es gelten folgende Behauptungen:

(1) $M, A \vDash A$; d. h. auch: wenn $A \in M$, dann $M \vDash A$.
Eine Satzform folgt aus einer Prämissenmenge, die die Satzform enthält.

(2) Wenn $M, M, A \vDash B$, dann $M, A \vDash B$.
Für das Vorliegen der Folgerungsbeziehung spielt es keine Rolle, ob Prämissen mehrfach aufgeführt werden.

(3) Offensichtlich spielt es für Folgerungsbehauptungen auch keine Rolle, in welcher Reihenfolge Prämissenmengen aufgeführt werden. Es gilt also:
$M, A, B \vDash C$, dann $M, B, A \vDash C$.

(4) Wenn $M \vDash B$, dann $M, A \vDash B$.
Wenn eine Satzform aus einer gegebenen Menge folgt, dann können wir zu dieser Menge beliebige weitere Satzformen hinzufügen, ohne daß die Folgerungsbeziehung verlorengeht. Die Menge der Konklusionen wächst mit der Menge der Prämissen. Diese Eigenschaft der Folgerungsbeziehung heißt *Monotonie*.

Beweis:

Gelte M ⊨ B. Jede Belegung b, die M erfüllt, erfüllt auch B. Wir fügen nun A zu M hinzu. Angenommen, b erfüllt auch M ∪ A. Dann gilt immer noch, daß die Belegung b die Satzform B erfüllt. Angenommen, b erfüllt M ∪ A nicht. Dann ist die Antezedensbedingung des Konditionalsatzes nicht erfüllt. Aber dann trifft das gesamte Konditional zu. Denn ein Konditional ist wahr unter einer Belegung, wenn sein Antezedens unter dieser Belegung falsch ist. ❏

(5) Wenn M ⊨ A und N, A ⊨ B, dann M, N ⊨ B.
Deswegen gilt insbesondere (wegen (2)):
Wenn M ⊨ A und M, A ⊨ B, dann M ⊨ B.
Und als Spezialfall ergibt sich:
Wenn A ⊨ B und B ⊨ C, dann A ⊨ C.
Das heißt: die Folgerungsbeziehung ist *transitiv*.

(6) Wenn M ⊨ A, dann M ⊨ (A ∨ B).
Wenn ein Satz A aus einer Prämissenmenge M folgt, dann folgen auch *Abschwächungen* von A aus M, etwa (A ∨ B).

(7) Es gilt auch folgender *Satz über Folgerung aus widersprüchlichen Satzformenmengen:*
Wenn M widersprüchlich ist, dann M ⊨ B, wo B beliebig ist.
Der Satz über die Folgerung aus widersprüchlichen Satzformenmengen besagt auf lateinisch: "Ex falso quodlibet" und in salopper Weise auf Deutsch: "Aus einem Widerspruch folgt alles". Ein Argument, dessen Prämissen wider-

sprüchlich sind, kann deswegen uninteressant sein: Jeder beliebige Satz folgt ja aus den Prämissen.

(8) Es gilt der *Satz über den Zusammenhang zwischen logischer Folgerung und Widersprüchlichkeit:*

$M \models B$ genau dann, wenn $M \cup \{\neg B\}$ widersprüchlich ist.

Beweis:

Wir haben eine "genau dann, wenn"-Behauptung vor uns. Wir müssen zweierlei beweisen: Einmal, daß $M \cup \{\neg B\}$ widerspruchsvoll ist, falls B aus M folgt; zum andern, daß $M \models B$, falls $M \cup \{\neg B\}$ widersprüchlich ist. (1) Falls B aus M logisch folgt, so ist $M \cup \{\neg B\}$ widerspruchsvoll, d. h., es gibt keine Belegung, die $M \cup \{\neg B\}$ erfüllt. Angenommen nämlich, es gäbe in diesem Fall eine Belegung, die $M \cup \{\neg B\}$ erfüllt. Diese Belegung b würde alle Satzformen aus M erfüllen; es würde jedoch auch gelten: $v_b(B) = F$. Aber B folgt logisch aus M, d. h., jede Belegung, die M erfüllt, erfüllt auch B. Die Belegung, die $M \cup \{\neg B\}$ erfüllt, kann es unter der gemachten Voraussetzung gar nicht geben. (2) $M \cup \{\neg B\}$ sei widersprüchlich. Es gibt also keine Belegung, die $M \cup \{\neg B\}$ erfüllt. Sei nun b eine Belegung, die M erfüllt. Sie muß auch B erfüllen. Denn falls sie B nicht erfüllt, wäre $M \cup \{\neg B\}$ durch sie erfüllt, $M \cup \{\neg B\}$ also nicht widerpruchsvoll. Somit $M \models B$. ❏

(9) Sei M eine beliebige Menge von Satzformen. Sei T eine Tautologie. Dann gilt: $M \models T$.

(10) Übrigens gilt auch, daß aus jeder Satzform unendlich viele Satzformen logisch folgen.

Um dies einzusehen, genügt es, einen Spezialfall von *(1)* zu betrachten: M, A ⊨ A, wo M = ∅; also A ⊨ A. Daraus folgt wegen *(6)*: A ⊨ (A ∨ B). – Diese Überlegung läßt sich offenbar unbegrenzt viele Male wiederholen, und so lassen sich unendlich viele Satzformen folgern.

(11) Sei M eine *unendliche* Menge von Satzformen. Dann gilt: Falls M ⊨ A, dann gibt es M' *endlich*, M' Teilmenge von M, mit M' ⊨ A.

Dies ist der *Endlichkeitssatz* der Folgerung, auch bekannt als *Kompaktheitssatz*. Der Beweis dieses Satzes erfordert fortgeschrittenere mengentheoretische Kenntnisse und erfolgt deswegen hier nicht.

Im Zusammenhang mit den Begriffen "Tautologie" und "Äquivalenz" bin ich auf Aspekte der Informativität von Sätzen eingegangen. Auch mit dem Begriff der logischen Folgerung können wir den Begriff der Information oder des Informationsgehalts in Zusammenhang bringen. Wenn A ⊨ B, dann können wir sagen: B ist *weniger informativ oder höchstens genauso informativ* wie A. Wir sagen auch: B ist *schwächer* als A oder höchstens *gleich stark* wie A. B ist genauso informativ, wenn auch B ⊨ A. Wenn wir in dieser Weise den Begriff der Information mit dem Begriff der logischen Folgerung verbinden, dann ergibt sich: *Logische Folgerung kann keine Information hinzufügen, die nicht bereits in den Prämissen enthalten ist.* Diese Charakterisierung von logischer Folgerung wird oft herangezogen, um Argumente, in denen logische Folgerung vorliegt, von anderen Arten von Argumenten abzugrenzen (siehe § 17).

Man sagt auch: Argumente, in denen logische Folgerung vorliegt, sind *nicht gehalterweiternd*.

Zum Folgerungsbegriff noch eine *terminologische* Bemerkung. Synonyme von "logischer Folgerung" sind "logische Implikation", "Implikation" und auch "Konsequenzbeziehung". Anstelle von "folgt logisch aus" kann man sagen "ist Konsequenz von" und "wird impliziert von". Man beachte aber, daß der Ausdruck "Implikation" gelegentlich zur Bezeichnung des Konditionals verwendet wird (wie "Äquivalenz" für die Bezeichnung des Bikonditionals) – ein Sprachgebrauch, der hier vermieden wird.

(iv) Allgemeine Behauptungen über Satzformen

Behauptungen über aussagenlogische Folgerung, über aussagenlogische Äquivalenz, über die Widersprüchlichkeit und über die aussagenlogische Wahrheit lassen sich nicht nur für bestimmte Satzformen machen, sondern in allgemeinerer Weise auch für Mengen von Satzformen mit bestimmter Gestalt. So gilt etwa, daß nicht bloß

$$"(p_1 \rightarrow p_2)" \vDash_{al} "(\neg p_1 \vee p_2)",$$

sondern ganz allgemein, daß

$$(A \rightarrow B) \vDash_{al} (\neg A \vee B),$$

wo A und B beliebige Satzformen sind. Ebenso gilt nicht bloß, daß

$$(p_{19} \& \neg p_{19})$$

ein Widerspruch ist, sondern auch, daß

$$(A \& \neg A)$$

für jede Satzform A ein Widerspruch ist. Auch ist nicht nur

$$(p_5 \vee \neg p_5)$$

eine Tautologie, sondern

$$(A \lor \neg A)$$

ist für jede Satzform A eine Tautologie. Widersprüchlichkeit und aussagenlogische Wahrheit lassen sich nicht allein bestimmten einzelnen Satzformen zuschreiben, sondern Klassen von Satzformen, also Gruppen von Satzformen bestimmter Gestalt. Ebenso sind aussagenlogische Folgerung und aussagenlogische Äquivalenz Beziehungen nicht bloß zwischen einzelnen Satzformen, sondern zwischen Klassen von Satzformen bestimmter Gestalt. *Wie läßt sich diese Praxis rechtfertigen, Behauptungen über aussagenlogische Folgerung, Äquivalenz usw. nicht nur für bestimmte Satzformen zu machen, sondern allgemein für Mengen von Satzformen bestimmter Gestalt?*

Betrachten wir eine Folge von aussagenlogischen Satzformen

$$A_1, A_2, A_3, \ldots$$

Betrachten wir außerdem eine Satzform B der Aussagenlogik. Wir wollen eine *Substitutionsoperation* für aussagenlogische Satzformen definieren, die eine Satzform B in eine Satzform B* überführt, wobei Satzbuchstaben p_i, die in B vorkommen, durch Satzformen aus der obigen Liste von Satzformen ersetzt werden:

$$B[p_i / A_i] = B^*, i = 1 \text{ oder } i = 2 \text{ oder } \ldots$$

Wir sagen: B* ist eine *Einsetzungsinstanz* von B.

Beispiel:
Sei etwa $A_2 = ((p_3 \lor p_5) \rightarrow p_7)$. Sei $B = (p_1 \rightarrow p_2)$.
Dann ist $B["p_2"/A_2] = B^* = (p_1 \rightarrow ((p_3 \lor p_5) \rightarrow p_7))$.

Um die oben beschriebene Praxis rechtfertigen zu können, muß nun, wenn B eine Satzform ist, folgendes gelten:

(I) Wenn B eine Tautologie ist, dann ist B* eine Tautologie. (Anders ausgedrückt: wenn B eine Tautologie ist, dann ist jede Einsetzungsinstanz von B eine Tautologie.)

(II) Wenn B ein Widerspruch ist, dann ist B* ein Widerspruch.

(III) Wenn $A \vDash B$, dann auch $A* \vDash B*$, falls in $A*$ und $B*$ dieselben Ersetzungen vorgenommen worden sind.

Gelten also (I) – (III)?

Sei b eine Belegung. Wir definieren eine Belegung b' mit $b'(p_n) = v_b(B*)$. Es gilt nun der folgende *Substitutionssatz:*

Zu jeder Belegung b gibt es eine Belegung b' mit:
$$v_b(B*) = v_{b'}(B).$$

Wenn eine Belegung b eine Satzform B* erfüllt, dann gibt es eine Belegung b', die eine Satzform erfüllt, deren Einsetzungsinstanz B* ist.

Aus dem Satz folgen die Behauptungen (I), (II) und (III). (I) folgt aus obigem Satz folgendermaßen: Sei B eine Tautologie. Dann gilt für alle b': $v_{b'}(B) = W$. Gelte nun: $v_b(B*) = F$, B* ist also keine Tautologie. Dann gibt es aber wegen des Substitutionssatzes b' mit $v_{b'}(B) = F$. Widerspruch. – Ähnlich zeigt man, daß (II) aus (I) folgt. – Wenn (I) gilt, dann gilt wegen des Satzes über den Zusammenhang zwischen Tautologie und aussagenlogischer Folgerung auch (III).

Nunmehr wollen wir den Substitutionssatz beweisen. Der *Beweis* erfolgt mittels Induktion über den Aufbau der

(Menge der aussagenlogischen) Satzformen. Die Menge der aussagenlogischen Satzformen ist ja (vgl. § 9 *(iii)*) entsprechend einer induktiven Definition aufgebaut. Zunächst haben wir zu zeigen, daß die Behauptung für die Grundbestandteile der Satzformenmenge, also für die Satzbuchstaben, gilt. Sodann müssen wir zeigen, daß, falls die Behauptung für irgendwelche Satzformen gilt, sie auch für Satzformen gilt, die aus diesen gemäß der induktiven Klausel der Definition aufgebaut sind. Wir können sodann schließen, daß sie für alle Satzformen gilt.

Induktionsbasis: Sei B ein Satzbuchstabe. Dann $B = p_n$. Offenbar gibt es dann b' mit $b'(p_n) = v_{b'}(p_n) = v_b(A_n) = v_b(B^*)$.

Induktionsschritt: Nehmen wir an, daß die Behauptungen für die Satzformen A und C gilt (*Induktionshypothese*). Wir betrachten nun B, wo

(1) $B = \neg A$,

oder B aus A und C zusammengebaut ist, also

(2) $B = (A \to C)$ oder

(3) $B = (A \mathbin{\&} C)$ oder

(4) $B = (A \lor C)$.

Zu zeigen ist, daß der Satz für die Satzform B gilt. Es gelte also:

$$\text{Zu b gibt es b' mit } v_b(A^*) = v_{b'}(A)$$
$$\text{und } v_b(C^*) = v_{b'}(C).$$

Zu zeigen ist:

(1) $v_{b'}(B) = v_{b'}(\neg A) = v_b(B^*)$.

Natürlich: $B^* = \neg A^*$. Als Induktionshypothese gilt: Es gibt b', so daß $v_b(A^*) = v_{b'}(A)$. Wegen der Definition der Bewertungsfunktion erhalten wir: $v_b(B^*) = v_{b'}(\neg A)$.

(2) $B = (A \to C)$.

Zu zeigen ist, daß es b' gibt mit

$$v_{b'}(A \to C) = v_b(A^* \to C^*).$$

Der Satz gilt (wegen der Induktionshypothese) für A und C. D. h., es gibt b' mit $v_b(A^*) = v_{b'}(A)$ und $v_b(C^*) = v_{b'}(C)$. Aber dann: $v_{b'}(A \to C) = v_b(A^* \to C^*)$.

Die Beweise von (3) und (4) verlaufen sehr ähnlich. $\square$

§ 12: Wahrheit und Folgerung in der Prädikatenlogik

In § 9 erhielten wir ein System prädikatenlogischer Satzformen, die widerspiegeln, wie die Wahrheitswerte von Sätzen davon abhängen, worauf sich ihre Teilausdrücke beziehen. Wie diese dem Extensionalitätsprinzip entsprechenden Zusammenhänge im einzelnen aussehen, beschäftigt uns als erstes in diesem Paragraphen. Im Anschluß daran führen wir wichtige semantische Begriffe der Prädikatenlogik ein. Abschließend wird ein Satz formuliert und bewiesen, der in präziser Weise einen Teilaspekt des Extensionalitätsprinzips reformuliert.

(i) Interpretation und prädikatenlogische Bewertung

Wir betrachten eine prädikatenlogische Satzform und suchen nach einer geeigneten Version dessen, was wir in § 3 als *Einsetzung* bezeichnet haben. Während dem Begriff der Einsetzung in der Aussagenlogik der Begriff der Belegung korrespondiert, entspricht ihm in der Prädikatenlogik der der *Interpretation*. Eine Interpretation spezifiziert, worauf sich die Teilausdrücke von Satzformen beziehen. Sie weist den Individuenbuchstaben und Relationsbuchstaben, die in den Satzformen vorkommen, Bestandteile eines strukturierten Ganzen zu. Eine Interpretation gibt also zweierlei an: (1) was den Individuenbuchstaben des syntaktischen Systems der Prädikatenlogik zuzuordnen ist; (2) was den Relationsbuchstaben des syntaktischen Systems zuzuordnen ist. – Wenn eine Satzform in der eben skizzierten Weise interpretiert ist (d. h., wenn den in ihr vorkommenden Individuen- und Relationsbuchstaben geeignete Dinge zugeordnet worden sind), dann ist noch nicht der Wahrheitswert festgelegt, der dieser Satzform unter der Interpretation zukommt. Auch im Fall der Aussagenlogik reichte ja allein eine Belegung für die Satzbuchstaben einer zusammengesetzten Satzform nicht für die Zuweisung eines Wahrheitswertes zu der Satzform aus: die Bewertungsfunktion mußte hinzukommen. Gegeben eine Interpretation, müssen wir deshalb in einem zweiten Schritt eine Funktion bestimmen, die für jede Satzform des syntaktischen Systems der Prädikatenlogik festlegt, welchen Wahrheitswert die Satzform unter der Interpretation erhält. Diese Funktion nennen wir *prädikatenlogische Bewertungsfunktion* (gegeben eine Interpretation J).

Was also ist eine Interpretation? Für die Beantwortung dieser Frage gehen wir von *Individuenbereichen* aus, d. h. nicht-leeren Mengen von Individuen (anstatt vom Individuenbereich spricht man auch vom *Universum* einer Interpretation). – Zu beachten ist, daß wir Individuenbereiche in rein abstrakter Weise auffassen. Es kommt allein darauf an, *in welchen rein mengentheoretisch verstandenen Relationen* sich die Elemente zueinander befinden, und *wie viele* Elemente die Menge M enthält. Völlig irrelevant ist dabei, wie die Elemente konkret realisiert sind. Die Abstraktion, die wir hier durchführen, ist analog der Abstraktion, die wir für die Aussagenlogik vornahmen. Dort sahen wir völlig vom Inhalt der Sätze ab, die für die Satzbuchstaben eingesetzt werden können, und berücksichtigten nur die Wahrheitswerte dieser Sätze. Hier sehen wir völlig von den konkreten Eigenschaften der Elemente ab. Wir berücksichtigen allein, was in einer mengentheoretischen Beschreibung relevant sein kann. – Gegeben nun ein Individuenbereich M, können wir definieren, was eine Interpretation ist.

Definition von Interpretation:

Eine Interpretation J über einem Individuenbereich M ist eine Funktion, deren Definitionsbereich aus den Mengen der Individuenbuchstaben und der Relationsbuchstaben des syntaktischen Systems der Prädikatenlogik besteht. Ihr Wertebereich ist der Individuenbereich M und aus ihm gebildete Mengen und Relationen. J hat folgende Eigenschaften:

(i)   J weist jedem Individuenbuchstaben α ein Element aus M zu, das wir mit "o^M" bezeichnen. Es gilt: $o^M = J(\alpha)$.

(ii)   J weist jedem n-stelligen Relationbuchstaben R^n eine n-stellige Relation $J(R^n) \subseteq M^n$ zu. Insbesondere weist J einem (einstelligen) Prädikatbuchstaben R^1 eine Teilmenge $J(R^1)$ von M zu.

Beispiel (1):

Gegeben sei das syntaktische System der Prädikatenlogik. Wir betrachten als Individuenbereich die Menge B aller Abgeordneten im Deutschen Bundestag. Gegeben B, können wir eine Interpretation J spezifizieren. Wir definieren J zunächst für die Individuenbuchstaben:

$J("a_1") = \text{Kohl}$

$J("a_2") = \text{Genscher}$

$J("a_3") = \text{Vogel}$

$J("a_4") = \text{Waigel}$

$J("a_5") = \text{Gysi}$

Alle Individuenbuchstaben mit einem Index größer als 5 erhalten die Abgeordnete Adam-Schwätzer zugeordnet. – Eine Interpretation hat ja *allen* Individuenbuchstaben des syntaktischen Systems ein Element aus dem Individuenbereich zuzuordnen. Dieser Bedingung werden wir hier dadurch gerecht, daß wir einfach stipulieren, daß alle Individuenbuchstaben mit dem Index größer 5 dasselbe Individuum zugeordnet bekommen.

Nun müssen wir die Interpretation auch für die Relationsbuchstaben definieren:

$J("R_1^1") = \{x: x \text{ ist Mitglied der CDU}\}$

$J("R_2^1") = \{x: x \text{ ist Mitglied der SPD}\}$

$J("R_3^1") = \{x: x \text{ ist Mitglied der FDP}\}$

$J("R_4^1") = \{x: x \text{ ist Mitglied der PDS}\}$

$J("R_5^1") = \{x: x \text{ ist Mitglied der GRÜNEN}\}$

$J("R_6^1") = \{x: x \text{ ist Mitglied der CSU}\}$

Allen einstelligen Relationsbuchstaben mit einem unteren Index größer 6 wird die gesamte Menge B der Bundestagsabgeordneten zugeordnet. Diese Stipulation machen wir, um zu garantieren, daß *jedem* einstelligen Relationsbuchstaben eine Teilmenge von B zugeordnet wird (und B ist ja Teilmenge von sich selbst).

$J("R_1^2") = \{<x, y>: x \text{ beschimpft } y\}$

$J("R_2^2") = \{<x, y>: x \text{ sitzt neben } y\}$

$J("R_1^3") = \{<x, y, z>: x \text{ sitzt zwischen } y \text{ und } z\}$.

Für alle anderen Relationsbuchstaben, insbesondere auch für die höherer Stelligkeit, legen wir fest, daß ihnen die leere Menge zuzuordnen ist. $\emptyset \subseteq B^n$ trifft bekanntlich für jedes n zu.

Beispiel (2):
Sei der Individuenbereich N, also die Menge aller natürlichen Zahlen. Wir definieren nun eine Interpretation J mit N als Individuenbereich.
Für die Individuenbuchstaben legen wir fest:
$J("a_1") = 0, J("a_2") = 1, J("a_3") = 2, J("a_4") = 3$, usw.;
für die einstelligen Relationsbuchstaben:
$J("R_1^1") = \{x: x \text{ ist teilbar durch } 2\}$,
alle anderen einstelligen Relationbuchstaben erhalten die leere Menge zugeordnet;
und weiter für höherstellige Relationsbuchstaben:
$J("R_1^2") = \{<x, y>: x < y\}$, also die Kleiner-als-Relation,
$J("R_1^3") = \{<x, y, z>: x + y = z\}$, also die Relation zwischen x, y und z, wenn z die Summe von x und y ist; allen übrigen Relationsbuchstaben wird $\emptyset$ zugeordnet.

Die Interpretationsdefinition läßt offenbar Interpretationen der verschiedensten Art zu. Das liegt zum einen daran, daß wir Individuenbereiche unterschiedlichster Art zugrundelegen können. Wenn ein bestimmter Individuenbereich M gegeben ist, gibt es immer noch viele Möglichkeiten, über eben diesem Individuenbereich unterschiedliche Interpretationen zu erhalten. So können wir variieren, was wir den verschiedenen Relationsbuchstaben unter der Interpretation zuordnen, wir können auch variieren, was wir den einzelnen Individuenbuchstaben unter der Interpretation zuordnen, und wir können beides variieren. Wenn eine Interpretation über einem festgelegten Individuenbereich gegeben ist, erhalten wir auf diese Weise unterschiedliche *Varianten* der gegebenen Interpretation. Aus Gründen, auf die wir bald zu sprechen kommen werden, sind solche Varianten besonders wichtig, die sich von einer gegebenen Interpretation J dadurch unterscheiden, was sie einem fixierten Individuenbuchstaben α zuordnen. Diese sogenannten α-Varianten einer Interpretation J sind folgendermaßen definiert:

Definition einer α-Varianten zu einer Interpretation J:
Sei α ein Individuenbuchstabe, sei eine Interpretation J über einem Individuenbereich M gegeben. Eine *α-Variante* von J ist eine Interpretation J' über M, die mit J in allem übereinstimmt außer unter Umständen in dem, was dem Individuenbuchstaben α zugewiesen wird. Es gilt also unter Umständen: $J(\alpha) \neq J'(\alpha)$.

Achtung! Diese Definition läßt auch zu, daß eine Interpretation J α-Variante von sich selber ist. In diesem Falle haben wir: $J(\alpha) = J'(\alpha)$, d. h. J = J'.

Beispiel: Betrachte das Beispiel (2) für Interpretationen. Eine "a_1"-Variante von J ist eine Interpretation J', wo unter Umständen $J'("a_1") \neq 0$, also etwa $J'("a_1") = 5$.

Wenn wir über eine Interpretation verfügen, wissen wir – wie gesagt – noch nicht, welcher Wahrheitswert einer gegebenen Satzform unter dieser Interpretation zukommt. Die Interpretation allein kann den Wahrheitswert einer Satzform noch nicht festlegen; hinzukommen muß für diesen Zweck eine *Bewertungsfunktion.* Diese hat zunächst einfachen Satzformen der Gestalt $R^n\alpha_1\alpha_2\alpha_3 \ldots \alpha_n$ einen

Wahrheitswert zuzuweisen, und im Anschluß daran den Satzformen, die aus derartigen einfachen Satzformen mit Satzoperatoren zusammengebaut sind. Zuerst werden wir fixieren, wie eine Satzform $R^n \alpha_1 \alpha_2 \alpha_3 \ldots \alpha_n$ durch eine Bewertung den Wahrheitswert WAHR zugeordnet erhält, wenn $<J(\alpha_1), J(\alpha_2), J(\alpha_3), \ldots, J(\alpha_n)>$ Element einer bestimmten Menge $J(R^n)$ ist. In einem zweiten Schritt werden wir Wahrheitswerte für Satzformen festlegen, die mit Satzoperatoren aus einfacheren Satzformen aufgebaut sind. Daß hierbei eine prädikatenlogische Bewertung genauso funktioniert wie eine aussagenlogische Bewertung, liegt auf der Hand. – Problematisch ist die Definition einer prädikatenlogischen Bewertung in dem Fall, wenn in den Satzformen Quantoren vorkommen. Welches sind denn hier die einfacheren Sätze, von deren Wahrheitswerten der Wahrheitswert der gesamten Satzform funktional abhängt? Betrachten wir etwa $\forall x \, A[\alpha/x]$, wo A eine Satzform der Prädikatenlogik ist, x eine Individuenvariable, und α ein Individuenbuchstabe. Welches könnten die einfacheren Satzformen sein, deren Wahrheitswert den Wahrheitswert von $\forall x \, A[\alpha/x]$ festlegt? Die Antwort – nahegelegt natürlich auch durch unsere Notation – ist, daß die einfachere Satzform eben A ist, daß aber unter *jeder* α-Varianten von J der Satzform A der Wahrheitswert WAHR zugeordnet werden muß, falls $\forall x \, A[\alpha/x]$ unter J den Wahrheitswert WAHR erhalten hat. Salopp ausgedrückt: Das in A 'Ausgesagte' muß eben auf *jedes* Ding im Individuenbereich zutreffen, wenn $\forall x \, A[\alpha/x]$ wahr ist. Wenn $\exists x \, A[\alpha/x]$ wahr ist, reicht dagegen aus, daß das in A 'Ausgesagte' allein auf *ein* Individuum zutrifft. – Jetzt läßt sich mit einer rekursiven Definition angeben, was eine prädikatenlogische Bewertungsfunktion ist.

Definition der prädikatenlogischen Bewertungsfunktion:
Seien $\alpha_1, \alpha_2, \ldots, \alpha_n$ Individuenbuchstaben; sei R^n ein n-stelliger Relationsbuchstabe. – Eine prädikatenlogische Bewertung v_J, gegeben eine Interpretation J über einem Individuenbereich M, ist eine Funktion, die als Definitionsbereich die Menge der Satzformen des syntaktischen Systems der Prädikatenlogik hat, als Wertebereich die Menge der Wahrheitswerte $\{W, F\}$. v_J hat folgende Eigenschaften:

(i) $v_J(R^n\alpha_1\alpha_2 \ldots \alpha_n) = W$ gdw.

$<J(\alpha_1), J(\alpha_2), \ldots, J(\alpha_n)> \in J(R^n)$.

(ii) Wenn A, B Satzformen sind, so gilt:

$v_J(A \,\&\, B) = W$ gdw. $v_J(A) = v_J(B) = W$,

$v_J(A \,\&\, B) = F$ sonst;

$v_J(A \lor B) = F$ gdw. $v_J(A) = v_J(B) = F$,

$v_J(A \lor B) = W$ sonst;

$v_J(A \to B) = F$ gdw. $v_J(A) = W, v_J(B) = F$,

$v_J(A \to B) = W$ sonst;

$v_J(\neg A) = W$ gdw. $v_J(A) = F$,

$v_J(\neg A) = F$ sonst.

(iii) Sei α ein Individuenbuchstabe, sei x eine Variable, sei A eine Satzform der Prädikatenlogik; dann haben wir $v_J(\forall x\, A[\alpha/x]) = W$ gdw.

für *alle* α-Varianten J' von J gilt: $v_{J'}(A) = W$,

$v_J(\forall x\, A[\alpha/x]) = F$ sonst;

$v_J(\exists x\, A[\alpha/x]) = W$ gdw.

für *mindestens eine* α-Variante J' von J gilt:

$v_{J'}(A) = W$,

$v_J(\exists x\, A[\alpha/x]) = F$ sonst.

Zur Erläuterung sei folgendes angemerkt:

(1) Klausel (i) der Definition besagt, daß $R^1\alpha$ wahr ist, wenn das von α bezeichnete Ding Element der Menge ist, die über die Interpretation durch R^1 bezeichnet wird. Ist der Relationsbuchstabe jedoch mehrstellig, dann ist $R^n\alpha_1 \ldots \alpha_n$ wahr, wenn das n-tupel der von α_1, α_2, ..., α_n bezeichneten Dinge als Element in der n-stelligen Relation enthalten ist, die durch R^n bezeichnet wird.

(2) Durch Klausel (ii) werden die wahrheitsfunktionalen Abhängigkeiten der Aussagenlogik Teil der Prädikatenlogik.

(3) Wichtig, *aber für den Anfänger am schwierigsten zu begreifen*, ist Klausel (iii) der Definition. Diese Klausel zeigt uns, wie der Wahrheitswert einer Satzform mit Quantoren auf den Wahrheitswert einer einfacheren Satzform zurückgeführt wird. Dabei sind insbesondere α-Varianten der Interpretation, die der prädikatenlogischen Bewertung zugrunde liegt, zu berücksichtigen.

(4) Zu beachten ist – wie bereits im Zusammenhang mit aussagenlogischer Belegung und Bewertung –, daß die Definition allein formale Zusammenhänge erfaßt und sowohl intuitiven wie auch philosophischen Ideen von Bezeichnen und von Wahrheit gegenüber neutral bleibt. Das syntaktische System der Prädikatenlogik kann mit jeder beliebigen nicht-leeren Menge über eine Interpretationsfunktion in Zusammenhang gebracht werden und dabei geht der intuitive Gehalt von "bezeichnen", "sich beziehen auf", "Wahrheit" oder "Falschheit" verloren.

(5) Die Definition der prädikatenlogischen Bewertung wurde in einer etwas anderen Form zunächst von Alfred Tarski (1902 – 1983) in seinem Aufsatz *Der Wahrheitsbegriff in den formalisierten Sprachen*, 1933 bzw. 1935,

aufgestellt. Dies war eine bedeutende mathematische Leistung: Es ging darum, in mathematisch präziser Weise aufzuzeigen, wie der Wahrheitswert eines Satzes von den Wahrheitswerten der Teilsätze und insbesondere davon abhängt, was die Teilausdrücke bezeichnen. Die Erstellung dieser Definition bedeutete des weiteren, daß überhaupt erst im Detail klar wurde, wie das Extensionalitätsprinzip in formaler Hinsicht funktioniert: Nunmehr ließ sich für bestimmte von Tarski untersuchte syntaktische Systeme zeigen, *wie* der Wahrheitswert ganzer Sätze davon abhängt, was Teilausdrücke bezeichnen.

Wie die Definition der prädikatenlogischen Bewertung funktioniert, möchte ich jetzt an zwei *Beispielen* zeigen.

(1) Erinnern wir uns an die Interpretation aus Beispiel (1), oben. Offenbar trifft zu, daß Kohl CDU-Mitglied ist, Genscher FDP-Mitglied.

Es gilt deswegen: $J("a_1") \in J("R_1^1")$,
$$J("a_2") \in J("R_3^1").$$

Wegen Klausel (i) der Definition der Bewertungsfunktion haben wir dann:
$$v_J("R_1^1 a_1") = W$$
$$v_J("R_3^1 a_2") = W$$

und wegen Klausel (ii) erhalten wir:
$$v_J("(R_1^1 a_1 \ \& \ R_3^1 a_2)") = W.$$

J ist eine "a_1"-Variante von sich selbst. Es gibt also eine "a_1"-Variante von J, bei der "$(R_1^1 a_1 \ \& \ R_3^1 a_2)$" den Wahrheitswert W erhält. Also gilt wegen (iii) auch
$$v_J("\exists x_1 \ (R_1^1 x_1 \ \& \ R_3^1 a_2)") = W.$$

J ist auch eine "a_2"-Variante von sich selbst mit
$$v_J("\exists x_1 \ (R_1^1 x_1 \ \& \ R_3^1 a_2)") = W,$$

deshalb wegen (iii) auch

$$v_J("\exists x_2 \; \exists x_1 \; (R_1^1 x_1 \; \& \; R_3^1 x_2)") = W.$$

(2) Betrachten wir die Satzform

$$S: \forall x_1 \; \exists x_2 \; R_1^2 x_1 x_2$$

Sei nun J eine Interpretation mit $B = \{1, 2, 3, 4, 5\}$.

Sei $J("R_1^2") = \{<v, w>: v < w; \; v, w \in B\}$.

Offenbar ist $v_J(S) = F$. Es ist in dem hier betrachteten Fall eben nicht wahr, daß es für jede Zahl eine größere gibt. – Aber wie läßt sich dies unter Verwendung der Definition der prädikatenlogischen Bewertungsfunktion zeigen? Ziehen wir die Individuenbuchstaben "a_1" und "a_2" heran. Betrachte:

$$R_1^2 a_1 a_2$$

Sei nun $J("a_1") = 5$ und $J("a_2") = 5$.

Dann gilt: $v_J("R_1^2 a_1 a_2") = F$.

Offenbar gilt für alle "a_2"-Varianten J' von J

$$v_{J'}("R_1^2 a_1 a_2") = F;$$

deswegen ist $v_J("\exists x_2 \; R_1^2 a_1 x_2") = F$. J' ist nun offenbar auch eine "a_1"-Variante J" von J, mit $v_{J''}("\exists x_2 \; R_1^2 a_1 x_2") = F$. D. h., nicht für alle "a_1"-Varianten J" von J gilt:

$$v_{J''}("\exists x_2 \; R_1^2 a_1 x_2") = W,$$

und deshalb ist

$$v_J("\forall x_1 \; \exists x_2 \; R_1^2 x_1 x_2") = F.$$

Aber das galt es ja zu beweisen.

Etwas *Terminologie*. Sei M eine Menge von Satzformen der Prädikatenlogik, sei A eine Satzform der Prädikatenlogik. Sei J eine Interpretation, für die $v_J(A) = W$, bzw. $v_J(S) = W$ für alle $S \in M$, dann sagen wir auch, daß J A *erfüllt* bzw. daß J M *erfüllt*. Eine Interpretation, die A bzw. die M erfüllt, heißt *Modell von* A bzw. *Modell von* M. Gibt es eine Interpretation J, die A bzw. M erfüllt, dann heißen A bzw. M *erfüllbar.*

(ii) Prädikatenlogische Folgerung und Wahrheit, Äquivalenz und Widerspruch

Diese Begriffe können wir jetzt in präziser Weise definieren. Die Definitionen sind analog zu den aus der Aussagenlogik bekannten.

Definition der prädikatenlogischen Folgerung:
Sei M eine Menge von prädikatenlogischen Satzformen, sei A eine prädikatenlogische Satzform. – Gilt für jede Interpretation J: wenn $v_J(S) = W$ für alle $S \in M$, dann auch $v_J(A) = W$, so sagen wir, daß A aus M *(prädikaten-)logisch folgt.*

Notation: Wenn A aus M prädikatenlogisch folgt, schreiben wir: $M \vDash_{pl} A$. Wenn $M = \{B\}$ für eine Satzform B, dann schreiben wir einfach: $B \vDash_{pl} A$. Das "pl" unter dem Folgerungszeichen können wir freilich weglassen, wenn keine Mißverständnisse zu befürchten sind.

Beispiele:

(1) $\qquad\qquad "\forall x_1\, R^1_1 x_1" \vDash_{pl} "R^1_1 a_1"$

(2) $\qquad\qquad "R^1_1 a_1" \vDash_{pl} "\exists x_1\, R^1_1 x_1"$

(3) $\quad "\forall x_1\, (R^1_1 x_1 \rightarrow R^1_2 x_1)" \vDash_{pl} "\exists x_1\, (R^1_1 x_1 \rightarrow R^1_2 x_1)"$

Ich gebe hier allein den *Beweis von (3):*
Gelte $v_J("\forall x_1\, (R^1_1 x_1 \rightarrow R^1_2 x_1)") = W$, dann gilt wegen (iii) der Definition der Bewertungsfunktion für alle "a_1"-Varianten J' von J:
$v_{J'}("(R^1_1 a_1 \rightarrow R^1_2 a_1)") = W$. Dann gibt es aber mindestens eine "a_1"-Variante J' von J mit dieser Eigenschaft. Deshalb

gilt (wegen (iii) der Definition der Bewertungsfunktion) auch: $v_J("\exists x_1 (R_1^1 x_1 \rightarrow R_2^1 x_1)") = W$. – Man beachte, daß (3) deswegen gilt, weil wir annehmen, daß der Individuenbereich einer Interpretation *nicht leer* ist.

Nun gilt tatsächlich nicht allein (3), es gelten auch die folgenden Beziehungen:

$$"\forall x_1 R_1^1 x_1" \vDash "\exists x_1 R_1^1 x_1"$$

oder etwa

$$"\forall x_1 (R_1^1 x_1 \& R_2^1 x_1)" \vDash "\exists x_1 (R_1^1 x_1 \& R_2^1 x_1)".$$

Ganz allgemein gilt also: Aus einer Satzform, die mit einem Allquantor beginnt, folgt logisch eine Satzform, die genauso ist wie die ursprüngliche, nur daß sie mit dem Existenzquantor beginnt. Dieser Zusammenhang läßt sich auch folgendermaßen ausdrücken:

Sei A eine Satzform, sei x eine Variable und sei α ein Individuenbuchstabe. Dann gilt:

$$\forall x A[\alpha/x] \vDash \exists x A[\alpha/x].$$

Und diese Behauptung läßt sich auch *beweisen* – in der Tat war beim Beweis von (3) eine Betrachtung der inneren Strukturen der Satzformen gar nicht erforderlich: Sei J eine beliebige Interpretation, für die gilt:

$$v_J(\forall x A[\alpha/x]) = W.$$

Dann gilt für alle α-Varianten J' von J: $v_{J'}(A) = W$. Dann gibt es mindestens eine solche α-Variante von J, aber dann ist auch $v_J(\exists x A[\alpha/x]) = W$.

Folgerungsbehauptungen können also (wie in der Aussagenlogik auch) einen *allgemeinen* Charakter besitzen: Es sind dann Behauptungen darüber, daß Satzformen mit bestimmten Eigenschaften aus anderen Satzformen mit bestimmten Eigenschaften logisch folgen. – Diese Praxis läßt sich in natürlicher Weise auf Behauptungen übertragen, in denen die weiteren in der Folge definierten Begriffe eine Rolle spielen.

Wie hängen aussagenlogische und prädikatenlogische Folgerung zusammen? Um diese Frage zu beantworten, müssen wir die Satzformen der Prädikatenlogik den Satzformen der Aussagenlogik in einer *Übersetzung* Ü zuordnen. Zunächst sind die prädikatenlogischen Satzformen zu finden, die wir den Satzbuchstaben der Aussagenlogik zuordnen. Diese Satzformen sind dreierlei Art:

$$R^n\alpha_1 \dots \alpha_n$$
$$\forall x \, A[\alpha/x]$$
$$\exists x \, A[\alpha/x]$$

Satzformen, die aus solchen Satzformen mittels der Satzoperatoren zusammengesetzt sind, ordnen wir sodann den zusammengesetzten Satzformen der Aussagenlogik zu. Eine derartige Zuordnung ergibt eine Übersetzung Ü des syntaktischen Systems der Prädikatenlogik in das der Aussagenlogik. Es gilt dann der *Satz über den Zusammenhang aussagenlogischer und prädikatenlogischer Folgerung*, dessen Beweis hier nicht erfolgen soll:

> Sei M eine Menge von prädikatenlogischen Satzformen; sei A eine prädikatenlogische Satzform. Es gilt:
> Wenn $\ddot{U}(M) \vDash_{al} \ddot{U}(A)$, dann $M \vDash_{pl} A$.

Die umgekehrte Behauptung trifft offenbar nicht zu. Denn es gibt prädikatenlogische Folgerungen, denen keine aussagenlogischen Folgerungen entsprechen. So gilt zwar "$R_1^1 a_1$" $\vDash_{pl}$ "$\exists x_1 \, R_1^1 x_1$". Aber offenbar gibt es kein Ü mit $\ddot{U}("R_1^1 a_1") \vDash_{al} \ddot{U}("\exists x_1 \, R_1^1 x_1")$. – Die Behauptungen über

180

aussagenlogische Folgerung aus § 11 *(ii)* gelten auch für die prädikatenlogische Folgerung. Die Beweise für die einzelnen Behauptungen verlaufen ähnlich, involvieren aber nicht Belegungen, sondern Interpretationen.

Definieren wir nun den Begriff der prädikatenlogischen Äquivalenz. Seien A und B Satzformen der Prädikatenlogik. A heißt *prädikatenlogisch äquivalent* mit B genau dann, wenn A $\vDash_{pl}$ B und B $\vDash_{pl}$ A, und wir schreiben dies:

$$A \vDash \dashv_{pl} B.$$

Beispiele:

Sei A eine Satzform der Prädikatenlogik, seien x und y Variablen, seien α und β Individuenbuchstaben. Dann gelten folgende Behauptungen über prädikatenlogische Äquivalenz:

(Ä1) $\forall x \, A[\alpha/x] \vDash \dashv \neg\exists x \, \neg A[\alpha/x]$

(Ä2) $\neg\forall x \, A[\alpha/x] \vDash \dashv \exists x \, \neg A[\alpha/x]$

(Ä3) $\neg\exists x \, A[\alpha/x] \vDash \dashv \forall x \, \neg A[\alpha/x]$

(Ä4) $\forall x \, \forall y \, A[\alpha/x][\beta/y] \vDash \dashv \forall y \, \forall x \, A[\alpha/x][\beta/y].$

Die Behauptungen (Ä1) – (Ä3) zeigen, wie der Existenzquantor und der Allquantor miteinander zusammenhängen. (Ä4) besagt, daß die Reihenfolge von Allquantoren, mit denen eine Satzform beginnt, gleichgültig ist.

Definition der prädikatenlogischen Wahrheit:

Sei A eine Satzform der Prädikatenlogik. Gelte für jede Interpretation J: $v_J(A) = W$, dann heißt A *logisch wahr* oder *prädikatenlogische Wahrheit*.

Zur Terminologie: Von "Tautologien" sprechen wir allein in der Aussagenlogik: aussagenlogische Wahrheiten heißen

"Tautologien". Auf die prädikatenlogischen Wahrheiten wird dieser Terminus jedoch gewöhnlich nicht angewendet, und hier wollen wir dieser Praxis folgen.

Beispiele logischer Wahrheiten:

(1) $(R_1^2 a_1 a_2 \vee \neg R_1^2 a_1 a_2)$

(2) $(\forall x_1 R_1^1 x_1 \rightarrow R_1^1 a_1)$

(3) $(\exists x\, (A[\alpha/x]\, \&\, B[\alpha/x]) \rightarrow (\exists x\, A[\alpha/x]\, \&\, \exists x\, B[\alpha/x]))$
    wo A und B Satzformen der Prädikatenlogik sind,
    x eine Variable ist und α ein Individuenbuchstabe.

Auch in der Prädikatenlogik gilt ein *Satz vom Zusammenhang von logischer Wahrheit und logischer Folgerung*:

> Seien A_1, A_2, ..., A_n Satzformen der Prädikatenlogik. Sei B eine Satzform der Prädikatenlogik. Dann gilt:
> $\{A_1, A_2, ..., A_n\} \models_{pl} B$ genau dann, wenn $((A_1\, \&\, (A_2\, \&\, (...(A_{n-1}\, \&\, A_n)...))) \rightarrow B)$ eine prädikatenlogische Wahrheit ist.

Sei M eine Menge von Satzformen der Prädikatenlogik bzw. A eine Satzform der Prädikatenlogik. Wenn es keine Interpretation gibt, die M erfüllt, bzw. keine Interpretation gibt, die A erfüllt, heißt M *prädikatenlogisch widersprüchlich*, bzw. heißt A *prädikatenlogischer Widerspruch*. Wir sagen auch, M bzw. A seien *unerfüllbar*.

Noch eine Bemerkung zum Zusammenhang zwischen Prädikatenlogik und Aussagenlogik. Betrachten wir das Beispiel (1) für logische Wahrheit. Dieser Satzform entspricht in der Aussagenlogik etwa die Tautologie "$(p_1 \vee \neg p_1)$". D.h., es gibt eine Übersetzung, die den oben angegebenen Bedingungen für Übersetzungen Ü von der

Prädikatenlogik in die Aussagenlogik genügt, die einer Tautologie eine prädikatenlogische Wahrheit zuordnet. Allgemein gilt: Allen Tautologien entsprechen prädikatenlogische Wahrheiten. – Wenn zwei Satzformen aussagenlogisch äquivalent sind, so gibt es prädikatenlogische Entsprechungen, die prädikatenlogisch äquivalent sind. Wenn eine Satzform aussagenlogisch widersprüchlich ist, dann hat sie eine Entsprechung in der Prädikatenlogik, die prädikatenlogisch widersprüchlich ist.

(iii) Der Überführungssatz

Angenommen, eine Interpretation J (bzw. ihre Varianten) ordnet zwei verschiedenen Individuenbuchstaben dasselbe Individuum im Individuenbereich der Interpretation zu. Dann sollte der Wahrheitswert unter den Interpretationen zweier Satzformen genau dann derselbe sein, wenn diese Satzformen sich allein dadurch unterscheiden, daß die eine den ersten Individuenbuchstaben an den Stellen stehen hat, an denen die andere Satzform den zweiten Individuenbuchstaben stehen hat. Der Wahrheitswert einer Satzform unter einer Interpretation sollte also davon abhängen, was die in ihr vorkommenden Individuenbuchstaben unter der Interpretation *bezeichnen*. Diese Behauptung ist nichts anderes als das Extensionalitätsprinzip, und zwar eingeschränkt auf Individuenbuchstaben.

Überführungssatz:

Seien β und γ Individuenbuchstaben. A[β] sei eine Satzform, die unter Umständen den Individuenbuchstaben β enthält, A[γ] eine Satz-

form, die γ dort enthält, wo A[β] β enthält. Sei
J eine Interpretation. Sei J' eine γ-Variante
von J. Gelte *insbesondere*: $J(\beta) = J'(\gamma)$. Dann
gilt:

$$v_J(A[\beta]) = W \quad \text{gdw.} \quad v_{J'}(A[\gamma]) = W.$$

Wenn wir im folgenden diesen Satz beweisen wollen, so
haben wir zu zeigen, daß die Behauptung für beliebige,
auch beliebig lange Satzformen gilt. Sie hat also für solche
Satzformen zu gelten, die keine Satzoperatoren und keine
Quantoren enthalten, und für alle solche, die möglicherweise auch auf ganz komplizierte Weise mittels Satzoperatoren
und Quantoren aufgebaut sind. Die hier erforderliche
Technik ist wieder die des *Induktionsbeweises*, da die Satzformenmenge ja induktiv definiert ist, und zwar erfolgt die
Induktion über den Satzformenaufbau.

Beweis:

A. *Induktionsbasis:* Sei A ein Grundbestandteil der Menge
der prädikatenlogischen Satzformen und habe also die
folgende Gestalt: $A = R^m \alpha_1 \alpha_2 \ldots \alpha_{j-1} \beta \alpha_{j+1} \ldots \alpha_m$ (in A
kommen Individuenbuchstaben also m-mal vor). Wir kön-
nen nun A[β] und A[γ] folgendermaßen schreiben:

$$A[\beta] = R^m \alpha_1 \ldots \beta \ldots \alpha_m$$
$$A[\gamma] = R^m \alpha_1 \ldots \gamma \ldots \alpha_m$$

Dann $v_J(A[\beta]) = W$ wegen der Definition der Bewertungsfunktion genau dann, wenn

$<J(\alpha_1), \ldots, J(\beta), \ldots, J(\alpha_m)> \in J(R^m)$. Aber $J(\beta) = J'(\gamma)$.
Deswegen $<J(\alpha_1), \ldots, J'(\gamma), \ldots, J(\alpha_m)> \in J(R^m)$. Dies ist
wegen Klausel (i) der Bewertungsfunktion genau dann der
Fall, wenn $v_{J'}(A[\gamma]) = W$.

B. *Induktionsschritt:* Gelte die Behauptung für irgendwelche Satzformen B und C (Induktionshypothese). Zu zeigen ist: Die Behauptung gilt für alle Satzformen, die entsprechend der induktiven Klausel aus B und C mit Satzoperatoren und Quantoren zusammengesetzt sind. Hier haben wir nun sechs verschiedene Fälle zu unterscheiden, je nachdem, welcher Satzoperator bzw. welcher Quantor in einer Satzform vorkommt.

Fall 1: $A = \neg B$. Wegen der Definition der Bewertungsfunktion haben wir: $v_J(\neg B[\beta]) = W$ gdw. $v_J(B[\beta]) = F$. Dies gilt voraussetzungsgemäß (Induktionsannahme) genau dann, wenn $v_{J'}(B[\gamma]) = F$, und dies ist wegen der Definition der Bewertungsfunktion genau dann der Fall, wenn $v_{J'}(\neg B[\gamma]) = W$.

Fall 2: $A = (B \rightarrow C)$. Nunmehr $v_J(A[\beta]) = W$ gdw. $v_J(B[\beta]) = F$ oder $v_J(C[\beta]) = W$. Wegen Induktionsvoraussetzung $v_J(B[\beta]) = F$ gdw. $v_{J'}(B[\gamma]) = F$, und $v_J(C[\beta]) = W$ gdw. $v_{J'}(C[\gamma]) = W$. Also $v_{J'}(B[\gamma]) = F$ oder $v_{J'}(C[\gamma]) = W$, also $v_{J'}(A[\gamma]) = W$.

Fall 3: $A = B \vee C$. Analog zu Fall 2.

Fall 4: $A = B \,\&\, C$. Analog zu Fall 2.

Fall 5: $A = \forall x\, B[\alpha/x]$. Komme β in B vor und sei $A[\gamma] = \forall x\, B[\alpha/x][\beta/\gamma]$. Wir setzen voraus, daß die Behauptung für die Satzform B gilt, also: $v_J(B[\beta]) = W$ gdw. $v_{J'}(B[\gamma]) = W$. Gelte nun $v_J(A[\beta]) = W$. Genau dann gilt für jede α-Variante J* von J: $v_{J*}(B[\beta]) = W$. Dies ist genau dann der Fall (wegen Induktionsvoraussetzung), wenn für jede α-Variante J'* von J' gilt: $v_{J'*}(B[\gamma]) = W$. Und in diesem Fall gilt: $v_{J'}(A[\gamma]) = W$.

Fall 6: $A = \exists x\, B[\alpha/x]$. Hier gehen wir ähnlich vor wie in Fall 5. $\square$

Es läßt sich auch zeigen, daß das Extensionalitätsprinzip für Relationsbuchstaben gilt. Diesen Beweis will ich jedoch nicht durchführen. – Mir ging es hier u. a. darum, darauf aufmerksam zu machen, daß die Prinzipien, von denen wir in diesem Buch in vorläufigen Formulierungen ausgegangen sind, tatsächlich auch in den hier aufgebauten Systemen gelten. Anhand eines dieser Prinzipien wurde dies hier durchgeführt. Zum anderen habe ich den Überführungssatz bewiesen, weil er in einem späteren Kontext (§ 16) verwendet wird, und zwar innerhalb des Beweises des Vollständigkeitssatzes für den Nachweis von Lemma 2.

V. Ableitung und Folgerung

§ 13: Die Frage nach Methoden der Feststellung logischer Folgerung

Im letzten Kapitel erhielten wir zwei Präzisierungen des Folgerungsbegriffes aus § 3. Logische Folgerung ist in beiden Versionen eine Beziehung, die zwischen einer Menge von Aussagen und einer Aussage bestehen kann; sie liegt vor oder sie liegt nicht vor. *Wie können wir dies aber feststellen?* Wie können wir beweisen, ob sie vorliegt oder nicht? Das ist die Fragestellung dieses Kapitels. – Dabei handelt es sich offenbar um *zwei* Probleme: erstens darum, wie man aussagenlogische Folgerung feststellen kann; zweitens darum, wie prädikatenlogische Folgerung festzustellen ist. In der folgenden Darstellung werde ich zwar auch auf die Feststellbarkeit aussagenlogischer Folgerung eingehen. Die Problematik der Feststellbarkeit prädikatenlogischer Folgerung wird uns aber hauptsächlich beschäftigen.

Sei M eine *endliche* Menge von Satzformen der Prädikatenlogik (die Annahme der Endlichkeit dient dazu, einige später zu erbringende Beweise zu vereinfachen, so daß bestimmte wesentliche Gedanken besser kenntlich werden; sie wird deshalb in diesem Kapitel meistens beibehalten werden). Sei B eine Satzform der Prädikatenlogik. Wir können folgende *Frage* stellen: Gibt es Methoden festzustellen, ob B aus M logisch folgt oder nicht? Und wenn ja, welche Methoden gibt es?

Die Frage nach der Existenz einer Feststellungsmethode zerfällt nun in *zwei* Einzelfragen, die wir genau auseinanderhalten müssen:

(1) Gibt es, falls B *nicht* aus M folgt, eine Methode, dies festzustellen?

(2) Gibt es, falls B *tatsächlich* aus M folgt, eine Methode, dies festzustellen?

Es mag pedantisch erscheinen, diese beiden Fragen so scharf voneinander zu trennen. Da die zweite Frage positiv beantwortet werden kann, die erste Frage jedoch abschlägig zu beantworten ist (allerdings nur im Fall der Prädikatenlogik, nicht in dem der Aussagenlogik), sind beide Fragen zu unterscheiden. – Wenn ich sage, daß für die Prädikatenlogik Frage (1) abschlägig beantwortet wird, heißt das nun *nicht*, daß man *nie* entscheiden könnte, daß B nicht aus M folgt. Häufig können wir dies. Häufig kommen wir nach endlich vielen Schritten zur Entscheidung. In manchen Fällen jedoch erreichen wir keine Entscheidung; nicht in jedem Falle also, in dem Folgerung *nicht* vorliegt, können wir dies auch beweisen.

Zu Methoden der Folgerungsfeststellung noch eine allgemeine Bemerkung: eine solche Methode darf einerseits *nur* gültige Folgerungsbeziehungen erfassen, andererseits soll sie *alle* gültigen Folgerungsbeziehungen erfassen. Die letztere Anforderung ist recht stark und scheint auf den ersten Blick gar nicht erfüllbar zu sein. Es mag noch recht einfach sein, eine Methode zu ersinnen, die *nur* prädikatenlogische Folgerungsbeziehungen erfaßt. Wie kann man aber zur Aufstellung einer Methode kommen, die *alle* Folgerungsbeziehungen erfaßt? In § 11 *(iii)*, (10) haben wir gesehen, daß aus jeder beliebigen Satzform unendlich viele Satzformen logisch folgen. Die Anforderung an eine Methode, die zur Feststellung *aller* Folgerungsbeziehungen dienen soll, ist also recht anspruchsvoll.

In diesem Kapitel lernen wir zunächst (in § 14) eine Methode zum Nachweis der Folgerungsbeziehung kennen, eine Methode für den Fall, daß Folgerung vorliegt. Sodann zeige ich (in § 15), wie diese Methode mit gewissen Modifikationen und Einschränkungen auch dazu verwendet werden kann festzustellen, daß keine Folgerung vorliegt. Schließlich prüfen wir (in § 16), wie adäquat diese Methode für den Zweck der Feststellung von Folgerung ist, falls Folgerung vorliegt. Die in § 14 eingeführte Methode hat den Zweck, die Feststellung von Folgerung zu ermöglichen. Aber dort wird noch nicht gezeigt, daß sie tatsächlich zu diesem Zwecke taugt. Eine Folgerungsfeststellungsmethode dient diesem Zwecke, wenn sie *alle* logischen Folgerungsbeziehungen und *nur* diese erfaßt. Daß die hier beschriebene Beweismethode diesen Anforderungen genügt, soll in § 16 bewiesen werden.

Wie läßt sich nachweisen, daß logische Folgerung vorliegt? Zunächst diskutiere ich die Frage, was denn überhaupt als Beweis einer Behauptung angesehen werden kann. Sodann skizziere ich eine Methode, die Behauptungen, daß M $\vDash$ B, erweisen soll; zuerst nur für Satzformen, die allein die Satzoperatoren der Aussagenlogik enthalten, sodann auch für Satzformen, in denen Quantoren vorkommen. Im Anschluß daran wird diese Methode an einigen Beispielen illustriert. Überlegungen zu der Frage, ob die hier eingeführte Methode tatsächlich eine Methode des Beweisens ist, schließen den Paragraphen ab.

(i) Anforderungen an Beweise

Was können wir im Allgemeinen als *Beweis* einer Behauptung ansehen? Ein Beweis einer Behauptung sollte wohl eine Argumentation (vgl. § 1) sein, also eine Folge von Argumenten, deren letzte Konklusion die zu erweisende Behauptung ist. Eine solche Folge von Argumenten sollte, wenn man sie beliebigen Personen vorlegt, diese vollständig hinsichtlich der Richtigkeit der Behauptung überzeugen können. In unserem Falle hinsichtlich der Behauptung, daß M $\vDash$ B.

Eine beweisende Argumentation muß zwei Bedingungen erfüllen:

(a) *Sie darf nur eine endliche Länge haben.* Denn eine unendlich lange Argumentation kann nicht hervorgebracht werden und kann deshalb auch nicht dazu verwendet werden, jemanden zu überzeugen.

(b) Wenn eine andere Person durch die Argumentation überzeugt werden soll, muß es für diese Person möglich sein, die Argumentation daraufhin zu überprüfen, ob keine Fehler vorkommen. Dieser Überprüfungsprozeß muß durchgeführt werden können, ohne daß von seiten der überprüfenden Person ein Aufwand von Phantasie oder gar geniale Einfälle nötig sind. Wenn der Prozeß der Überprüfung mechanisch durchführbar ist, dann wird diese Anforderung erfüllt: *Es muß also ein Prozeß sein, der im Prinzip von einem Rechenautomaten durchgeführt werden kann.*

Wie muß nun eine mechanisch überprüfbare Argumentation aussehen? Eine (und wohl die einzige) Möglichkeit ist, sie so aufzubauen, daß man von Anfang an Anweisungen entsprechend voranschreitet. Die Anweisungen haben dabei dergestalt zu sein, daß jeder in jedem Einzelfalle ihre Anwendung zu überprüfen in der Lage ist.

Deshalb kann eine Argumentation als *Beweis* einer Behauptung nur dann gelten, wenn sie

(a) endlich lang ist;

(b) gemäß von jedem anwendbaren Regeln aufgebaut ist, die eigens angegeben werden.

Offenbar ist, wenn wir diesen Begriff des Beweises unterlegen, nicht jede aus gültigen Argumenten bestehende Argumentation ein Beweis. Denn normalerweise sind die Regeln, denen entsprechend sie aufgebaut ist, nicht eigens spezifiziert.

Wenn wir beweisende Argumentationen betrachten, können wir verschiedene Aspekte unterscheiden. Einmal können sie uns des Zwecks wegen interessieren, den wir mit ihnen verbinden: des Zwecks, das Vorliegen von Folgerung nachzuweisen; zum anderen können wir sie auf ihre rein *formalen Eigenschaften* hin untersuchen, auf ihre Bestandteile und auf ihren Aufbau hin, in völliger Absehung von ihrem Inhalt. – Diese Unterscheidung läßt sich besser verstehen, wenn wir Beweise mit Spielen, etwa mit dem Schachspiel, vergleichen. Einer Konfiguration von Figuren auf dem Schachbrett entspricht ein Stadium der Argumentation im Beweis; und den regelgemäßen Zügen, die die Spieler machen, entspricht im Beweis das anweisungsgemäße Voranschreiten von Stadium zu Stadium. Nun kann man ein Schachspiel aber ohne Bezugnahme auf den mit ihm verfolgten Zweck untersuchen, den Zweck nämlich, einem Gegner eine Niederlage beizubringen. Und dann betrachtet man es als *Folge von Figurenkombinationen, die regelgemäß erzeugt worden sind.* Ebenso läßt sich eine beweisende Argumentation in Absehen von dem mit ihr verbundenen Zweck untersuchen, dem Zweck nämlich, Folgerung festzustellen: dann betrachten wir sie als eine *Folge von Sätzen,* die gemäß bestimmter Anweisungen zustandegekommen ist. Sofern diese Anweisungen sich nicht auf den Inhalt der die Folge konstituierenden Sätze beziehen und von ihrem Zweck absehen, ist eine solche Betrachtungsweise rein *syntaktischer* oder rein *formaler* Natur.

Wenn wir eine beweisende Argumentation nur in syntaktischer Hinsicht betrachten, dann können wir wohl am besten sehen, ob sie mechanisch durchführbar ist oder nicht. Wir behandeln sie als Folge von Satzformen. Wir versuchen, sie ohne Rekurs auf die Bedeutungen der in ihnen vorkommenden Ausdrücke zu beschreiben, allein in Bezug auf die syntaktischen Eigenschaften der Satzformen. Gelingt es uns, Regeln anzugeben, die aus in der Folge früheren Satzformen spätere Satzformen generieren, und die allein die syntaktischen Eigenschaften der Satzformen betreffen, dann ist die Argumentation in den Stücken mechanisch überprüfbar, in denen sie solchen Regeln folgt. Gelingt es, alle Argumentationen eines bestimmten Typs auf die Anwendung solcher Regeln zurückzuführen, dann sind alle Argumentationen dieser Klasse als mechanisch überprüfbar erwiesen. Unser Ziel ist es nun, alle beweisenden Argumentationen in Aussagenlogik und Prädikatenlogik rein syntaktisch darzustellen, so daß ihre mechanische Überprüfbarkeit offenbar wird.

(ii) Aussagenlogische Ableitungen

Sei also M eine Menge von Satzformen der Prädikatenlogik, B eine Satzform der Prädikatenlogik. Gelte M $\models$ B. Es gibt *viele verschiedene* Methoden, die dem Beweis dienen, daß M $\models$ B. Eine besonders leicht zu handhabende Methode will ich hier vorführen, den sogenannten *Baumkalkül*. Die Argumentationen, die hierbei verwendet werden, werden wir *Ableitungen* nennen. Ich führe eine Methode für die Ableitung von B aus M ein. Diese Methode werde ich *zunächst* unter Verwendung semantischer Überlegungen motivieren. *Danach* erst soll eine rein syntaktische Beschreibung dieser Methode erfolgen.

Im letzten Kapitel haben wir gesehen, daß B aus M prädikatenlogisch folgt, wenn jede Interpretation J, die alle

Sätze aus M erfüllt, auch B erfüllt. Dies muß man also beweisen, wenn man beweisen will, daß B aus M folgt. Daß B aus M folgt, läßt sich nun *indirekt* (also mit *reductio ad absurdum*) dadurch nachweisen, daß man zeigt: Es gibt keine Interpretationen, die M ∪ {¬B} erfüllen. Man zeigt also, daß M ∪ {¬B} widersprüchlich ist. Dabei versucht man, eine Interpretation für M ∪ {¬B} zu konstruieren, oder – genauer ausgedrückt – man versucht, einige strukturelle Charakteristika einer M ∪ {¬B} erfüllenden Interpretation zu beschreiben. Scheitert man mit diesem Konstruktionsversuch, dann hat man gezeigt, daß M ⊨ B. Will man dagegen auf *direktem* Wege nachweisen, daß B aus M logisch folgt, so kann dies – wie wir in § 12 sahen – recht komplex und unübersichtlich werden. Geht man indirekt vor, indem man zeigt, daß M ∪ {¬B} widersprüchlich ist, so kann man schneller, auf einsichtigere und elegantere Weise zum Ziel gelangen.

Bei diesem Verfahren wird der *Satz über den Zusammenhang zwischen (prädikaten-)logischer Folgerung und Widersprüchlichkeit* vorausgesetzt:

> B folgt logisch aus M genau dann,
> wenn M ∪ {¬B} widersprüchlich ist.

Der Satz über den Zusammenhang zwischen aussagenlogischer Folgerung und Widersprüchlichkeit wurde auf S. 161 bewiesen. Der Beweis des entsprechenden Satzes für die Prädikatenlogik verwendet den Begriff der Interpretation, verläuft sonst aber wie in § 11 vorgeführt.

Ich will eine mechanisch nachprüfbare Methode einführen, die zeigen soll, daß M ∪ {¬B} widersprüchlich ist (falls M $\cup$ {¬B} tatsächlich widersprüchlich ist). Wegen des erwähnten Satzes gilt dann, daß, falls sie dies zeigt, sie auch zeigt, daß B aus M logisch folgt. Eine mechanisch nachprüfbare Methode zum Nachweis der Behauptung, daß M $\cup$ {¬B} widersprüchlich ist, ist somit zum Nachweis der Behauptung, daß M $\models$ B, geeignet. Anhand von mehreren Beispielen soll diese Methode nun entwickelt werden.

Beispiel 1:

Wir wollen zeigen, daß "$(R_2a \rightarrow R_3a)$" aus "$(R_1a \rightarrow \neg R_2a)$" und "$(\neg R_3a \rightarrow R_1a)$" logisch folgt (der Einfachheit halber verzichte ich hier auf den oberen Index bei den Relationsbuchstaben, den unteren Index beim Individuenbuchstaben). Wir gehen davon aus, daß es für "$(\neg R_3a \rightarrow R_1a)$", "$(R_1a \rightarrow \neg R_2a)$" und "$\neg(R_2a \rightarrow R_3a)$" eine Interpretation gibt (man beachte, daß die Satzform, die die Konklusion des Arguments ist, für die Zwecke des Beweises negiert worden ist). Wir versuchen, eine solche Interpretation im einzelnen zu konstruieren und zu beschreiben. Wir werden sehen, daß dieser Konstruktionsversuch nicht erfolgreich sein kann. Wenn wir gescheitert sind, schließen wir:

$$\{(R_1a \rightarrow \neg R_2a), (\neg R_3a \rightarrow R_1a)\} \models (R_2a \rightarrow R_3a).$$

Wir müssen also annehmen, daß es eine Interpretation J gibt, bei der "$(R_1a \rightarrow \neg R_2a)$", "$(\neg R_3a \rightarrow R_1a)$" und "$\neg(R_2a \rightarrow R_3a)$" gleichzeitig wahr sind. Wenn nun "$\neg(R_2a \rightarrow R_3a)$" bei J wahr ist, dann sind sowohl "R_2a" als auch "$\neg R_3a$" wahr (denn: wann ist ein Konditional falsch unter einer Interpretation?). Wenn "$(R_1a \rightarrow \neg R_2a)$" wahr ist (bei J), dann ist es möglich, daß "$\neg R_1a$" wahr ist *oder* daß "$\neg R_2a$" wahr ist. Wir müssen also zwei Fälle betrachten. Angenommen, "$\neg R_2a$" ist wahr (bei J), dann haben wir gleichzeitig "$\neg R_2a$" und "R_2a" als wahr, was unmöglich ist, also einen Widerspruch. Angenommen dagegen, "$\neg R_1a$" ist wahr (bei J). Wenn "$(\neg R_3a \rightarrow R_1a)$" wahr ist, dann haben wir wieder zwei Fälle: "R_3a" ist wahr, *oder* "R_1a" ist wahr. Aber wenn "R_3a" wahr ist, dann kann "$\neg R_3a$" nicht wahr sein: Widerspruch! Und wenn "R_1a" wahr ist, dann haben wir auch einen Widerspruch. Denn zuvor hatten wir ja angenommen, "$\neg R_1a$" sei wahr. Es gibt also keine Interpretation, die

$\{$"$(R_1a \rightarrow \neg R_2a)$", "$(\neg R_3a \rightarrow R_1a)$", "$\neg(R_2a \rightarrow R_3a)$"$\}$

wahr machen kann. Wir schließen: "$(R_2a \rightarrow R_3a)$" folgt logisch aus "$(R_1a \rightarrow \neg R_2a)$" und "$(\neg R_3a \rightarrow R_1a)$".

Die eben vorgenommene Überlegung wurde bei jedem einzelnen Schritt semantisch begründet. Eine mechanisch nachprüfbare Argumentation, bei der semantische Ideen keine Rolle spielen, ist aber unser Ziel. Diesem Ziel kommen wir näher, wenn wir die Überlegung in übersichtlicherer Form darstellen und die semantischen Begründungen auslassen. – Zunächst führe ich zwei Satzformen, die *Prämissen*, auf:

| 1 | $(R_1a \rightarrow \neg R_2a)$ |
| 2 | $(\neg R_3a \rightarrow R_1a)$ |

"$(R_1a \rightarrow \neg R_2a)$" steht in der ersten Zeile, deswegen die Ziffer "1" am linken Rand. Analoges gilt für die zweite Zeile. In die dritte Zeile schreiben wir:

| 3 | $\neg(R_2a \rightarrow R_3a)$ |

Dies ist die *negierte Konklusion*. In die vierte und in die fünfte Zeile schreiben wir:

| 4 | R_2a |
| 5 | $\neg R_3a$ |

In die sechste Zeile schreiben wir:

6             $\neg R_2a$ $\neg R_1a$

Also "$\neg R_2a$" auf die linke Seite, "$\neg R_1a$" auf die rechte Seite, den beiden Möglichkeiten entsprechend, die sich vorhin ergeben hatten. Den Fall, daß "$\neg R_2a$" wahr ist, betrachten wir nicht weiter. Denn da gleichzeitig "$\neg R_2a$" (Zeile 6) und "R_2a" (Zeile 4), haben wir einen Widerspruch. Was ist aber der Fall, wenn "$\neg R_1a$" wahr ist? Wegen Zeile 2 haben wir in der siebten Zeile, und zwar *unter* "$\neg R_1a$":

7   R_3a R_1a

Für beide Fälle ergibt sich aber ein Widerspruch: wegen "$\neg R_1a$" in Zeile 6 und wegen "$\neg R_3a$" in Zeile 5.

Ohne verbale Zwischenschritte können wir unsere Überlegung jetzt so zusammenfassen:

1	$(R_1a \rightarrow \neg R_2a)$ ✓	
2	$(\neg R_3a \rightarrow R_1a)$ ✓	
3	$\neg(R_2a \rightarrow R_3a)$ ✓	
4	R_2a	(Z. 3)
5	$\neg R_3a$	(Z. 3)
6	$\neg R_2a$ $\neg R_1a$	(Z. 1)
	×	
7	R_3a R_1a	(Z. 2)
	× ×	

Ich habe in diese Darstellung Kreuze eingefügt, und zwar dort, wo wir in der semantischen Überlegung auf Widersprüche gestoßen waren. Die Haken, die ich an der Seite eingefügt habe, sollen andeuten, daß wir die in die Überlegung eingebrachten Prämissen tatsächlich verwendet haben, um weitere Zeilen zu erhalten. Und rechts, in

Klammern, habe ich angeschrieben, aus welcher Zeile sich die jeweils aktuelle Zeile ergibt.

Um die Struktur unserer Überlegung noch deutlicher zu machen, rahmen wir die einzelnen Satzformen ein und verbinden sie mit Pfeilen:

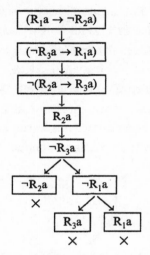

Wenn wir nun anstelle der Kästchen einfach Punkte aufzeichnen, erhalten wir die folgende Figur:

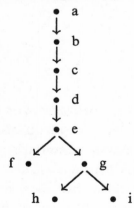

Figuren dieser Art werden *Bäume* genannt. Diese Ausdrucksweise wird sofort verständlich, wenn wir uns diese Figuren auf den Kopf gestellt anschauen: Der Punkt a ist dann sozusagen die Wurzel des Baumes, und die Punkte f, h und i sind seine Blätter. Der Punkt a in dem hier gezeigten Baum ist der *Anfangspunkt* des Baumes, die Punkte f, h und i sind die *Endpunkte* des Baumes. In einer Figur der dargestellten Art gibt es von oben nach unten geordnete, ununterbrochene Folgen von Punkten. Ein *Baum* läßt sich nun als eine Menge von derartigen Punktfolgen *definieren*, die mindestens einen Anfangspunkt gemeinsam haben. Anstatt von "Punkten" eines Baumes werden wir auch von den *Knoten* des Baumes sprechen. Ein *Pfad* ist eine Punktfolge in einem Baum, die mindestens den Anfangspunkt enthält, von oben nach unten geordnet ist und nicht unterbrochen ist. Pfade in unserem Beispiel sind u. a. die folgenden Punktfolgen:

<a, b, c>
<a, b, c, d, e, f>
<a, b, c, d, e, g, h>
<a>

Die eben entwickelte Terminologie läßt sich zu der oben durchgeführten Argumentation in Bezug setzen: Diese Argumentation hat die Struktur eines Baumes, oder – kürzer ausgedrückt – ist ein Baum. Die *Satzformen* sind die Knoten des Baumes. Wenn wir zwei Fälle betrachten, d. h. zwei Satzformen, die nicht beide zusammen wahr sein müssen, dann gabelt sich der Baum oder er *verzweigt* sich. Der Baum *setzt sich* hingegen *ohne Verzweigung fort*, wenn es genügt, nur einen Fall zu betrachten, d. h. eine Satzform oder zwei Satzformen, die zusammen wahr sein müssen. – Eine Folgerungsfeststellung ist also ein Baum, dessen Knoten Satzformen sind. – Wenn *in einem Pfad* eines Baumes eine Satzform und ihre Negation vorkommen, dann dürfen wir den Pfad zu Ende gehen lassen; wir sagen, daß wir *den Pfad schließen*.

Ein Baum aus Satzformen läßt sich dann rein syntaktisch beschreiben, wenn wir Regeln angeben können, die allein auf syntaktische Eigenschaften der Satzformen rekurrieren, um neue Knoten in dem Baum zu erzeugen. Lassen sich Satzformenbäume nun mittels solcher Regeln konstruieren? Bei unserer anfänglichen Überlegung hatte ich die Definition der Bewertungsfunktion für Satzformen der Aussagenlogik bzw. Prädikatenlogik angewendet; und zwar hatte ich die Klausel für das Konditional verwendet, die besagt, daß $v_J(A \rightarrow B) = W$ gdw. $v_J(A) = F$ (d. h. $v_J(\neg A) = W$) oder $v_J(B) = W$. Dies läßt sich in eine rein syntaktische *Regel für die Konstruktion von Bäumen* übersetzen:

R 1: Wenn eine Satzform $(A \rightarrow B)$ in einem Baum als Knoten vorkommt, und wenn π ein Pfad ist, der von $(A \rightarrow B)$ ausgeht (und noch nicht geschlossen ist), dann erhalten wir neue Pfade π' und π'', wobei π' und π'' bis auf den letzten Knoten identisch sind, $\neg A$ der Endpunkt von π' und B der Endpunkt von π'' ist.

D. h., *alle* von $(A \rightarrow B)$ ausgehenden Pfade müssen in der durch die Regel vorgeschriebenen Weise verlängert werden. In Symbolen verkürzt und diagrammatisch drücken wir R 1 folgendermaßen aus:

$(A \rightarrow B)$

¬A   B

Nun ist ein Konditional falsch bei einer Interpretation genau dann, wenn sein Antezedens bei dieser Interpretation wahr ist und sein Konsequens falsch. Das heißt: Die Negation eines Konditionals ist wahr bei J genau dann, wenn das Antezedens bei J wahr ist und das Konsequens falsch. Auch diesen Sachverhalt hatten wir in der obigen Überlegung verwendet; ihm entspricht folgende syntaktische Regel für die Konstruktion von Bäumen:

R 2:   Komme ¬(A → B) in einem Baum als Knoten vor, sei π ein nicht geschlossener Pfad, der von ¬(A → B) ausgeht. Dann erhalten wir einen neuen Pfad π′, indem wir π einmal um A als Knoten, dann um ¬B als Knoten verlängern:

$$¬(A \rightarrow B)$$
$$\downarrow$$
$$A$$
$$¬B$$

Betrachten wir jetzt ein weiteres Beispiel:

Beispiel 2: Wir wollen nachweisen, daß "$(R_1a \lor R_2a)$" aus "$(R_1a \ \& \ R_2a)$" logisch folgt. Hierzu nehmen wir an, daß unter einer Interpretation J sowohl "¬$(R_1a \lor R_2a)$" wie auch "$(R_1a \ \& \ R_2a)$" wahr sind. Aber wenn "¬$(R_1a \lor R_2a)$" bei J wahr ist, dann sind sowohl "¬R_1a" wie auch "¬R_2a"

unter J wahr. Es gilt: wenn $v_J("(R_1a \& R_2a)") = W$, dann sowohl $v_J("R_1a") = W$ wie auch $v_J("R_2a") = W$. Aber "R_2a" und "$\neg R_2a$" können unter J nicht beide wahr sein.

Dieser Überlegung entspricht nun folgender Baum:

1	$(R_1a \ \& \ R_2a)$	✓
2	$\neg(R_1a \lor R_2a)$	✓
3	$\neg R_1a$	
4	$\neg R_2a$	
5	R_1a	
6	R_2a	
	×	

Dies ist ein Baum mit nur einem geschlossenen Pfad, der vom Ausgangspunkt ausgeht; er enthält keine Verzweigungen (und könnte deswegen besser einfach 'Stange' heißen).

In diesem Beispiel haben wir die Definition der Bewertungsfunktion für die Konjunktion verwendet, des weiteren haben wir wahrheitsfunktionale Abhängigkeiten zwischen dem Wahrheitswert einer negierten Disjunktion und den in ihr enthaltenen Teilsatzformen vorausgesetzt. Für beides lassen sich entsprechende rein syntaktische Regeln formulieren. Ich gebe hier nur die Regel für die Beseitigung der Konjunktion an:

R 3: Sei $(A \ \& \ B)$ ein Knoten in einem Baum. Sei π ein nicht geschlossener Pfad, der von $(A \ \& \ B)$ ausgeht. Dann erhalten wir einen neuen Pfad π', indem wir π einmal um A als neuen Knoten, dann um B als neuen Knoten verlängern.

Im Diagramm läßt sich diese Regel so hinschreiben:

$$(A \mathbin{\&} B)$$
$$\downarrow$$
$$A$$
$$B$$

Für jeden der zweistelligen Satzoperatoren der Aussagenlogik können wir solche rein syntaktischen Baumkonstruktionsregeln angeben. Einschließlich der bereits besprochenen, die ich noch einmal aufführen werde, haben wir sechs solcher Regeln. Für jedes Verknüpfungszeichen gibt es zwei Regeln: einmal für den Fall, daß eine aus A, B und dem Verknüpfungszeichen zusammengesetzte Satzform *nicht-negiert* in dem Baum vorkommt, zum anderen für aus A, B und dem Verknüpfungszeichen gebildete Satzformen, die *negiert* sind. Eine zusätzliche Regel spezifiziert, wie ein Pfad zu verlängern ist, sofern eine Satzform mit zwei Negationszeichen davor in ihm vorkommt. Wir erhalten also insgesamt sieben Regeln:

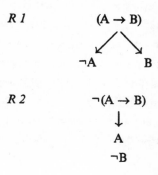

$R\,1$ $(A \rightarrow B)$

$\neg A \qquad B$

$R\,2$ $\neg(A \rightarrow B)$

$\downarrow$

A

$\neg B$

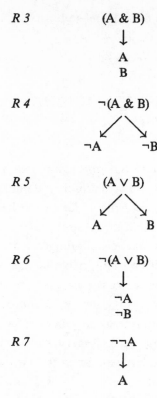

$R\,3$ (A & B)
↓
A
B

$R\,4$ ¬(A & B)

¬A   ¬B

$R\,5$ (A ∨ B)

A   B

$R\,6$ ¬(A ∨ B)
↓
¬A
¬B

$R\,7$ ¬¬A
↓
A

Wie sich die einzelnen Regeln semantisch motivieren lassen, ist offensichtlich, wenn wir uns an die Definition der Bewertungsfunktion erinnern. – Betrachten wir die Regeln aber nun in rein syntaktischer Hinsicht. Sie erlauben uns, aus gegebenen Satzformen neue, kürzere zu erzeugen oder herzuleiten. Sie können immer wieder angewendet werden, und zwar solange, bis wir Satzformen erhalten, auf die keine Regeln mehr anwendbar sind. Solche Satzformen bestehen entweder aus Relationsbuchstaben mit zugehöriger Anzahl von Individuenbuchstaben – sie haben also die Form

$$(1) \ R^n \alpha_1 \alpha_2 \ldots \alpha_n,$$

wo $\alpha_1, \alpha_2, \ldots, \alpha_n$ Individuenbuchstaben sind, oder sie sind Negationen solcher Satzformen, d. h., sie haben die Gestalt

$$(2) \ \neg R^n \alpha_1 \alpha_2 \ldots \alpha_n.$$

Bei dieser Gelegenheit etwas Terminologie: Eine Satzform der Gestalt (1) wollen wir *atomare Satzform* nennen. Die Negation einer atomaren Satzform (also eine Satzform von Gestalt (2)) nennen wir *negiert atomare Satzform.* In dieser Terminologie können wir das oben Gesagte folgendermaßen ausdrücken: *Es sind atomare und negiert atomare Satzformen, auf die die Regeln nicht mehr angewendet werden können.* – Wenn wir die Ableitungen innerhalb der Aussagenlogik machen (nicht innerhalb der Prädikatenlogik, in der wir außer den hier aufgeführten noch eigene Regeln für die Quantoren haben), kommen wir mit der Regelanwendung spätestens zum Schluß, wenn wir auf Satzbuchstaben oder negierte Satzbuchstaben stoßen. In der Aussagenlogik entsprechen also die Satzbuchstaben und die negierten Satzbuchstaben den atomaren Satzformen bzw. den negiert atomaren Satzformen der Prädikatenlogik (in Bezug auf ihre Stellung in dem hier geschilderten Feststellungsverfahren).

Gegeben unsere sieben Regeln, können wir eine Reihe von Ableitungen durchführen, d. h., viele Satzformenbäume konstruieren. Die Baumkonstruktion unterliegt dabei den *Konstruktionsanweisungen* von **Figur 3** (S. 206).

Das hier dargestellte Verfahren kann auch dazu verwendet werden, zu zeigen, daß eine Satzform logisch wahr ist (bzw. eine Tautologie). Zu diesem Zweck müssen wir ja zeigen, daß die Satzform von jeder Interpretation erfüllt wird, d. h. aber (wegen des Satzes über den Zusammenhang

(1) (a) Führe die Prämissen auf!
     (b) Führe die Negation der Konklusion auf!

(2) Schließe jeden Pfad, der eine Satzform und die Negation dieser Satzform enthält (durch Ankreuzen mit "✕")!

(3) Prüfe, ob alle Pfade geschlossen sind!

FALLS JA,

ist die Baumkonstruktion abgeschlossen.

FALLS NEIN,

(4) suche nach Satzformen, die "∨", "→", "&" enthalten oder vor denen zwei Negationszeichen stehen, auf die noch keine Regel angewendet worden ist.

(5) Nimm eine solche Satzform und wende die passende Regel an! Fahre fort mit (2)!

Figur 3

zwischen logischer Folgerung und Widersprüchlichkeit), daß es zu zeigen genügt, daß die Negation der Satzform von keiner Interpretation erfüllt wird. Wir brauchen also *keine* Prämissen aufzuführen. Es genügt, den Baum mit der Negation der zu beweisenden Satzform beginnen zu lassen. Man startet somit mit (1) (b). In diesem Falle sagt man auch, daß die Satzform aus der *leeren* Prämissenmenge abgeleitet wird. Zur Erinnerung aus § 10 *(ii)*: Es gilt $\emptyset \models A$ gdw. A logisch wahr bzw. eine Tautologie ist.

Das hier dargestellte Verfahren läßt sich, wie gesagt, auch mit den Satzformen der Aussagenlogik durchführen. Das können wir aus *Beispiel 3* ersehen:

Man zeige, daß "$(p_1 \,\&\, p_2)$" aus $\{$"$(p_1 \rightarrow p_2)$", "$(p_2 \rightarrow p_1)$", "$(p_1 \lor p_2)$"$\}$ aussagenlogisch folgt.

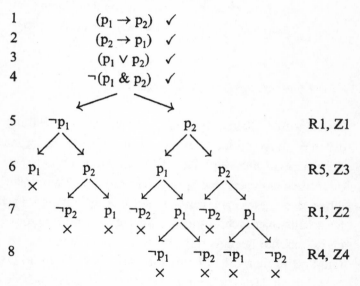

Bei der Durchführung von Ableitungen nach der hier dargestellten Methode erweist es sich sowohl in der Aussagen-

logik wie in der Prädikatenlogik als für die Übersichtlichkeit zweckmäßig, wenn wir folgendermaßen vorgehen:

(1) Wir numerieren die einzelnen Zeilen durch (siehe
     Beispiel).

(2) In die ersten n Zeilen schreiben wir die n Prämis-
     sen der Ableitung, in die n+1-te Zeile schreiben
     wir die Negation der Konklusion.

(3) Wir vermerken, daß wir Ableitungsregeln auf
     Prämissen und negierte Konklusion angewendet
     haben. Dies geschieht durch Abhaken (wie im
     Beispiel).

(4) Wir vermerken an den Zeilen, die wir durch Re-
     gelanwendung erhalten haben, mit *welcher* Regel
     und aus *welcher* Zeile wir sie erhalten haben (Ver-
     merke am rechten Zeilenrand wie im Beispiel).

(iii) Prädikatenlogische Ableitungen

Bisher wurde allein betrachtet, wie sich bei Verwendung
der hier dargestellten Methode das Vorliegen logischer
Folgerung nachweisen läßt, sofern Satzformen weder Allquantoren oder Existenzquantoren enthalten. Nunmehr
gilt es, das Vorkommen von All- und Existenzquantoren zu
berücksichtigen. Ich werde vier Regeln für die Quantoren
einführen. Ich beginne mit zwei Regeln, die es uns gestatten, Satzformen, die mit einem Negationszeichen und einem darauffolgenden Quantor beginnen, in solche zu über-
führen, die mit einem Quantor beginnen und in die das
Negationszeichen 'hineingeschoben' wird. Sodann betrach-

ten wir Regeln, die es uns gestatten, Quantoren am Anfang von Satzformen zu beseitigen.

Sei A nun eine Satzform der Prädikatenlogik, sei x eine Individuenvariable und sei α ein Individuenbuchstabe. Wir haben dann folgende zwei Regeln:

$$R\,8 \qquad \neg \forall x\ A[\alpha/x]$$
$$\downarrow$$
$$\exists x\ \neg A[\alpha/x]$$

$$R\,9 \qquad \neg \exists x\ A[\alpha/x]$$
$$\downarrow$$
$$\forall x\ \neg A[\alpha/x]$$

Diese beiden Regeln erlauben den Austausch von Existenzquantor und Allquantor und lassen sich durch die logischen Äquivalenzen (Ä2) und (Ä3) aus § 12, *(ii)* motivieren.

Um die beiden anderen Regeln zu erhalten, betrachten wir ein Beispiel.

Beispiel 4: Wir wollen nachweisen, daß "$\forall x_1\ (R_1 x_1 \to R_3 x_1)$" aus "$\forall x_1\ (R_1 x_1 \to R_2 x_1)$" und "$\forall x_1\ (R_2 x_1 \to R_3 x_1)$" logisch folgt. – Wir nehmen also an, daß es eine Interpretation J gibt, die

$$\forall x_1\ (R_1 x_1 \to R_2 x_1)$$
$$\forall x_1\ (R_2 x_1 \to R_3 x_1)$$
$$\neg \forall x_1\ (R_1 x_1 \to R_3 x_1)$$

erfüllt. Da J "$\neg \forall x_1\ (R_1 x_1 \to R_3 x_1)$" erfüllt, erfüllt J wegen (Ä2) aus § 12 *(ii)* offenbar auch

$$\exists x_1\ \neg (R_1 x_1 \to R_3 x_1).$$

D. h., es gibt *mindestens eine* "a_1"-Variante von J, die
$$\neg(R_1a_1 \rightarrow R_3a_1)$$
erfüllt. Wenn nun J
$$\forall x_1 \, (R_1x_1 \rightarrow R_2x_1)$$
erfüllt, erfüllen *alle* "a_1"-Varianten von J
$$(R_1a_1 \rightarrow R_2a_1).$$
Wenn J
$$\forall x_1 \, (R_2x_1 \rightarrow R_3x_1)$$
erfüllt, dann erfüllen alle "a_1"-Varianten von J
$$(R_2a_1 \rightarrow R_3a_1).$$
Mindestens eine "a_1"-Variante erfüllt also gleichzeitig
$$\neg(R_1a_1 \rightarrow R_3a_1)$$
$$(R_1a_1 \rightarrow R_2a_1)$$
$$(R_2a_1 \rightarrow R_3a_1).$$
Eine solche "a_1"-Variante erfüllt also
$$R_1a_1$$
$$\neg R_3a_1,$$
sie erfüllt weiterhin
$$\neg R_1a_1 \text{ oder } R_2a_1.$$
Da sie aber bereits "R_1a_1" erfüllt, kann sie "$\neg R_1a_1$" nicht erfüllen. Die betrachtete "a_1"-Variante kann also nur "R_2a_1" erfüllen. Weiterhin erfüllt sie
$$\neg R_2a_1 \text{ oder } R_3a_1.$$
Beides ist aber unmöglich; denn die "a_1"-Variante, die wir hier betrachten, erfüllt sowohl "$\neg R_3a_1$" wie auch "R_2a_1". Wir schließen: Es gibt keine Interpretation, die
$$\{\forall x_1 \, (R_1x_1 \rightarrow R_2x_1); \, \forall x_1 \, (R_2x_1 \rightarrow R_3x_1);$$
$$\neg \forall x_1 \, (R_1x_1 \rightarrow R_3x_1)\}$$
erfüllt.
Dieser Überlegung entspricht der folgende *Baum*:

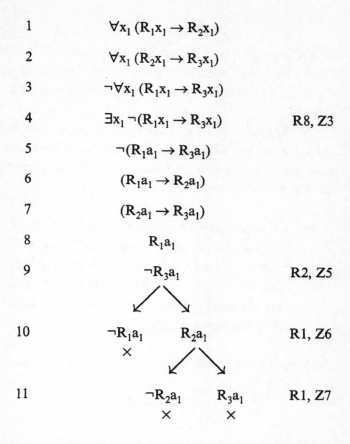

1	$\forall x_1\,(R_1x_1 \rightarrow R_2x_1)$	
2	$\forall x_1\,(R_2x_1 \rightarrow R_3x_1)$	
3	$\neg\forall x_1\,(R_1x_1 \rightarrow R_3x_1)$	
4	$\exists x_1\,\neg(R_1x_1 \rightarrow R_3x_1)$	R8, Z3
5	$\neg(R_1a_1 \rightarrow R_3a_1)$	
6	$(R_1a_1 \rightarrow R_2a_1)$	
7	$(R_2a_1 \rightarrow R_3a_1)$	
8	R_1a_1	
9	$\neg R_3a_1$	R2, Z5
10	$\neg R_1a_1 \qquad R_2a_1$	R1, Z6
11	$\neg R_2a_1 \qquad R_3a_1$	R1, Z7

Betrachten wir diesen Baum etwas genauer. Der Übergang von Zeile 3 auf Zeile 4 war durch (Ä2) aus § 12, *(ii)* motiviert worden. Dieser Äquivalenz entspricht die eben eingeführte Regel 8. Beim Übergang von Zeile 4 auf Zeile 5 wurde von der Idee Gebrauch gemacht, daß eine Satzform von mindestens einer α-Varianten einer gegebenen Interpretation J erfüllt wird, falls $v_J(\exists x\ A[\alpha/x]) = W$. Zeile 6 wird aus Zeile 1 erhalten, und dies ist dadurch motiviert, daß, sofern eine Interpretation

$$\forall x_1 \, (R_1x_1 \rightarrow R_2x_1)$$

erfüllt, jede ihrer "a_1"-Varianten "$(R_1a_1 \rightarrow R_2a_1)$" erfüllt. Zeile 7 wird aus Zeile 2 erhalten, weil eine Interpretation, die Zeile 2 erfüllt, mit allen ihren "a_1"-Varianten Zeile 7 erfüllt.

Wir können nun Ableitungsregeln aufstellen, mit welchen sich im eben betrachteten Beispiel die Zeilen 6 und 7 bzw. die Zeile 5 gewinnen lassen. Es sind die folgenden Regeln 10 und 11:

R 10: Sei $\forall x \, A[\alpha/x]$ ein Knoten in einem Baum (wo A eine Satzform ist, x eine Variable und α ein Individuenbuchstabe). Sei π ein nicht-geschlossener Pfad, der von $\forall x \, A[\alpha/x]$ ausgeht. Wir erhalten dann einen neuen Pfad π', indem wir π um A als neuen Knoten verlängern.

Im Diagramm läßt sich diese Regel wie folgt darstellen:

wobei x eine Variable ist, die nicht in A vorkommt, und α ein Individuenbuchstabe.

Für den Existenzquantor erhalten wir die folgende Regel:

R 11: Sei $\exists x \, A[\alpha/x]$ ein Knoten in einem Baum. Sei π ein nicht-geschlossener Pfad, der von $\exists x \, A[\alpha/x]$ ausgeht. Sei α ein Individuenbuchstabe, der in keiner Satzform aus π vorkommt. Dann erhalten wir einen neuen Pfad π', indem wir π um A verlängern.

Im Diagramm läßt sich diese Regel so schreiben:

$$\exists x\ A[\alpha/x]$$
$$\downarrow$$
$$A$$

wobei x eine Variable ist, die nicht in A vorkommt, *und α ein Individuenbuchstabe ist, der in dem Pfad, der mit A verlängert wird, noch nicht vorgekommen ist.*

Man beachte die Restriktion, die mit R 11 verbunden ist. Nur solche Individuenbuchstaben dürfen mit R 11 eingeführt werden, die in keiner Satzform oberhalb im betreffenden Pfad vorkommen (dagegen erlaubt R 10 die Einführung *beliebiger* Individuenbuchstaben). Die Restriktion auf R 11 ist dadurch bedingt, daß normalerweise *nicht jede* beliebige α-Variante einer Interpretation, die $\exists x\ A[\alpha/x]$ erfüllt, auch A erfüllt, sondern nur einige, nur bestimmte es tun. Welche Folgen die Nichtbeachtung dieser Restriktion haben kann, geht aus folgendem *Beispiel für die Nichtbeachtung der Restriktion auf R 11* hervor:

Ich zeige, daß aus "$\exists x_1\ Rx_1$" und "$\exists x_1\ \neg Rx_1$" die Satzform "$\exists x_1\ (Rx_1\ \&\ \neg Rx_1)$" folgt, und zwar auf folgende Weise:

1	$\exists x_1 \, Rx_1$	
2	$\exists x_1 \, \neg Rx_1$	
3	$\neg \exists x_1 \, (Rx_1 \,\&\, \neg Rx_1)$	
4	$\forall x_1 \, \neg (Rx_1 \,\&\, \neg Rx_1)$	R 9, Z3
5	$\neg (Ra_1 \,\&\, \neg Ra_1)$	R10, Z4

6	$\neg Ra_1$	$\neg\neg Ra_1$	R 4, Z5
7	Ra_1	Ra_1	R11, Z1
	$\times$		ohne Beachtung der Restriktion
8		$\neg Ra_1$	R11, Z2
		$\times$	wieder ohne Beachtung der Restriktion.

Aber "$\exists x_1 \, (Rx_1 \,\&\, \neg Rx_1)$" ist widersprüchlich; die Prämissenmenge dagegen nicht. Wenn ich die Restriktion auf R 11 nicht beachte, erhalte ich also unter Umständen einen Widerspruch aus Prämissen, die nicht widersprüchlich sind. Dies kann bei Beachtung der Restriktion nicht passieren, wie sich aus dem Korrektheitssatz aus § 16 ergibt.

Bevor ich etwas über die Durchführung von Ableitungen mit *allen* elf Regeln sage, noch etwas Terminologie. Auf die Regeln R 1, R 3, R 5 werde ich mich später auch mit dem Ausdruck *Satzoperatorenregeln* beziehen, auf die Regeln R 2, R 4, R 6, R 7, R 8 und R 9 mit dem Ausdruck *Negationsregeln*. Die verbleibenden Regeln R 10 und R 11 heißen *Quantorenregeln*. – Wenn wir auf eine Satzform eine Regel anwenden, sagen wir, diese Satzform sei die *Prämisse der Regelanwendung*. Die Satzform in einem Pfad, die aus der Prämisse der Regelanwendung erhalten worden ist, nennen wir die *Konklusion der Regelanwendung*.

Gegeben die elf Regeln, können wir nun alle Ableitungen konstruieren, bei denen auch Satzformen mit Quantoren eine Rolle spielen. Dabei gehen wir nach den Konstruktionsanweisungen vor, die in **Figur 3** (S. 206) angegeben sind. Nun berücksichtigen diese Konstruktionsanweisungen noch nicht solche Satzformen, in denen Quantoren vorkommen. Deshalb muß in der Konstruktionsanweisung der Passus (4) durch den folgenden ersetzt werden:

(4*)   Suche nach Satzformen, die "∨", "→", "&" enthalten, oder vor denen Negationszeichen stehen, oder vor denen der Existenzquantor steht, auf die noch *keine* Ableitungsregel angewendet worden ist; suche nach Satzformen, vor denen der Allquantor steht (*auf solche kann R 10 mehrfach angewendet werden*).

Während die anderen Regeln auf eine Satzform nur einmal angewendet werden können, kann die Regel 10 auf dieselbe Satzform mehrfach, in der Tat beliebig oft, angewendet werden.

Wenn wir Ableitungen durchführen, erweist es sich als zweckmäßig, bei der Anwendung der Regeln eine bestimmte *Reihenfolge* zu beachten:

(1)   Bevor man die Regel des Allquantors (R 10) anwendet, soll man sehen, ob man die Regel für den Existenzquantor (R 11) anwenden kann.

(2) Bevor man die Regel für den Existenzquantor anwendet, soll man prüfen, ob man Satzoperatorenregeln anwenden kann.

(3) Bevor man Satzoperatorenregeln anwendet, soll man prüfen, ob Gelegenheit für die Anwendung von Negationsregeln gegeben ist.

Warum sollten wir R 11 immer *vor* R 10 anwenden? Weil wir in diesem Fall in der Wahl der Individuenbuchstaben, die durch R 11 eingeführt werden, nicht eingeschränkt sind. Haben wir zuvor R 10 angewendet, so können wir ja den bei dieser Anwendung eingeführten Individuenbuchstaben nicht verwenden, wenn wir nun R 11 anwenden: Wir müssen vielmehr einen neuen Individuenbuchstaben heranziehen, und dann u. U. R 10 bezüglich des Individuenbuchstabens nochmals anwenden, der bei Anwendung von R 11 verwendet wurde.

(iv) Weitere Beispiele

Beispiel 5:

Unter Verwendung des Baumkalküls ist zu zeigen:

$$\models (\exists x_1 \, \forall x_2 \, R_1^2 x_1 x_2 \rightarrow \forall x_2 \, \exists x_1 \, R_1^2 x_1 x_2)$$

Will man zeigen, daß eine Satzform logisch wahr ist, muß sie, wie bereits oben erwähnt, aus der leeren Prämissenmenge abgeleitet werden. D.h., wir beginnen die Ableitung mit der Negation der als logisch wahr zu erweisenden Satzform.

1	$\neg(\exists x_1 \, \forall x_2 \, R_1^2 x_1 x_2 \rightarrow \forall x_2 \, \exists x_1 \, R_1^2 x_1 x_2)$	
2	$\exists x_1 \, \forall x_2 \, R_1^2 x_1 x_2$	R 2, Z1
3	$\neg \forall x_2 \, \exists x_1 \, R_1^2 x_1 x_2$	R 2, Z1
4	$\exists x_2 \, \neg \exists x_1 \, R_1^2 x_1 x_2$	R 8, Z3
5	$\forall x_2 \, R_1^2 a_1 x_2$	R11, Z2
6	$\neg \exists x_1 \, R_1^2 x_1 a_2$	R11, Z4
7	$\forall x_1 \, \neg R_1^2 x_1 a_2$	R 9, Z6
8	$\neg R_1^2 a_1 a_2$	R10, Z7
9	$R_1^2 a_1 a_2$	R10, Z5

$$\times$$

Beispiel 6:

Unter Verwendung des Baumkalküls ist zu zeigen:

$$\models (\forall x_1(R_1^1 x_1 \rightarrow R_2^1 x_1) \rightarrow (\forall x_1 R_1^1 x_1 \rightarrow \forall x_1 \, R_2^1 x_1))$$

$1 \quad \neg(\forall x_1(R_1^1x_1 \rightarrow R_2^1x_1) \rightarrow (\forall x_1\, R_1^1x_1 \rightarrow \forall x_1\, R_2^1x_1))$

$2 \qquad\qquad \forall x_1(R_1^1x_1 \rightarrow R_2^1x_1)$ R 2, Z1

$3 \qquad \neg(\forall x_1\, R_1^1x_1 \rightarrow \forall x_1\, R_2^1x_1))$ R 2, Z1

$4 \qquad\qquad\qquad \forall x_1\, R_1^1x_1$ R 2, Z3

$5 \qquad\qquad\qquad \neg\forall x_1\, R_2^1x_1$ R 2, Z3

$6 \qquad\qquad\qquad \exists x_1\, \neg R_2^1x_1$ R 8, Z5

$7 \qquad\qquad\qquad\quad \neg R_2^1a_1$ R11, Z6

$8 \qquad\qquad\quad (R_1^1a_1 \rightarrow R_2^1a_1)$ R10, Z2

$9 \qquad\quad \neg R_1^1a_1 \qquad R_2^1a_1$ R 1, Z8

$10 \qquad\quad R_1^1a_1 \qquad\quad \times$ R10, Z4

$\qquad\qquad\qquad \times$

Beispiel 7:

Man zeige mit dem Baumkalkül, daß
"$\exists x_2\, \forall x_1\, (R_1^1x_1 \rightarrow R_1^1x_2)$" eine logische Wahrheit ist.

$1 \qquad\qquad \neg\exists x_2\, \forall x_1\, (R_1^1x_1 \rightarrow R_1^1x_2)$

$2 \qquad\quad \forall x_2\, \neg\forall x_1\, (R_1^1x_1 \rightarrow R_1^1x_2)$ R 9, Z 1

$3 \qquad\qquad \neg\forall x_1\, (R_1^1x_1 \rightarrow R_1^1a_1)$ R10, Z 2

$4 \qquad\qquad \exists x_1\, \neg(R_1^1x_1 \rightarrow R_1^1a_1)$ R 8, Z 3

$5 \qquad\qquad\quad \neg(R_1^1a_2 \rightarrow R_1^1a_1)$ R11, Z 4

$6 \qquad\qquad\qquad\quad R_1^1a_2$ R 2, Z 5

$7 \qquad\qquad\qquad\quad \neg R_1^1a_1$ R 2, Z 5

$8 \qquad\qquad \neg\forall x_1\, (R_1^1x_1 \rightarrow R_1^1a_2)$ R10, Z 2

9	$\exists x_1 \neg (R_1^1 x_1 \to R_1^1 a_2)$	R 8, Z 8
10	$\neg (R_1^1 a_3 \to R_1^1 a_2)$	R 11, Z 9
11	$R_1^1 a_3$	R 2, Z 10
12	$\neg R_1^1 a_2$	R 2, Z 10
	$\times$	

Die Ableitung ist beendet. Denn in dem bis zur Zeile 12 führenden Pfad kommen eine atomare Satzform und ihre Negation vor, nämlich "$R_1^1 a_2$" und "$\neg R_1^1 a_2$". Man beachte, daß R 10 *zweimal* auf *dieselbe* Satzform angewendet werden mußte, um das gewünschte Resultat zu erhalten. Die erste Anwendung von R 8 erbrachte erst eine atomare Satzform "$R_1^1 a_2$", und die Negation einer anderen atomaren Satzform, nämlich "$\neg R_1^1 a_1$". – Als letztes Beispiel nun eine etwas kompliziertere Ableitung:

Beispiel 8:
Man zeige unter Verwendung des Baumkalküls:
$$\models ((\forall x_1 \exists x_2 R_1^2 x_1 x_2 \ \& \ \exists x_2 \forall x_1 \neg R_1^2 x_1 x_2) \to$$
$$\exists x_1 \exists x_2 \exists x_3 ((\neg R_1^2 x_2 x_1 \ \& \ R_1^2 x_1 x_2) \ \& \ R_1^2 x_2 x_3)))$$

1	$\neg ((\forall x_1 \exists x_2 R_1^2 x_1 x_2 \ \& \ \exists x_2 \forall x_1 \neg R_1^2 x_1 x_2) \to$	
	$\exists x_1 \exists x_2 \exists x_3 ((\neg R_1^2 x_2 x_1 \ \& \ R_1^2 x_1 x_2) \ \& \ R_1^2 x_2 x_3)))$	
2	$\forall x_1 \exists x_2 R_1^2 x_1 x_2 \ \& \ \exists x_2 \forall x_1 \neg R_1^2 x_1 x_2$	R 2, Z 1
3	$\neg \exists x_1 \exists x_2 \exists x_3 ((\neg R_1^2 x_2 x_1 \ \& \ R_1^2 x_1 x_2) \ \& \ R_1^2 x_2 x_3)$	R 2, Z 1
4	$\forall x_1 \neg \exists x_2 \exists x_3 ((\neg R_1^2 x_2 x_1 \ \& \ R_1^2 x_1 x_2) \ \& \ R_1^2 x_2 x_3)$	R 9, Z 3
5	$\forall x_1 \exists x_2 R_1^2 x_1 x_2$	R 3, Z 2

6		$\exists x_2 \forall x_1 \, \neg R_1^2 x_1 x_2$	R 3, Z 2
7		$\forall x_1 \, \neg R_1^2 x_1 a_1$	R11, Z 6
8		$\neg \exists x_2 \exists x_3 \, ((\neg R_1^2 x_2 a_1 \, \& \, R_1^2 a_1 x_2) \, \& \, R_1^2 x_2 x_3)$	R10, Z 4
9		$\forall x_2 \neg \exists x_3 \, ((\neg R_1^2 x_2 a_1 \, \& \, R_1^2 a_1 x_2) \, \& \, R_1^2 x_2 x_3)$	R 9, Z 8
10		$\exists x_2 \, R_1^2 a_1 x_2$	R10, Z 5
11		$R_1^2 a_1 a_2$	R11, Z10
12		$\exists x_2 \, R_1^2 a_2 x_2$	R10, Z 5
13		$R_1^2 a_2 a_3$	R11, Z12
14		$\neg \exists x_3 \, ((\neg R_1^2 a_2 a_1 \, \& \, R_1^2 a_1 a_2) \, \& \, R_1^2 a_2 x_3)$	R10, Z 9
15		$\forall x_3 \, \neg ((\neg R_1^2 a_2 a_1 \, \& \, R_1^2 a_1 a_2) \, \& \, R_1^2 a_2 x_3)$	R 9, Z14
16		$\neg ((\neg R_1^2 a_2 a_1 \, \& \, R_1^2 a_1 a_2) \, \& \, R_1^2 a_2 a_3)$	R10, Z15
17		$\neg R_1^2 a_2 a_1$	R10, Z 7

18      $\neg(\neg R_1^2 a_2 a_1 \, \& \, R_1^2 a_1 a_2)$ $\neg R_1^2 a_2 a_3$ R 4, Z16

                                              ×

19      $\neg\neg R_1^2 a_2 a_1$ $\neg R_1^2 a_1 a_2$ R 4, Z18

                             ×

20      $R_1^2 a_2 a_1$ R 7, Z19

         ×

Wie aus der Formulierung der Regeln hervorgeht, wie auch in den obigen Beispielen illustriert ist, müssen bei der Anwendung einer Regel immer *alle* noch offenen Pfade verlängert werden. Tut man dies nicht, dann wird es nicht gelingen, alle Pfade zu schließen.

(v) Ableitungen als Beweismethode

In diesem Paragraphen haben wir eine Methode kennengelernt festzustellen, daß M ⊨ B, falls M ⊨ B. Der intuitive semantische Grundgedanke ist, daß Prämissen und negierte Konklusion nicht gleichzeitig erfüllt werden können, daß mithin die Annahme, es gäbe eine Interpretation, die beide erfüllt, in Widersprüche führt. Von diesem semantischen Grundgedanken ausgehend wurde ein Verfahren entwikkelt, das es gestatten soll, in mechanischer Weise zu überprüfen, daß Folgerung vorliegt, falls sie vorliegt. Dies Verfahren besteht in der *anweisungsgemäßen Anfertigung von Bäumen*, deren Punkte oder Knoten Satzformen der Aussagenlogik oder der Prädikatenlogik sind. Die hierbei erhaltenen Bäume heißen "Ableitungen". Es stellt sich nun die Frage, ob die dargestellte Methode tatsächlich eine Methode des Beweisens in dem Sinne ist, wie ich den Begriff des Beweisens weiter oben bestimmt habe. Bevor ich diese Frage genauer beantworten kann, soll zunächst der Begriff der *Ableitung* genauer definiert werden. Denn bislang ist er nur ungefähr charakterisiert worden. Auch möchte ich etwas dazugehörige Terminologie einführen.

Ein Pfad eines Baumes, dessen Knoten Satzformen (der Aussagenlogik oder der Prädikatenlogik) sind, heißt – wie schon weiter oben bemerkt – *geschlossen*, wenn in ihm eine Satzform *und* ihre Negation vorkommen. Ansonsten ist er ein *offener* Pfad. In unserem Zusammenhang können wir zwischen *aussagenlogischer* und *prädikatenlogischer* Ableitung unterscheiden. Aussagenlogische Ableitungen enthalten Satzformen der Aussagenlogik, prädikatenlogische Ableitungen enthalten Satzformen der Prädikatenlogik. Beginnen wir mit dem Begriff der aussagenlogischen Ableitung:

Sei D eine Menge von Satzformen der Aussagenlogik. Sei C eine Satzform der Aussagenlogik. Ein Baum, dessen Knoten Satzformen der Aussagenlogik sind, heißt *aussagenlogische Ableitung* von C aus D, wenn

(1)   die ersten n Zeilen des Baumes Satzformen aus D sind;

(2)   die n+1-te Zeile die Negation von C ist;

(3)   alle von der n+1-ten Zeile ausgehenden Pfade mittels der Regeln *1 – 7* erhalten worden sind;

(4)   alle Pfade geschlossen sind.

Gibt es einen solchen Baum für D und C, dann sagen wir, C sei aus D *aussagenlogisch ableitbar* (wir schreiben: $D \vdash_{al} C$).

Sei nun M eine Menge von Satzformen der Prädikatenlogik, sei B eine Satzform der Prädikatenlogik. Ein Baum, dessen Knoten Satzformen der Prädikatenlogik sind, heißt *prädikatenlogische Ableitung* von B aus M genau dann, wenn

(1)   die ersten n Zeilen des Baumes Satzformen aus M sind;

(2)   die n+1-te Zeile die Negation von B ist;

(3)   alle von der n+1-ten Zeile ausgehenden Pfade mittels der Regeln *1 – 11* erhalten worden sind;

(4)   alle Pfade geschlossen sind.

Gibt es einen solchen Baum für eine Prämissenmenge M und für eine Satzform B, dann sagen wir, B sei aus M *prädikatenlogisch ableitbar* (wir schreiben: M $\vdash_{pl}$ B).

Wenn wir sagen, daß eine Satzform aus einer Menge von Satzformen (prädikatenlogisch oder aussagenlogisch) ableitbar ist, heißt das nicht, daß wir eine Ableitung, einen geeigneten Baum also, schon konstruiert haben, und er uns fertig vorliegt. Es heißt nur, daß die *Möglichkeit* besteht, eine solche Ableitung zu konstruieren. Es heißt auch nicht, daß es nur eine Ableitung gibt; im Allgemeinen gibt es mehrere unterschiedliche Ableitungen für B aus M. Die Aufgabe zu zeigen, daß eine Satzform aus einer Menge von Satzformen ableitbar ist, ist dann die Aufgabe, eine solche Ableitung zu erstellen.

Entspricht die hier entwickelte Methode der anfangs erläuterten Auffassung von beweisenden Argumentationen (oder Beweisen)? Nun ist eine Ableitung definitionsgemäß endlich lang, da alle ihre Pfade ja geschlossen sind; nach endlicher Zeit kommt somit die Überprüfung zum Ende. Zweitens ist eine Ableitung mechanisch überprüfbar. Man kann nämlich auf phantasielose Art feststellen, daß die Ableitung in den ersten n Zeilen irgendwelche Satzformen enthält, und daß die Negation einer Satzform in der n+1-ten Zeile vorkommt. Ebenso ist mechanisch feststellbar, daß eine Zeile aus einer anderen mittels der Regeln 1 – 11 (bzw. 1 – 7) erhalten worden ist; und ob ein Pfad geschlossen ist, erkennen wir, indem wir überprüfen, ob in ihm eine Satzform und ihre Negation vorkommen. Ableitungen, entsprechend den hier gegebenen Anweisungen konstruiert, sind also Bäume von Satzformen, die anweisungsgemäß angefertigt worden sind, und für die gilt, daß sie den Bedingungen (a) und (b) vom Anfang dieses Paragraphen entsprechen. Wir können schließen, daß Ableitungen beweisende Argumentationen sind.

Die hier entwickelte Ableitungsmethode dient, wie schon mehrfach betont, dem Zweck festzustellen, daß Folgerung vorliegt, falls sie vorliegt. Diesem Zweck kann sie nur gerecht werden, wenn sie *alle* und *nur* die logischen Folgerungsbeziehungen erfaßt; d. h., wenn sie zwei Bedingungen genügt:

(1) Wenn B aus M folgt (aussagenlogisch bzw. prädikatenlogisch), dann ist B aus M (aussagenlogisch bzw. prädikatenlogisch) ableitbar;

(2) Wenn B aus M ableitbar ist, dann folgt B aus M.

Daß die hier entwickelte Methode diesen Ansprüchen tatsächlich genügt, habe ich bislang aber *nur behauptet* und noch nicht bewiesen. Der Beweis dieser Behauptung ist Gegenstand des übernächsten Paragraphen.

Zuvor wenden wir uns der Frage zu, ob und wie die Methode der Baumkonstruktion auch dafür eingesetzt werden kann, allgemein zu prüfen, ob Folgerung vorliegt *oder nicht*, insbesondere also dafür festzustellen, daß keine Folgerung vorliegt, falls keine Folgerung vorliegt.

§ 15: Folgerungsfeststellungen für Aussagen- und Prädikatenlogik

Zunächst gebe ich an, wie die Methode aus dem letzten Paragraphen für den Zweck der Feststellung abzuändern ist, ob Folgerung vorliegt *oder* ob sie *nicht* vorliegt. Im Anschluß daran soll gezeigt werden, daß diese Methode in der Aussagenlogik in jedem Fall zu einer Entscheidung führt. Am Ende des Paragraphen beschäftigen uns Probleme, die in der Prädikatenlogik mit dieser Methode verbunden sind.

(i) Die Feststellung von Folgerung

Wie können wir feststellen, daß *keine* Folgerung vorliegt? Wir hatten gesehen, daß $M \cup \{\neg B\}$ von keiner Belegung bzw. Interpretation erfüllt wird genau dann, wenn $M \vDash_{al} B$ bzw. $M \vDash_{pl} B$ (wo M eine Menge von aussagenlogischen bzw. prädikatenlogischen Satzformen ist, B eine Satzform der Aussagenlogik bzw. Prädikatenlogik). Wenn B aber *nicht* aus M folgt, dann heißt das, daß es eine Belegung bzw. Interpretation J gibt, mit $v_J(A) = W$ für alle $A \in M$, und $v_J(\neg B) = W$. Will ich also zeigen, daß $M \nvDash B$, so genügt es zu zeigen, daß es eine Belegung bzw. eine Interpretation gibt, die die Sätze aus M erfüllt, und die $\neg B$ erfüllt. Wenn wir das in den Baumkalkül 'übersetzen', heißt dies: Der Baum, der nach Anwendung der obigen sieben bzw. elf Regeln resultiert, muß mindestens einen offenen Pfad enthalten, einen Pfad also, in dem *nicht* sowohl eine Satzform *und* ihre Negation vorkommen. – Betrachten wir hierzu ein *Beispiel*:

Festzustellen ist, ob $\{"(R_1^1a_1 \rightarrow R_2^1a_1)", "R_2^1a_1"\} \not\models "R_1^1a_1"$.
Um dies festzustellen, konstruieren wir den folgenden
Baum:

1 $\qquad\qquad (R_1^1a_1 \rightarrow R_2^1a_1)$

2 $\qquad\qquad\quad R_2^1a_1$

3 $\qquad\qquad\quad \neg R_1^1a_1$

4 $\qquad \neg R_1^1a_1 \qquad\qquad R_2^1a_1 \qquad\qquad R\,1, Z\,1$

Wir erhalten zwei Pfade. In keinem der beiden Pfade kommen eine Satzform und ihre Negation vor. Beide Pfade sind also offen. Und beide Pfade sind fertig, d. h., alle in diesen Pfaden vorkommenden Satzformen sind in ihre Grundbestandteile zerlegt. Das Verfahren ist abgeschlossen. Wir schließen, daß keine Folgerung vorliegt.

Wenn wir feststellen wollen, *ob oder ob nicht* M $\models$ B, müssen wir also die aus dem letzten Paragraphen bekannte Prozedur anwenden und *zuzüglich* angeben, wann die Prozedur abgeschlossen ist, sofern Pfade nicht geschlossen werden können. – Zunächst zur *Aussagenlogik*. Sei M eine endliche Menge von Satzformen der Aussagenlogik, sei B eine Satzform der Aussagenlogik. Um festzustellen, ob aussagenlogische Folgerung vorliegt oder nicht, haben wir einen Baum entsprechend den Konstruktionsanweisungen aus **Figur 4** (S. 229) aufzubauen. Anweisungen (5) und (7) geben an, wann die Prozedur abgeschlossen ist. (7) wird erreicht, wenn keine Folgerung vorliegt. – Und nun sofort zur *Prädikatenlogik*. Sei jetzt M eine Menge von Satzformen der Prädikatenlogik und sei B eine Satzform der Prädikatenlogik. Ein Baum für die Feststellung, ob B aus M prädikatenlogisch folgt oder nicht, ist nach den Konstruktionsanweisungen in **Figur 5** (S. 230) aufzubauen. Anweisungen (6) und (10) geben an, wann der Abbruch des Verfahrens zu erfolgen hat. Wenn (10) erreicht wird, dann liegt keine Folgerung vor.

Zu beachten ist, daß die Anweisungen aus Figuren 4 und 5 insofern unvollständig sind, als sie einen Freiraum hinsichtlich der Reihenfolge lassen, in welcher bestimmte Ableitungsregeln auf die Satzformen, die in einem Pfad vorkommen, angewendet werden. So ist etwa nicht geregelt, ob zuerst R 3 oder R 5, oder ob zuerst R 2 oder R 6 anzuwenden sind. Um eine größere Flexibilität bei der Erstellung von Satzformenbäumen zu ermöglichen und um übermäßige Kompliziertheit der Anweisungen zu vermeiden, bleiben die Konstruktionsanweisungen in dieser Hinsicht unvollständig.

Die Anweisungen in beiden Figuren spezifizieren Satzformenbäume als Mengen von Pfaden. Der Aufbau eines Satzformenbaums entsprechend den Anweisungen in Figur 4 erfolgt gemäß einer induktiven Definition. Die Anweisungen (1) und (2) sind die Basisklauseln der Definition. Sie spezifizieren den Ausgangspfad des Baumes. Die induktiven Klauseln der Definition sind (3) und (6). Sie spezifizieren, wie eine gegebene Menge von Pfaden zu erweitern ist. Die Anweisungen (4), (5) und (7) sichern, daß der Satzformenbaum keine weiteren Pfade enthält als die durch (1), (2), (3) und (6) zugelassenen. – Auch der Aufbau eines

Satzformenbaums entsprechend den Anweisungen in Figur 5 erfolgt gemäß einer induktiven Definition. In diesem Fall sind die Anweisungen (1) und (2) die Basisklauseln der induktiven Definition, (3), (5), (7) und (8) sind die induktiven Klauseln. Die Anweisungen (4), (6), (9) und (10) sichern, daß der Satzformenbaum keine anderen Pfade enthält als die, die durch (1), (2), (3), (5), (7), (8) zugelassen sind.

(ii) Die Entscheidbarkeit der Aussagenlogik

Angenommen, wir haben eine Menge M von aussagenlogischen Satzformen und eine aussagenlogische Satzform B und versuchen bei Beachtung der Anweisungen von Figur 4 festzustellen, ob zwischen M und B Folgerung vorliegt oder nicht. Sofern es nicht gelingt, einen Pfad zu schließen, wird ein solcher Pfad nach Abschluß des Verfahrens Satzbuchstaben oder negierte Satzbuchstaben (aber *nicht* einen Satzbuchstaben und dessen Negation) enthalten. Denn die Prämissen der Regelanwendungen sind immer länger als die Konklusionen der Regelanwendungen, und nach einer endlichen Anzahl von Regelanwendungen erhalten wir Satzbuchstaben oder negierte Satzbuchstaben. Auf Satzformen dieser Art lassen sich die Regeln nicht weiter anwenden. Die Möglichkeit, eine Regel auf eine Satzform mehrfach anzuwenden, besteht nämlich nicht.

(1) Schreibe in die ersten n Zeilen die Prämissen (Satzformen aus M)!

(2) Schreibe ¬B, die Negation der präsumptiven Konklusion, in die n+1-te Zeile!

(3) Wende die Negationsregeln auf Satzformen an, auf die sie bisher nicht angewendet worden sind!

(4) Schließe jeden Pfad, der eine Satzform und ihre Negation enthält!

SIND ALLE PFADE GESCHLOSSEN?

FALLS NEIN   FALLS JA

(6) Suche eine Satzform, auf die die Satzoperatorenregeln   (5) Hör auf!
angewendet werden können und auf die sie bisher nicht ange-   In diesem Fall folgt B aus den Prämissen.
wendet worden sind.

GIBT ES SOLCHE SATZFORMEN?

FALLS NEIN   FALLS JA

(7) Hör auf!   Wende die Regel an, und fahre fort mit (3)!
In diesem Fall folgt B nicht aus den Prämissen.

Figur 4

229

(1) Schreibe in die ersten n Zeilen die Prämissen (Satzformen aus M)!

(2) Schreibe ¬B, die Negation der präsumptiven Konklusion in die n+1-te Zeile!

(3) Wende die Negationsregeln auf Satzformen an, auf die sie bisher nicht angewendet worden sind!

(4) Schließe jeden Pfad, der eine Satzform und ihre Negation enthält!

SIND ALLE PFADE GESCHLOSSEN?

FALLS NEIN

FALLS JA

(6) Hör auf!
In diesem Fall folgt B aus den Prämissen.

(5) Suche eine Satzform, auf die die Satzoperatorenregeln angewendet werden können und bisher noch nicht angewendet worden sind! GIBT ES SOLCHE?

FALLS NEIN

FALLS JA

Wende die Regel an und mach weiter mit (3)!

(7) Suche eine Satzform, auf die R 11 (die Existenzquantorregel) angewendet werden könnte und bisher noch nicht angewendet worden ist! GIBT ES SOLCHE?

FALLS NEIN

FALLS JA

Wende die Regel an und mach weiter mit (3)!

(8) Suche eine Satzform, auf die R 10 (die Allquantorregel) angewendet werden kann! GIBT ES SOLCHE?

FALLS NEIN

FALLS JA

Wende die Regel an und mach weiter mit (8)!

(9) Hat sich der Baum verändert, seit Du das letzte Mal Anweisung (3) befolgt hast?

FALLS NEIN

FALLS JA

Dann geh zu (3) zurück!

(10) Hör auf! Dann folgt B nicht aus den Prämissen.

Figur 5

Entsprechend den Anweisungen aus Figur 4 aufgebaute Satzformenbäume lassen sich als Entscheidungsmittel für *aussagenlogische Folgerung* verwenden:

(1) Wenn alle Pfade geschlossen sind (wir also in Stadium (5) ankommen), dann sollen die Satzformenbäume zeigen, daß Folgerung vorliegt.

(2) Wenn wir in Stadium (7) angekommen sind (also mindestens ein Pfad offen ist), dann sollen die Satzformenbäume zeigen, daß keine aussagenlogische Folgerung vorliegt.

Die Entscheidungsprozedur kommt auf jeden Fall zum Ende: Es kann sein, daß *alle* Pfade eines Baumes eine Satzform *und* ihre Negation enthalten (Stadium (5)); in diesem Fall ist die Prozedur beendet. Hat der Baum jedoch einen Pfad, der Satzbuchstaben oder Negationen von Satzbuchstaben enthält, und sind alle Ausgangssatzformen mittels der Regeln in Satzbuchstaben bzw. negierte Satzbuchstaben zerlegt, dann gibt es keine Möglichkeit mehr, eine der Baumkonstruktionsregeln anzuwenden, wir gelangen in das Stadium (7), und die Prozedur ist auch beendet. *Die Prozedur wird also auf jeden Fall, so oder so, beendet.* Wir kommen in jedem Fall zu einer Entscheidung. Dieselbe Regel läßt sich ja *nicht mehrfach* auf ein und dieselbe Satzform anwenden. Nach einer *endlichen* Anzahl von Regelanwendungen haben wir nur noch Satzbuchstaben oder deren Negationen und können die Regeln nicht weiter anwenden. Unsere Entscheidungsmethode ergibt immer ein Resultat. Wir drücken dies auch folgendermaßen aus: Aussagenlogische Folgerung ist *entscheidbar.*

(iii) Unendliche Bäume, fertige Pfade und das Problem der Entscheidbarkeit der Prädikatenlogik

In der Prädikatenlogik besteht im Gegensatz zur Aussagen-logik die Möglichkeit (und häufig die Notwendigkeit), eine Regel auf *dieselbe* Satzform mehrfach anzuwenden, näm-lich die Regel R10 für den Allquantor. Wenn wir etwa an einer Stelle in einem Pfad (in der n-ten Zeile) eine Satzform haben, die mit dem Allquantor beginnt, können wir den Pfad beliebig mit Satzformen verlängern, in denen je ver-schiedene Individuenbuchstaben (anstelle der Individuen-variablen) vorkommen, und wir erhalten jedesmal eine andere Satzform, etwa so:

n	$\forall x_1 \, (R_1^1 x_1 \rightarrow R_2^1 x_1)$
n+1	$R_1^1 a_1 \rightarrow R_2^1 a_1$
n+2	$R_1^1 a_2 \rightarrow R_2^1 a_2$
n+3	....
usw.	

So ergibt sich in der Prädikatenlogik die Möglichkeit von *unendlichen Bäumen*, d. h. von Bäumen mit unendlich vielen Knoten. – Aus dem nun folgenden *Beispiel* ersehen wir, daß entsprechend den Anweisungen in Figur 5 angefertigte Satzformenbäume aus unendlich vielen Knoten bestehen können. Wir wollen prüfen, ob

$$\exists x_1 \, \forall x_2 \, \neg R_1^2 x_1 x_2$$

eine logische Wahrheit ist. Hierfür konstruieren wir einen Baum, der mit der Negation dieser Satzform beginnt:

1	$\neg\exists x_1 \, \forall x_2 \, \neg R_1^2 x_1 x_2$	
2	$\forall x_1 \, \neg\forall x_2 \, \neg R_1^2 x_1 x_2$	R 9, Z 1
3	$\neg\forall x_2 \, \neg R_1^2 a_1 x_2$	R10, Z 2
4	$\exists x_2 \, \neg\neg R_1^2 a_1 x_2$	R 8, Z 3
5	$\neg\neg R_1^2 a_1 a_2$	R11, Z 4
6	$R_1^2 a_1 a_2$	R 7, Z 5
7	$\neg\forall x_2 \, \neg R_1^2 a_2 x_2$	R10, Z 2
8	$\exists x_2 \, \neg\neg R_1^2 a_2 x_2$	R 8, Z 7
9	$\neg\neg R_1^2 a_2 a_3$	R11, Z 8
10	$R_1^2 a_2 a_3$	R 7, Z 9
11	$\neg\forall x_2 \, \neg R_1^2 a_3 x_2$	R10, Z 2
12	....	

usw.

Dieser Prozeß geht immer weiter; es entsteht ein Pfad mit unendlich vielen Knoten, und so erhalten wir einen unendlichen Baum. In dem aus unendlich vielen Punkten bestehenden Pfad kommen alle der folgenden atomaren Satzformen irgendwann vor:

$R_1^2 a_1 a_2$, $R_1^2 a_2 a_3$, $R_1^2 a_3 a_4$, $R_1^2 a_4 a_5$, $R_1^2 a_5 a_6$, $R_1^2 a_6 a_7$, usw.

Es ist zu beachten, daß Satzformenbäume mit unendlich vielen Knoten immer mindestens einen Pfad mit unendlich vielen Knoten, also mindestens einen *unendlichen* Pfad haben. Dies geht aus *Königs Lemma* hervor. Dieses Lemma (ein Lemma ist ein Hilfssatz oder ein Zwischenresultat) betrifft Bäume ganz allgemein, und um es formulieren zu können, muß kurz eine terminologische Erläuterung erfolgen: Ein Knoten b, der in einem Baum unterhalb eines gegebenen Knoten a vorkommt, heiße *Nachfolger* von a.

Befinden sich zwischen a und b keine weiteren Knoten, dann heiße b *unmittelbarer Nachfolger* von a. *Königs Lemma* besagt nun folgendes:

> Sei B ein Baum, in dem jeder Knoten nur endlich viele unmittelbare Nachfolger hat. Wenn B unendlich viele Knoten hat, dann hat B mindestens einen unendlichen Pfad.

Die Tatsache, daß wir in der Prädikatenlogik unendliche Satzformenbäume haben, bedeutet wegen Königs Lemma: solche Bäume haben mindestens einen unendlichen Pfad (da jeder ihrer Knoten nur endlich viele unmittelbare Nachfolger hat, nämlich höchstens zwei).

Beweis von Königs Lemma:

Ein Knoten eines Baumes B heiße "gut", wenn er unendlich viele Nachfolger hat, und "schlecht" heiße er, wenn er endlich viele Nachfolger hat. Voraussetzung des Satzes ist, daß B unendlich viele Knoten hat. Also muß der Ausgangspunkt a_0 von B gut sein. Wenn alle Nachfolger eines Punktes schlecht sind, dann ist auch dieser Knoten schlecht (da er ja nur endlich viele Nachfolger hat). Ein guter Knoten hat also mindestens einen guten Nachfolger. Somit hat der Ausgangspunkt a_0 von B einen guten Nachfolger a_1. Der wiederum hat einen guten Nachfolger a_2. a_2 hat einen guten Nachfolger a_3, usw. So erhalten wir einen unendlichen Pfad $(a_0, a_1, a_2, a_3, ..., a_n, ...)$. ❏

Zweierlei ist im Zusammenhang mit diesem Beweis zu bemerken: (a) Die Hypothese des Lemmas, daß B ein Baum ist, in dem jeder Knoten nur *endlich* viele unmittelbare Nachfolger hat, begründet die Behauptung, ein guter

Knoten habe einen guten Nachfolger. (b) Wir setzen voraus, daß die Pfade von B von links nach rechts *geordnet* sind. Gegeben ein Knoten a_i, wählen wir für die Konstruktion des Pfades den guten Nachfolger, der von links nach rechts als erster auftritt.

Überlegen wir uns nun, wie ein Baum aussieht, wenn zwischen einer Menge prädikatenlogischer Satzformen M und einer Satzform B *keine* Folgerung vorliegt. Offenbar muß es mindestens einen offenen Pfad geben, der von M und ¬B ausgeht. Hier gibt es aber zwei Möglichkeiten: Einmal kann es sich um einen endlichen Pfad handeln, in dem alle Ausgangssatzformen zerlegt sind, und keine Satzform und ihre Negation vorkommen. Oder aber wir haben einen unendlichen Pfad, und in diesem unendlichen Pfad kommen keine Satzform und ihre Negation vor. In beiden Fällen garantiert die Anwendung der Regeln, daß für jede Satzform A aus dem Pfad π folgendes gilt:

(1)   wenn A = (B & C), dann $B \in \pi$ und $C \in \pi$;

(2)   wenn A = ¬(B & C),
       dann $\neg B \in \pi$ oder $\neg C \in \pi$;

(3)   wenn A = (B ∨ C), dann $B \in \pi$ oder $C \in \pi$;

(4)   wenn A = ¬(B ∨ C),
       dann $\neg B \in \pi$ und $\neg C \in \pi$;

(5)   wenn A = (B → C), dann $\neg B \in \pi$ oder $C \in \pi$;

(6)   wenn A = ¬(B → C), dann $B \in \pi$ und $\neg C \in \pi$;

(7)   wenn A = ¬¬B, dann $B \in \pi$;

(8)   wenn A = ¬∀x B[α/x], dann ∃x ¬B[α/x] $\in \pi$;

(9)   wenn A = ¬∃x B[α/x], dann ∀x ¬B[α/x] $\in \pi$;

(10) wenn A = ∀x B[α/x], dann $B \in \pi$ für *jeden* Individuenbuchstaben α;

(11)   wenn A = ∃x B[α/x], dann B ∈ π für mindestens
        einen Individuenbuchstaben α;

(12)   falls A atomar, dann gilt: A und ¬A sind nicht
        beide in π.

Wenn für einen Pfad in einem Satzformenbaum die Bedingungen (1) – (12) erfüllt sind, dann sagen wir, der Pfad sei
fertig. Es gilt, daß fertige Pfade offen sind. Wegen (12)
kann ein fertiger Pfad nämlich keine atomare Satzform
und ihre Negation enthalten. Falls eine Satzform A nicht
atomar ist, dann kann ¬A auch nicht in dem fertigen Pfad
vorkommen. Denn die Zerlegung mittels der Regeln würde
letztlich darin resultieren, daß (12) verletzt wird. – Gilt für
einen Satzformenbaum, daß jeder Pfad entweder geschlossen ist oder fertig, dann nennen wir auch den ganzen Baum
fertig. – Offenbar entspricht einem Pfad, der Bedingungen
(1) – (12) erfüllt, eine Menge von Satzformen. Satzformenmengen, die Bedingungen (1) – (12) genügen, heißen nach
dem finnischen Philosophen und Logiker Jaakko Hintikka
(geb. 1929) *Hintikkamengen*.

Angenommen, bei der Anfertigung eines Satzformenbaumes entsprechend den Anweisungen aus Figur 5 gelingt
es nicht, alle Pfade zu schließen. Dann müssen die Regeln
1 – 11 immer wieder angewendet werden. Falls Negationsregeln anzuwenden sind, erhalten wir mit ihnen Satzformen, auf die die Satzoperatorenregeln oder die Regeln 10
und 11 angewendet werden können. Die Anwendung der
Regeln gibt uns nun Satzformen, die gleich lang sind oder
kürzer als die Satzformen, von denen wir ausgegangen
sind. Auf so erhaltene Satzformen wenden wir wieder, falls
möglich, erst die Negationsregeln an, dann Satzoperatoren-

regeln und Quantorenregeln. Nach der Anwendung der Quantorenregeln und der Satzoperatorenregeln erhalten wir Satzformen, die kürzer sind als diejenigen, die wir nach der ersten Anwendung von Satzoperatoren- und Quantorenregeln erhalten hatten. Wenn wir in diesem Prozeß fortfahren, stoßen wir schließlich auf atomare Satzformen oder negiert atomare Satzformen. Wir halten fest:

(I)   Außer bei den Regeln 8 und 9 führt die Anwendung der Regeln zu immer kürzeren Satzformen.

(II)   Falls es nicht gelingt, einen Pfad zu schließen, befinden sich in ihm auf jeden Fall atomare Satzformen oder negiert atomare Satzformen.

Kommt das hier geschilderte Verfahren in jedem Fall zu einem Ende? Für den Fall, daß Folgerung vorliegt, kommen wir zu einem Ende (denn das Verfahren ist vollständig, wie in § 16 bewiesen wird). Was aber ist, wenn keine Folgerung vorliegt? Wenn wir der Entscheidungsprozedur aus Figur 5 folgen, kann es sein, daß wir, obzwar wir das Stadium (6) nicht erreichen, auch niemals ins Stadium (10) gelangen. In diesem Fall hat der Satzformenbaum einen unendlich langen Pfad. Wenn wir einen unendlichen Pfad haben und weder Stadium (6) noch Stadium (10) erreichen, gelangen wir nicht zur Entscheidung der Frage, ob das vorgelegte Argument ungültig ist, ob also Folgerung nicht vorliegt.

Dies wäre theoretisch ohne große Bedeutung, wenn es eine mechanische Methode gäbe, die zu entscheiden erlaubte, ob ein Pfad in einem Satzformenbaum aus unendlich vielen Knoten bestehen wird oder nicht. Wenn der Pfad nämlich aus unendlich vielen Knoten besteht, somit unendlich lang ist, dann ist er offen. Könnten wir in mechanischer Weise entscheiden, ob ein Pfad unendlich lang wird, dann könnten wir entscheiden, daß keine Folgerung vorliegt. Kombinierten wir diese Methode mit der hier geschilderten Feststellungsprozedur aus Figur 5, dann kämen wir auf jeden Fall zu einem Resultat. *Gibt es aber eine Methode, in endlich vielen Schritten festzustellen, ob ein Pfad in einem Satzformenbaum unendlich wird?* Wenn es eine solche Methode gäbe, dann hätten wir eine mechanische Entscheidungsprozedur für das Vorliegen prädikatenlogischer Folgerung.

Nun hat der Logiker Alonzo Church (1903 – 1995) im Jahre 1936 bewiesen, daß es *keine* mechanische Entscheidungsprozedur für das Vorliegen prädikatenlogischer Folgerung geben kann (sofern mechanische Entscheidbarkeit Entscheidbarkeit mittels bestimmter einfacher Funktionen ist). Dies ist der Inhalt des sogenannten *Unentscheidbarkeitssatzes für die Prädikatenlogik erster Stufe*, der hier nicht bewiesen werden kann. Wegen dieses Satzes gilt aber, daß der Baumkalkül als Methode der Feststellung von Folgerung *im Allgemeinen* untauglich ist. Denn nur dann ist ja eine Argumentation eine mechanische Entscheidungsprozedur, wenn sie endlich lang ist und auf mechanische Weise überprüft werden kann. Das ist bei der Folgerungsfeststellung im Allgemeinen nicht möglich, und deswegen sind der Baumkalkül oder andere äquivalente Methoden der Folgerungsfeststellung im Fall der Prädikatenlogik keine mechanischen Entscheidungsprozeduren. – Die Beschränkungen durch den Unentscheidbarkeitssatz betreffen aber nicht alle Bereiche der Prädikatenlogik. So sind etwa alle prädikatenlogischen Folgerungsbeziehungen, denen mittels einer Übersetzungsfunktion Ü (vgl. § 12 *(ii)*, S. 180) aussagenlogische Folgerungsbeziehungen entsprechen, entscheidbar (da aussagenlogische Folgerung entscheidbar ist – siehe oben). Des weiteren läßt sich zeigen, daß prädikatenlogische Folgerung entscheidbar ist, sofern Relationsbuchstaben in den involvierten Satzformen nur einstellig sind. Was die praktische Bedeutsamkeit des Unentscheidbarkeitssatzes anlangt, ist außerdem zu bedenken: Wenn Folgerung vorliegt, dann ergibt die Entscheidungsmethode (da sie vollständig ist, wie wir sogleich sehen werden) immer irgendwann eine entsprechende Meldung.

§ 16: Korrektheit und Vollständigkeit

In § 14 wurde eine Methode eingeführt, die den Zweck hat, das Vorliegen von Folgerung zu beweisen. Ob diese Methode diesen Zweck erfüllt, wollen wir in diesem Paragraphen prüfen. Erfaßt der Baumkalkül *alle* und *nur* die logischen Folgerungen? Gelten also die folgenden zwei Behauptungen?

(I)   Wenn B aus M ableitbar ist, dann folgt B aus M.

(II)   Wenn B aus M folgt, dann ist B aus M ableitbar.

Ist die erste Bedingung erfüllt, dann ist die Ableitungsmethode zumindest *korrekt*; denn sie gibt zumindest keine falsche Antwort, falls sie überhaupt eine Antwort gibt. Erfüllt sie darüberhinaus die zweite Bedingung, alle Folgerungsbeziehungen zu erfassen, dann ist die Methode auch *vollständig.* Bezogen auf die prädikatenlogische Folgerung heißt Behauptung (I) deshalb *Korrektheitssatz* der Prädikatenlogik, und Behauptung (II) heißt *Vollständigkeitssatz* der Prädikatenlogik. Der Vollständigkeitssatz ist ein tieferes Resultat als der Korrektheitssatz; zum ersten Mal ist er im Jahre 1930 von dem Logiker Kurt Gödel (1906 – 1978) bewiesen worden, wenn auch mit ganz anderen Methoden als denen, die ich hier darstelle, und für ein anderes Ableitungssystem. – Zunächst soll der Korrektheitssatz der Prädikatenlogik bewiesen werden, sodann der Vollständigkeitssatz der Prädikatenlogik. Entsprechende Resultate gelten auch für die Aussagenlogik. Beweise davon gebe ich hier aber nicht. – In beiden Fällen beschränken wir uns auf den Fall, daß die Prämissenmenge M *endlich* ist. Korrektheitssatz und Vollständigkeitssatz haben stärkere Versionen, bei denen die Prämissenmenge M auch unendlich sein kann. Deswegen heißen die beiden Behauptungen, die hier bewiesen werden, auch "schwacher Korrektheitssatz" bzw. "schwacher Vollständigkeitssatz".

(i) Der Korrektheitssatz

Zu zeigen ist:

(1)   Wenn B aus M prädikatenlogisch ableitbar ist, dann folgt B prädikatenlogisch aus M.

D. h., eigentlich ist zu zeigen:

(2)   Wenn es eine Ableitung von B aus M gibt, dann ist M ∪ {¬B} widersprüchlich.

Wenn jeder Pfad in einem Satzformenbaum, der von M und ¬B ausgeht, geschlossen ist, dann gibt es eine Ableitung von B aus M. Zu zeigen ist also:

(3)   Wenn jeder Pfad in einem von M und ¬B ausge-
        henden Satzformenbaum geschlossen ist, dann
        ist M ∪ {¬B} widersprüchlich.

Diese Behauptung ist der folgenden äquivalent:

(4)   Wenn es eine Interpretation gibt, die M ∪ {¬B}
        erfüllt, dann ist nicht jeder Pfad in einem fertigen
        Satzformenbaum, der von M und ¬B ausgeht,
        geschlossen.

Offenbar gilt: $(A \rightarrow C) \vDash \dashv (\neg C \rightarrow \neg A)$. Dies nennt man
das Gesetz der *Kontraposition* (vgl. § 11 *(ii)*, S. 151). Wenn
wir dieses Gesetz auf (3) anwenden, erhalten wir die Behauptung (4). – Im folgenden werden wir nicht die Behauptung (4) beweisen, sondern eine etwas andere, die nunmehr
sogenannte Behauptung (A), aus der (4) folgt:

(A)   Wenn M ∪ {¬B} erfüllbar ist, dann gibt es in
        jedem von M und ¬B ausgehenden fertigen Satz-
        formenbaum mindestens einen Pfad, dessen Satz-
        formen erfüllbar sind.

Beweis, daß (4) aus (A) folgt:

Wenn die Menge aller Satzformen in einem Pfad erfüllbar
ist, dann kommen in dem Satzformenpfad keine Satzform
und deren Negation vor. Kommen in einem Pfad eines
Satzformenbaumes keine Satzform und deren Negation
vor, dann ist der Pfad nicht geschlossen. Wenn es eine
Interpretation gibt, die M ∪ {¬B} erfüllt, dann ist nicht
jeder Pfad in dem fertigen Satzformenbaum geschlossen.
(Es gibt also einen fertigen Pfad.)

    Nunmehr wollen wir (A) beweisen. Obzwar dieser Be-
weis etwas ausführlicher ist, ist sein Grundgedanke einfach:
Voraussetzungsgemäß erfüllt eine Interpretation J die Satzformen aus M und die Satzform ¬B. Nun wird jeder

weitere Knoten in einem Pfad mit diesen Ausgangssatzformen mittels einer der elf Regeln entweder aus den
Ausgangssatzformen selbst erhalten oder aus Satzformen,
die man mittels der Regeln gewonnen hatte. Auch ein fertiger Pfad entsteht also entsprechend einer induktiven
Definition. Die Regeln für die Verlängerung des Pfades
sind nun dergestalt, daß entweder (a) mindestens eine der
Satzformen, die durch Regelanwendung erhalten werden,
von der Interpretation erfüllt wird, die auch die Prämisse
der Regelanwendung erfüllt; oder (b) dergestalt, daß die
Satzform oder die Satzformen, die durch die Regelanwendung erhalten wird bzw. werden, von einer der α-Varianten
der Interpretation erfüllt wird bzw. werden, die die Prämisse der Regelanwendung erfüllt. Eine Interpretation, die
die Prämissen der Regelanwendung erfüllt, erfüllt also
auch die Konklusion. Mit Hilfe eines induktiven Beweises
schließen wir, daß, falls es eine M und ¬B erfüllende Interpretation gibt, es auch eine Interpretation gibt, die den
fertigen Pfad erfüllt, der von M und ¬B ausgeht.

Der Beweis erfolgt durch Induktion über den Aufbau
von Satzformenpfaden. In der Induktionsbasis stellen wir
fest, daß es für die Folge der Satzformen aus M und die
Satzform ¬B voraussetzungsgemäß eine sie erfüllende Interpretation gibt. Sodann (im Induktionsschritt) wird gezeigt, daß diese Eigenschaft sich im Pfad vererbt. D. h.:
Falls alle Knoten bis zu einem bestimmten Knoten erfüllt
werden, dann wird auch der darauf folgende Knoten erfüllt. Also werden wegen des induktiven Aufbaus des Pfades *alle* Knoten des Pfades erfüllt. – Betrachten wir einen
gemäß den Konstruktionsanweisungen von Figur 5 ange-
fertigten fertigen Baum, mit den Satzformen:

$$A_1, A_2, A_3, ..., A_m, \neg B$$

in den ersten m+1 Zeilen (also $M = \{A_1, A_2, ..., A_m\}$).
Voraussetzungsgemäß gibt es eine Interpretation J mit
$v_J(A_i) = W$ $(1 \le i \le m)$ und $v_J(\neg B) = W$. Zu zeigen ist, daß
es eine Interpretation gibt, die alle Satzformen in einem
fertigen Pfad erfüllt, der $A_1, A_2, A_3, ..., A_m, \neg B$ als Ausgangssatzformen hat. Der Beweis erfolgt mit Induktion
über den Aufbau des Pfades:

Induktionsbasis: Angenommen, der fertige Pfad enthält nur
M und $\neg B$. Dann gibt es nur *einen* von $A_1, A_2, A_3, ..., A_m$,
$\neg B$ ausgehenden Pfad, nämlich den, der aus genau diesen
Satzformen besteht. Aber voraussetzungsgemäß gibt es
eine Interpretation, die alle Satzformen erfüllt.

Induktionsschritt: Angenommen, der Pfad besteht aus n
Knoten $(n > m+1)$. Betrachte den n-ten Knoten dieses
Pfades. Laut *Induktionhypothese* gilt: Es gibt eine Interpretation J, die alle Satzformen im Pfad einschließlich des
n-ten Knotens erfüllt. Da jede mögliche Verlängerung eines
Pfades den Pfad entweder um einen oder um zwei Knoten
verlängert, *ist nun zu zeigen,* daß sich dieser Pfad um einen (bzw. um zwei) Knoten – den n+1-ten und u. U. den
n+2-ten Knoten – so verlängern läßt, daß es eine Interpretation J' gibt (eine Variante von J, die mit J identisch
sein kann), die den n+1-ten (und auch den n+2-ten) Knoten erfüllt. Nun gibt es elf verschiedene Möglichkeiten,
einen Pfad eines Feststellungsbaumes zu verlängern. Bei
Verlängerungen mit den Regeln 1, 4, 5 kommt es zu einer
Verzweigung des Pfades, bei den übrigen ist dies nicht der
Fall.

(1) Betrachten wir zunächst den Fall der *Verzweigung.*
Angenommen, eine der Regeln 1, 4, 5 ist auf einen Knoten

r (r<n oder r=n) im Pfad angewendet worden. Laut Induktionshypothese erfüllt eine Interpretation die Satzform am Knoten r. Dann muß gemäß der Definition der Bewertungsfunktion diese Interpretation mindestens einen der beiden Knoten erfüllen, die unseren Ausgangspfad verzweigen.

(2) Angenommen, es kam zu *keiner Verzweigung*. Dann gibt es zwei Möglichkeiten: (a) der Pfad ist um *zwei* Knoten verlängert worden; (b) der Pfad ist um *einen* Knoten verlängert worden.

ad (a): in diesem Fall ist entweder R 2 oder R 3 oder R 6 angewendet worden. Laut Induktionshypothese erfüllt eine Interpretation die Satzform am Knoten r, aus der wir die Knoten n+1 und n+2 erhalten haben. Aber wegen der Definition der Bewertungsfunktion erfüllt diese Interpretation auch die Knoten n+1 und n+2.

ad (b): hier kommen die Regeln 7 bis 11 in Betracht. Der Regel 7 entspricht die Verallgemeinerung der aussagenlogischen Äquivalenz (1) von S. 151. Den Regeln 8 und 9 lassen sich die logischen Äquivalenzen Ä 2 und Ä 3 von S. 181 zuordnen. So wird gewährleistet, daß die Satzform am Knoten n+1 von derselben Interpretation erfüllt wird wie die Satzform am Knoten r, die Prämisse der Regelanwendung war. – Was ist nun, wenn der Knoten n+1 (besetzt mit einer Satzform A) mittels R 10 aus dem Knoten r (= $\forall x \, A[\alpha/x]$) erhalten worden ist? Da J voraussetzungsgemäß $\forall x \, A[\alpha/x]$ erfüllt, erfüllt wegen der Definition der Bewertungsfunktion jede α-Variante von J, also auch J selbst, A. – Schließlich: wenn der Knoten n+1 (besetzt mit einer Satzform A) mittels R 11 aus dem Knoten r (= $\exists x \, A[\alpha/x]$) erhalten worden ist, erfüllt eine α-Variante

J' von J A, sofern J ∃x A[α/x] erfüllt. Letzteres ist aber durch die Induktionshypothese garantiert. ☐

(ii) Der Vollständigkeitssatz

Daß unsere Ableitungsmethode korrekt ist, ist nicht besonders überraschend. Die Ableitungsregeln sind ja bereits auf den ersten Blick in ihrer semantischen Motivation einsichtig, und es wäre eher überraschend, wenn die Methode nicht adäquat wäre. Daß die Ableitungsmethode aber vollständig ist, daß sie *alle* prädikatenlogischen Folgerungen umfaßt, ist weniger selbstverständlich. Zu zeigen ist hier:

(5)   Wenn B aus M prädikatenlogisch folgt, dann ist B aus M prädikatenlogisch ableitbar.

D. h., eigentlich ist zu zeigen:

(6)   Wenn M ∪ {¬B} widersprüchlich ist, dann gibt es eine Ableitung von B aus M.

Wenn es aber eine Ableitung von B aus M gibt, dann ist jeder Pfad eines von M und ¬B ausgehenden Satzformenbaumes geschlossen. D. h., wir müssen zeigen:

(7)   Wenn M ∪ {¬B} widersprüchlich ist, dann ist jeder Pfad des von M und ¬B ausgehenden fertigen Satzformenbaumes geschlossen.

Und das heißt – wegen Kontraposition – wieder nichts anderes als:

(8)   Wenn es einen fertigen Pfad in einem von M und ¬B ausgehenden Satzformenbaum gibt, dann gibt es eine Interpretation für M ∪ {¬B}.

Im folgenden werde ich nun nicht (8) selbst beweisen, sondern ich werde einen Satz beweisen, aus dem (8) logisch folgt, nämlich den Satz (C):

(C)   Wenn es einen fertigen Pfad in einem von M und
        ¬B ausgehenden Satzformenbaum gibt, dann
        gibt es eine Interpretation, die *alle* Satzformen in
        diesem Pfad erfüllt.

Offenbar folgt (8) aus (C). Wenn eine Interpretation nämlich alle in einem fertigen Pfad vorkommenden Satzformen
erfüllt, erfüllt sie insbesondere auch die m+1 ersten Satzformen des Pfades, nämlich die Satzformen aus M und die
Satzform ¬B.

Was sagt (C) nun eigentlich aus? Voraussetzungsgemäß
ist uns ein fertiger – und damit auch offener – Pfad vorgegeben. Das ist eine (endliche oder unendliche) Folge von
Satzformen, die den Bedingungen (1) – (12) für Hintikkamengen aus § 15 *(iii)* genügt, und in der dementsprechend
atomare oder negiert atomare Satzformen vorkommen.
Vorgegeben ist also eine Satzformenfolge, die allein in
syntaktischer Hinsicht spezifiziert ist. Behauptet wird, daß
diese rein syntaktisch charakterisierte Folge von Satzformen eine Interpretation besitzt. – Wie kann sich aber aus
dem Vorliegen bestimmter bloß syntaktischer Eigenschaften einer Folge von Satzformen ergeben, daß diese Folge
eine sie erfüllende Interpretation besitzt? Wie kann die
Tatsache, daß die Satzformenfolge gemäß den Konstruktionsanweisungen aufgebaut ist, garantieren, daß es eine
die Satzformen erfüllende Interpretation gibt?

Die Hauptgedanken des Beweises sind wie folgt: (a) ein
fertiger Pfad in einem fertigen Satzformenbaum enthält
atomare Satzformen bzw. negiert atomare Satzformen,
nicht aber atomare Satzformen zusammen mit ihren Negationen; (b) solche Mengen atomarer und negiert atomarer
Satzformen haben *immer* eine sie erfüllende Interpretation;

(c) die mit einer solchen Menge von Satzformen verbunde-ne Interpretation ist dergestalt, daß sie auch *alle* anderen Satzformen in einem fertigen Pfad erfüllt, nicht nur atoma-re und negiert atomare. (a), (b) und (c) zusammen garan-tieren dann, daß es für jeden fertigen Pfad eine Interpreta-tion gibt, in der alle im Pfad vorkommenden Satzformen wahr sind. – Daß (a) zutrifft, haben wir bereits im letzten Paragraphen (S. 237) gesehen. Im folgenden werden nun zwei Hilfssätze ("Lemmata") bewiesen. *Lemma 1* (woraus sich (b) ergibt) besagt, daß es zu jeder (auch unendlichen) Menge atomarer und negiert atomarer Satzformen (die nicht eine Satzform und ihre Negation enthält) eine sie erfüllende Interpretation J* gibt. *Lemma 2* (woraus sich (c) ergibt) besagt, daß, sofern Satzformen durch die Inter-pretation J* erfüllt werden, auch diejenigen eine sie erfül-lende Interpretation besitzen, aus denen erstere mittels Regelanwendung erhalten worden sind. Mittels beider Lemmata läßt sich dann (D) beweisen:

(D)   Wenn ein Pfad eines von M und ¬B ausgehen-den Satzformenbaumes fertig ist, dann legt die Menge atomarer und negiert atomarer Satzfor-men im Pfad eine Interpretation fest, die alle Satzformen im Pfad erfüllt.

Und aus (D) folgt dann sofort (C). Im folgenden sollen zuerst Lemma 1 und Lemma 2 bewiesen werden.

Lemma 1:
Zu jeder Menge atomarer und negiert atomarer Satzfor-men M, die nicht eine Satzform und ihre Negation enthält, gibt es eine sie erfüllende Interpretation J*.

Das Problem beim Beweis dieses Satzes ist, für *jede* Menge M, die den Voraussetzungen genügt, eine Interpretation zu finden, die M erfüllt, und für die sich dies auch nachweisen läßt. Der von dem Logiker Leon Henkin (geb. 1921) stammende Grundgedanke erscheint nun ganz einfach (wenn man ihn einmal nachvollzogen hat): Wir nehmen die gegebene Menge M selbst als Grundlage für die Interpretation J*. Das geht in folgender Weise: Als Individuenbereich der Interpretation ziehen wir die Gesamtheit der Individuenbuchstaben des syntaktischen Systems der Prädikatenlogik heran. Wir stipulieren des weiteren, daß die Relationen über diesem Individuenbereich durch die in den einzelnen atomaren Satzformen aus M vorkommenden Relationsbuchstaben festgelegt sind. Ein n-stelliger Relationsbuchstabe legt also zusammen mit zugehörigen Individuenbuchstaben eine Relation über dem Individuenbereich fest. Ist nun eine Satzform $R_m^n \alpha_1 \ldots \alpha_n \in M$, dann wird diese Satzform selbstverständlich in der Interpretation erfüllt. Im einzelnen gehen wir folgendermaßen vor:

Beweis von Lemma 1:

Sei M gegeben. Wir konstruieren die Interpretation J*:

(1) Der Individuenbereich von J* ist die Menge aller Individuenbuchstaben des syntaktischen Systems der Prädikatenlogik.

(2) Sofern $R^n \alpha_1 \alpha_2 \ldots \alpha_n \in M$,
gilt $\langle \alpha_1, \alpha_2, \ldots \alpha_n \rangle \in J^*(R^n)$;
sofern $R^n \alpha_1 \alpha_2 \ldots \alpha_n \notin M$,
gilt $\langle \alpha_1, \alpha_2, \ldots \alpha_n \rangle \notin J^*(R^n)$.

Sei nun $R^n \alpha_1 \ldots \alpha_n \in M$, dann gilt $v_{J^*}(R^n \alpha_1 \ldots \alpha_n) = W$; sei $\neg R^n \alpha_1 \ldots \alpha_n \in M$, dann wegen der Eigenschaften von M $R^n \alpha_1 \ldots \alpha_n \notin M$; dann gilt wegen der Definition von J*

$v_{J*}(R^n\alpha_1 \ldots \alpha_n) = F$; dann $v_{J*}(\neg R^n\alpha_1 \ldots \alpha_n) = W$ wegen der Definition der Bewertungsfunktion. Also gilt: J* erfüllt alle Satzformen aus M. ❑

Lemma 2:
Wenn die Interpretation J* *alle* Konklusionen einer Prämisse einer Regelanwendung in einem fertigen Pfad erfüllt, dann erfüllt sie auch die Prämisse.

Diese Behauptung läßt sich für alle Regeln bis auf R 10 ganz einfach nachweisen. Ich werde sie deshalb nur für R 10 beweisen. Zuvor aber eine Bemerkung, warum die Behauptung von Lemma 2 für R 10 nicht ganz so selbstverständlich ist, wie sie beim ersten Lesen erscheinen kann: Voraussetzungsgemäß ist R 10 auf einen Knoten im Pfad angewendet worden, voraussetzungsgemäß handelt es sich hierbei um einen fertigen Pfad. Das heißt aber: die Prämisse $\forall x\, A[\alpha/x]$ hat unendlich viele Konklusionen (wegen Bedingung (10) für fertige Pfade). Zu zeigen ist also, daß, wenn unsere Interpretation J* *alle* diese Konklusionen $A[a_i]$, für alle $i \in \mathbb{N}$, erfüllt, sie auch $\forall x\, A[a_i/x]$ erfüllt. – Nun ist es im Allgemeinen *nicht* der Fall, daß eine Interpretation, sofern sie alle Satzformen der Gestalt $A[a_i]$ erfüllt, auch $\forall x\, A[a_i/x]$ erfüllt. Dies können wir uns an folgender Interpretation J klar machen: Sei der Individuenbereich von J die Menge $R = \{1, 2, 3, 4\}$. Sei $J("R_1^1") = \{2, 4\}$; sei $J("a_1") = 2$ und $J(\alpha) = 4$, wo α für Individuenbuchstaben mit einem Index größer 1 steht. In diesem Fall gilt: $v_J("R_1^1 a_1") = W$ und dementsprechend für alle Individuenbuchstaben a_i, mit $i \in \mathbb{N}$, aber *dennoch* $v_J("\forall x_1\, R_1^1 x_1")$ $= F$, da es etwa folgende "a_1"-Variante J' von J gibt:

$J'("a_1") = 3 \in R$, ansonsten klarerweise J' wie J. Deshalb gilt: $v_{J'}("R_1^1 a_1") = F$, da $3 \notin J("R_1^1")$. – Daß die hier zu beweisende Behauptung gilt, muß somit von einer Eigenart unserer Interpretation J^* abhängen. Diese Eigenart ist, daß J^* mit den Individuenbuchstaben *alle* Elemente des Individuenbereichs erfaßt. Das ist natürlich nur möglich, wenn der Individuenbereich der Interpretation nicht zu groß ist: er darf nicht mehr Elemente enthalten, als es natürliche Zahlen gibt. Da der Individuenbereich von J^* aber genausoviele Elemente enthält, wie es natürliche Zahlen gibt (denn die Menge der Individuenbuchstaben ist unendlich und läßt sich mit natürlichen Zahlen abzählen), ist es möglich, mit den Individuenbuchstaben *alle* Elemente des Individuenbereichs zu erfassen.

Beweis von Lemma 2 für R 10:

Sei α ein Individuenbuchstabe. Sei $\forall x \, A[\alpha/x]$ die Prämisse der Regelanwendung von R 10. Seien $A["a_1"]$, $A["a_2"]$, … die Konklusionen der Regelanwendungen. Voraussetzungsgemäß gilt: $J^*(A[\alpha]) = W$ für alle Individuenbuchstaben. *Zu zeigen ist:* für alle α-Varianten $J^{*'}$ von J^* gilt: $v_{J^{*'}}(A[\alpha]) = W$. In diesem Fall folgt wegen der Definition der Bewertungsfunktion sofort: $v_{J^*}(\forall x \, A[\alpha/x]) = W$. Sei etwa $\alpha = a_1$. Sei nun $v_{J^*}(A["a_1"]) = W$. Zu *zeigen* ist dann: für alle "a_1"-Varianten $J^{*'}$ von J^* gilt: $v_{J^{*'}}(A["a_1"]) = W$. Sei nun $J^{*'}(a_1) = a_j$, a_j beliebig aus dem Individuenbereich. Wegen Definition von J^* gilt: $J^*(a_j) = a_j$. Voraussetzungsgemäß $v_{J^*}(A[a_j]) = W$. Wegen Definition von $J^{*'}$ gilt: $J^{*'}(a_1) = J^*(a_j) = a_j$. $J^{*'}$ ist eine a_j-Variante von J^*. Somit sind alle Voraussetzungen des Überführungssatzes (siehe § 12 *(iii)*, S. 183-185) erfüllt. Also folgt sofort: $v_{J^{*'}}(A["a_1"]) = W$. Aber genau das war zu zeigen. ❏

Jetzt können wir (D) beweisen:

(D)   Wenn ein Pfad eines von M und ¬B ausgehenden Satzformenbaumes fertig ist, dann legt die Menge atomarer und negiert atomarer Satzformen im Pfad eine Interpretation fest, die alle Satzformen im Pfad erfüllt.

Beweis: Wir nehmen an, daß (D) falsch ist, und leiten einen Widerspruch zu Lemma 1 ab.

Es gebe somit in einem von M und ¬B ausgehenden Satzformenbaum einen fertigen Pfad, in dem für die zur Menge atomarer und negiert atomarer Satzformen gehörige Interpretation J* gilt: es gibt wenigstens eine Satzform C im Pfad, wo $v_{J*}(C) = F$. – Aus Lemma 2 folgt nun wegen Kontraposition: Wenn eine Prämisse einer Regelanwendung in J* falsch ist, dann ist auch eine der Konklusionen der Regelanwendung in J* falsch. Annahme war, daß J* die Satzform C nicht erfüllt. Nunmehr: entweder ist C atomar bzw. negiert atomar oder C ist Prämisse einer Regelanwendung. Falls ersteres zutrifft, erfüllt J* eine atomare bzw. negiert atomare Satzform nicht. Dies widerspricht aber Lemma 1. Falls das zweite zutrifft, erfüllt J* die Konklusion K der Regelanwendung nicht. Nunmehr: entweder K ist atomar bzw. negiert atomar oder K ist wieder Prämisse einer Regelanwendung. Im ersten Fall haben wir wieder einen Widerspruch zu Lemma 1. Ist jedoch das zweite der Fall, dann muß auch die Konklusion von K in J* falsch sein. Wir wiederholen diese Überlegung. Nach mehrfachen, aber nur endlich vielen Wiederholungen desselben Argumentes kommen wir zu atomaren bzw. negiert atomaren Konklusionen der Regelanwendungen. Aber

diese atomare bzw. negiert atomare Konklusion muß in J*
falsch sein. Und das widerspricht Lemma 1. □

Mit dem Beweis der Behauptung D ist der Beweis des
Vollständigkeitssatzes abgeschlossen.

VI. Abschliessende Bemerkungen

Mit Abschluß von § 16 ist das in § 4 aufgestellte Programm ausgeführt. Um zur Formulierung dieses Programms zu gelangen, habe ich in Kapitel I terminologische Entscheidungen getroffen und inhaltliche Positionen bezogen, die von einem fortgeschritteneren Standpunkt aus des Kommentars bedürfen. Dieser Kommentar ist Inhalt von § 17. – Natürlich ist mit der Durchführung des in § 4 aufgestellten Programms der Inhalt der Logik nicht erschöpft, und es gibt zahlreiche Problemgebiete, die in dem vorliegenden Buch nicht berücksichtigt werden konnten. In § 18 will ich einige solcher Problemgebiete aufzählen und dabei auch weiterführende Literaturhinweise geben.

§ 17: Nochmals: Argumente und Fragestellungen der Logik

In § 1 hatte ich ein Argument als Menge von Sätzen charakterisiert, der eine Menge von Satzäußerungen entspricht, in welcher für einen Satz der Anspruch erhoben wird, er ergebe sich aus den anderen Sätzen mit Notwendigkeit. Diese Charakterisierung bestimmt Argumente als

Mengen von Sätzen einer Sprache, nimmt aber außerdem auf Äußerungshandlungen der Sprecher (oder Schreiber) und ihre Absichten Bezug. Die Art von Handlung, um die es hier geht, können wir *Argumentieren* nennen – es ist das Hervorbringen von Sätzen einer Sprache verbunden mit dem Anspruch, also der Überzeugung, die Konklusion folge aus den Prämissen. Sprechhandlungen dieser Art können verschiedenen Zwecken dienen: andere zu überzeugen, logische Zusammenhänge aufzuweisen usw. Wir können nun ein *Argument* genauer als ein geordnetes Paar <M, A> charakterisieren, dessen erste Komponente eine Folge $M = <S_1, ..., S_{n-1}, S_n>$ von Sätzen einer Sprache ist, und dessen zweite Komponente eine Art von Aktivität A ist, nämlich der Hervorbringung von M, die seitens der hervorbringenden Person mit der Überzeugung verbunden ist, zwischen $\{S_1, ..., S_{n-1}\}$ und S_n liege logische Folgerung vor. Die Analyse, die ich hier gebe, ist inspiriert durch P. Achinsteins Charakterisierung von Erklärungen als geordneten Paaren von Propositionen und Handlungstyp (vgl. P. Achinstein: *The Nature of Explanation*, Oxford 1983).

Eine Gruppe von *Sätzen*, zwischen denen logische Folgerung vorliegt, ist demnach für sich genommen kein Argument. Auch wenn zwischen von einer Person geäußerten Sätzen logische Folgerung vorliegt, ohne daß die Person den Anspruch erhebt, logische Folgerung liege vor, handelt es sich noch nicht um ein Argument. Die Bezugnahme auf Äußerungshandlungen und auf die mit ihnen verbundene Überzeugung, logische Folgerung liege vor, scheint wesentlich dafür zu sein, daß wir etwas "Argument" oder "Schluß" nennen. – Die mit dem Hervorbringen der Satzmenge verbundene Überzeugung, logische Folgerung liege vor, ist häufig erkennbar aus der Verwendung von Wörtern wie "also", "deswegen" u. ä. in der Konklusion von Argumenten. Diese Wörter beziehen sich auf Vorkommnisse von Prämissen, ihre Inschriften oder Äußerungen, nicht auf Sätze. Und selbst wenn solche Wörter nicht verwendet werden, sollte auf irgendeine Weise kenntlich gemacht sein, ob eine Menge von Sätzen als Argument betrachtet werden soll, etwa durch die Art des Vortrages bei der mündlichen Äußerung oder durch die typographische Gestaltung in der Niederschrift.

Die obige Charakterisierung von Argumenten ist mit einer Entscheidung darüber verbunden, zwischen welcher Art von Dingen die Beziehung der logischen Folgerung besteht. Diese Entscheidung lautet: Es sind *Sätze einer Sprache*, zwischen denen logische Folgerung vorliegen kann. Alternativ zum hier gewählten Vorgehen kann logische Folgerung als Beziehung zwischen von Sätzen ausgedrückten *Inhalten* (von sogenannten *Propositionen*) bestimmt werden. Um die Entscheidung für Sätze (und gegen Propositionen) aufrechterhalten zu können, habe ich in § 5 das Prinzip der Kontextinvarianz herangezogen, das solche Sätze von der Betrachtung ausschließt, die in verschiedenen Kontexten *verschiedene* Inhalte ausdrücken. Eine allgemeine Behandlung der Problematik würde natürlich auch eine Analyse der Sprachverwendung erfordern, die das Kontextinvarianzprinzip verletzt, so die Verwendung von Ausdrücken wie "hier", "heute", "jetzt". Als Gegenstände, zwischen denen Folgerung vorliegt, wäre für diesen Fall vielleicht an Sätze zu denken, die kombiniert werden mit den Bedeutungsregeln für solche Ausdrücke, die in unterschiedlichen Kontexten Verschiedenes bezeichnen (siehe hierzu

D. Kaplan: *On the Logic of Demonstratives*, *Journal of Philosophical Logic*, 8, 1978, 81-98). Zur Begründung des hier gewählten Vorgehens, Folgerung als Beziehung zwischen Sätzen zu bestimmen, möchte ich zwei Überlegungen anführen:

(a) Der Inhalt eines Satzes S oder die durch S ausgedrückte Proposition wird vielfach als das betrachtet, was alle mit S logisch äquivalenten Sätze ausdrücken. Wenn Inhalt oder Proposition auf eine solche Weise definiert wird, dann ist der Begriff der logischen Äquivalenz zwischen Sätzen – und damit der der logischen Folgerung zwischen Sätzen – offenbar vorausgesetzt. Bevor also von Folgerung zwischen Inhalten und Propositionen gehandelt werden kann, sollte Folgerung zwischen Sätzen bereits bestimmt sein.

(b) Es scheint, daß wir Ableitungen, insbesondere auch mathematische Beweise, in einer Sprache durchführen. Wir 'hantieren' mit sprachlichen Entitäten, um festzustellen, ob Folgerung vorliegt. Ableitungen scheinen also auf sprachliche Entitäten bezogen zu sein, unter anderen auf Sätze einer Sprache. Würde nun Folgerung als Beziehung zwischen Inhalten oder Propositionen betrachtet, Ableitung dagegen als eine Beziehung zwischen Sätzen einer Sprache, dann erforderte dies eine Uminterpretation der Korrektheits- und Vollständigkeitssätze für logische Systeme. Es wäre nicht mehr verständlich, wie Ableitbarkeit und Folgerung einander entsprechen können. Wenn aber Ableitbarkeit zwischen Sätzen vorliegt, und wenn das Ableitungssystem korrekt und vollständig ist, dann muß logische Folgerung auch zwischen Satzformen und damit letztlich zwischen Sätzen vorliegen.

Diese Überlegungen sollen nicht ausschließen, Folgerung auch als Beziehung zwischen Propositionen zu definieren; sie sollen nur rechtfertigen, warum es sinnvoll ist, Folgerung als Beziehung zwischen Sätzen zu bestimmen.

Die hier gewählte Charakterisierung von Argumenten nimmt wesentlich auf *logische Folgerung* Bezug. Deshalb sind andere Dinge, die oft auch als "Argument" bezeichnet werden, gar nicht ins Blickfeld gekommen. Ich habe insbesondere nur solche Argumente betrachtet, die man im Allgemeinen als *deduktive Argumente* bezeichnet, also solche, in denen zwischen Prämissen und Konklusion logische Folgerung vorliegt. Von deduktiven Argumenten werden oft Argumente unterschieden, in denen zwar keine logische Folgerung vorliegt, in denen die Prämissen der Konklusion aber eine gewisse *Plausibilität* oder *Glaubwürdigkeit* verleihen sollen. Die Beziehung zwischen Prämissen und Konklusion nennt man in diesem Fall *induktiv*. Derartige Argumente bezeichnet man vielfach als "induktive Argumente", und sie sind Gegenstand der sogenannten *induktiven Logik*. Die induktive Logik fragt unter anderem auch nach den Beziehungen, die zwischen einer allgemeinen Aussage und den sie bestätigenden Instanzen bestehen. Sie versucht die Beziehung zwischen Prämissen und Konklusion im induktiven Argument unter Rückgriff auf einen Begriff der *Wahrscheinlichkeit* zu beschreiben. Logiklehrbücher bis zum Anfang des 20. Jahrhunderts waren in höherem Maße erkenntnistheoretisch und methodologisch orientiert als die heutigen. Deshalb behandelten sie sowohl deduktive wie auch induktive Argumente und viele Fragen, die wir heute der Wissenschaftstheorie zurechnen. – Zur Einführung in die induktive Logik nenne ich zwei Texte: Carnap, R. und Stegmüller, W.: *Induktive Logik und Wahrscheinlichkeit*, Wien 1958; und Salmon, W.: *The Foundations of Scientific Inference*, Pittsburgh 1967. – Zu beachten ist, daß das Beweisverfahren der mathematischen Induktion (siehe oben § 9 *(ii)*) *deduktiven* Charakter hat. Induktion in diesem Sinne hat also nichts mit induktiver Logik zu tun.

In § 1 wurde kurz die Frage berührt, wann Argumente im Sinne der obigen Charakterisierung 'gut' sind. Falls ein Argument 'gut' sei, sagte ich, folge die Konklusion aus den Prämissen. Offenbar reicht dafür, daß ein Argument 'gut' ist, nicht aus, daß die Konklusion aus den Prämissen logisch folgt. Das ersehen wir aus folgendem Beispiel:

> Einer staatlichen Gemeinschaft nützt es, wenn die Individuen die Freiheit haben, ihre Meinungen auszudrücken. Deshalb ist für die Interessen eines Staates die Meinungsfreiheit von Vorteil.

Hier scheint ein 'schlechtes' Argument vorzuliegen. Die Begründung der Konklusion rekurriert auf einen mit der Konklusion sehr ähnlichen Satz, der dasselbe behauptet. Argumente dieser Art nennt man *zirkulär*. Wer ein solches Argument vorbringt, begeht eine *petitio principii*. In der englischen Sprache sagt man dafür "begging the question". Solche Argumente sind aber gültig: Die Konklusion folgt logisch aus den Prämissen. Eine der Prämissen und die Konklusion sind identisch bzw. besagen dasselbe. Eine Person, die ein solches Argument vorbringt, sagt uns jedoch nur Bekanntes und ist in eklatanter Weise uninformativ. Deswegen ist es kein 'gutes' Argument. – Die Bedingungen, die Argumentationen – neben der Gültigkeit – erfüllen müssen, um als 'gut' oder 'rational' gelten zu können, sind Gegenstand eigener Untersuchungen, einer eigenen *Argumentationstheorie*. Grundlagenprobleme dieser Disziplin erläutert R. Hegselmann in Teil I von *Formale Dialektik. Beiträge zu einer Theorie rationalen Argumentierens*, Hamburg 1986. Ch. Lumer: *Praktische Argumentationstheorie*, Berlin 1991, gibt eine ausführliche Behandlung des Gebiets. – Man beachte, daß die Untersuchung der Frage nach der 'Güte' von Argumenten, also die Theorie der rationalen Argumentation, im vorliegenden Text nicht zur Logik gezählt wird.

Kurz zur Verwendung des Wortes "Logik". Dieses Wort leitet sich von dem altgriechischen Wort *logos* her, das ein sehr breites Anwendungsfeld hatte und unter anderem in den Bedeutungen von "Rede" und "Vernunft" gebraucht wurde. In § 2 bin ich auf unterschiedliche Verwendungen des Wortes "Logik" eingegangen und auf unterschiedliche Fragestellungen, deren Untersuchung als "Logik" bezeichnet wird. Ich erwähnte dort drei Verwendungen: (a) "Logik" für die Theorie der rationalen Argumentation; (b) "Logik" für die Theorie der wissenschaftlichen Methode; und (c) "Logik" für die Untersuchung der Beziehung der logischen Folgerung. (a) und (b) betreffen *Prozesse*, und für beide trifft zu, was H. A. Simon über die Verwendung des Wortes "logisch" im Zusammenhang mit Prozessen sagt: "Gewöhnlich nennen wir einen Prozeß 'logisch', wenn er Normen genügt, die wir für ihn aufgestellt haben; und diese Normen leiten sich von unserem Interesse dafür her, daß der Prozeß wirkungsvoll oder effizient ist für das Erreichen des Zweckes, für den er durchgeführt wird. Eine Logik der wissenschaftlichen Methode ist dementsprechend eine Menge normativer Standards, die für die Beurteilung der Prozesse der Theorienentdeckung und der Theorienüberprüfung ... verwendet werden" (H. A. Simon: *Does Scientific Discovery Have a Logic?*, *Philosophy of Science* 40, 1973, S. 473). In Anwendung auf (c) betrifft "Logik" eine Theorie abstrakter Beziehungen zwischen Sätzen und hat unmittelbar mit Prozessen nichts zu tun. Neben den Verwendungen des Wortes "Logik" im Sinne von (a), (b) und (c) können wir gelegentlich noch andere antreffen. So sprechen manche von einer 'Logik der Dichtung' (siehe K. Hamburger: *Logik der Dichtung*, Stuttgart 1957) und meinen damit eine philosophische Untersuchung der in der Dichtung gebrauchten Sprache. Manche sprechen von der 'Logik der Genese' einer Institution und meinen damit die Gesetzmäßigkeiten, denen die Entstehung der Institution unterworfen ist. Häufig sagt man auch in der Umgangssprache über eine Behauptung: "das ist logisch" und meint damit nur, daß diese Behauptung offensichtlich ist oder allgemein bekannt. Diese zuletzt aufgeführten Verwendungen haben eher metaphorischen Charakter und unterscheiden sich 'logischerweise' von (a), (b), wie auch von (c). – Wenn es um die Frage (c) geht, spricht man anstatt bloß von "Logik" oft auch von *formaler Logik* oder *symbolischer Logik*. Mit diesen Ausdrucksweisen wird betont, daß die Untersuchung von logischer Folgerung die Form von Sätzen in den Mittelpunkt der Betrachtung stellt bzw. mathematische Symbole verwendet. Ein anderer oft gebrauchter Ausdruck ist *mathematische Logik*. Mit ihm will man wohl darauf hinweisen, daß sich die Untersuchung der logischen Folgerung auf mathematische Theorien und Argumentationen bezieht, wie auch darauf, daß sich die Untersuchung mathematischer Mittel bedient und die Verbindung der Logik mit der natürlichen Sprache sowie mit philosophischen Problemen ausblendet. Im allgemeinen sind Bücher mit dem Ausdruck "mathematische Logik" im Titel fortgeschrittener und mathematisch anspruchsvoller als solche über formale oder symbolische Logik.

§ 18: Zum weiteren Studium der Logik

Es folgen Hinweise auf einige Problemgebiete, die im vorliegenden Text nicht berücksichtigt werden konnten.

(A) *Zur Geschichte der Logik.* In diesem Buch habe ich mich auf die Art Logik konzentriert, die seit Anfang des 20. Jahrhunderts vor allem durch Gottlob Frege (1848 – 1925) und Bertrand Russell (1872 – 1970) geläufig geworden ist. Bis ins späte 19. Jahrhundert war die Logik in wesentlichen Hinsichten auf die von Aristoteles in den *Analytica Priora* geschaffene logische Theorie beschränkt. Erst am Ende des 19. Jahrhunderts kam insbesondere durch Gottlob Frege eine neue Sichtweise zum Durchbruch, die u. a. eine zuvor nicht mögliche einheitliche Behandlung von Aussagen- und Prädikatenlogik mit sich brachte. Freges Buch *Begriffsschrift*, Halle 1879 (Neudruck: Darmstadt 1974) und das Werk von A. N. Whitehead und B. Russell: *Principia Mathematica, I - III*, Cambridge 1910-13, enthalten das neue logische System, das oft – insbesondere in der ersten Hälfte des 20. Jahrhunderts – als "Logistik" bezeichnet wurde. Dieser manchmal auch in polemischer Absicht verwendete Ausdruck ist in der letzten Zeit aber außer Gebrauch gekommen. – In diesem Buch habe ich völlig von einer Diskussion der *Geschichte* der Logik und aus ihr resultierender Probleme abgesehen. So stellt sich etwa das Problem zu beurteilen, was Aristoteles' Logik, die sogenannte *Syllogistik*, geleistet hat. Diese Fragestellung ist im 20. Jahrhundert in vielfältiger Weise diskutiert worden. Eine Darstellung von hier erhaltenen Resultaten gibt P. Thom: *The Syllogism*, München 1984. Die Syllogistik untersucht Schlußfiguren aus zwei Prämissen und einer Konklusion mit den Quantitätszeichen "alle", "einige", "keine", "nicht alle". Sie ist ein logisches System, das vielfältige Beziehungen zur Prädikatenlogik aufweist. Im Kontrast dazu steht ein anderer Zweig der Logik der Antike, die *Logik der Stoiker*, entwickelt vor allem von Chrysipp (um 280 v. Chr. – um 206 v. Chr.). Diese Logik ist eine Aussagenlogik, die vor allem Probleme, die mit dem Konditional "wenn ----, dann ===" verbunden sind, zum Gegenstand macht. – Einen wertvollen Überblick über die Geschichte der Logik gibt das Buch von W. und M. Kneale: *The Development of Logic*, Oxford 1962. Die Entwicklung der Logik in der Neuzeit ist das Thema des Buches von W. Risse: *Die Logik der Neuzeit*, 2 Bde., Stuttgart/Bad Canstatt 1964 und 1970. Einen Überblick über die Entwicklung der Logik von 1930 bis 1964 gibt A. Mostowski: *Thirty Years of Foundational Studies. Lectures on the development of mathematical logic and the study of the foundations of mathematics in 1930 – 1964* (= Acta

Philosophica Fennica 17), Oxford 1966. Für die Entwicklung der Logik in diesem Jahrhundert empfehlen sich die Quellenwerke von J. Van Heijenoort (Hrsg.): *From Frege to Gödel*, Cambridge/Mass. 1967, sowie von K. Berka und L. Kreiser (Hrsg.): *Logik-Texte*, 4. erw. Auflage, Berlin 1986.

(B) *Prädikatenlogik mit Identität und Funktionszeichen.* Im vorliegenden Text wurden einige sprachliche Audrücke, die in der logischen Grammatik von großer Bedeutung sind, nicht betrachtet: so die Ausdrücke für die Bezeichnung der Identitätsbeziehung und Ausdrücke für die Bezeichnung von Funktionen. Die Beziehung der *Identität* oder *Gleichheit* wird etwa in folgenden Sätzen ausgedrückt:

(1) Der Abendstern ist identisch mit dem Morgenstern.

(2) Der Abendstern ist der Morgenstern.

(3) Abendstern und Morgenstern sind dasselbe.

(4) Der Sieger von Solferino ist der Verlierer von Waterloo.

(5) 5 + 2 ist gleich 7.

(6) Der unmittelbare Nachfolger von 2 ist gleich der Quadratwurzel aus 9.

In (4), (5) und (6) kommen auch Ausdrücke für Funktionen und ihre Werte vor. In (5) bezeichnet das Zeichen "+" die Additionsfunktion, der Ausdruck "5 + 2" das Resultat der Anwendung der Additionsfunktion auf 5 und 2. In (6) wird auf die Nachfolgerfunktion und die Quadratwurzelfunktion und auf Werte der Anwendung dieser Funktionen

Bezug genommen. In (4) stehen "Sieger von" bzw. "Verlierer von" für die 'Funktionen' des Sieger–von–==–Seins bzw. des Verlierer–von–==–Seins. – Ausdrücke für Identität oder Gleichheit wurden in dem hier dargestellten syntaktischen System der Prädikatenlogik nicht berücksichtigt. Ebensowenig wurden spezielle Ausdrucksmittel für die Bezeichnung von Funktionen in das Vokabular der Prädikatenlogik aufgenommen. In diesem Buch wurde die *Prädikatenlogik ohne Identität und Funktionszeichen* entwickelt. Das syntaktische System, die Semantik und das Ableitungssystem der Prädikatenlogik ohne Identität und Funktionszeichen lassen sich jedoch in diese Richtung erweitern, ohne daß wesentliche Änderungen vorgenommen werden müssen. Insbesondere gilt, daß es auch für die *Prädikatenlogik mit Identität und Funktionszeichen* korrekte und vollständige Ableitungssysteme gibt. Ich habe auf die Einbeziehung von Identität und Funktionszeichen verzichtet, da es mir darum ging, wesentliche Gedanken der Logik ohne zu großen formalen Aufwand darzustellen. Die Behandlung der Prädikatenlogik mit Identität und Funktionszeichen findet sich in allen fortgeschritteneren Logiklehrbüchern (siehe unten (Q)).

(C) *Logische Kalküle.* Ich möchte daran erinnern, daß wir im vorliegenden Text nur *ein* Verfahren der Folgerungsfeststellung kennengelernt haben, den Baumkalkül, der in der hier dargestellten Form von dem amerikanischen Logiker und Philosophen R. C. Jeffrey (*Formal Logic. Its Scope and Limits*, New York usw. 1967; 2. Aufl. 1981) stammt und sich von einem ähnlichen System in R. M. Smullyan: *First-Order Logic*, New York 1968, herleitet. Der Jeffrey-

Smullyan-Kalkül ist ein Hybrid aus der Methode der semantischen Tableaus des Niederländers E. W. Beth (*Semantic Entailment and Formal Derivability*, Amsterdam 1955; wiederabgedruckt in: J. Hintikka (Hrsg.): *The Philosophy of Mathematics*, London 1969, S. 9-41) und einem Baumkalkül, den der Finne J. Hintikka entwickelt hat (*A New Approach to Sentential Logic* (= Societas Scientorum Fennica. Commentationes physico-mathematicae, vol. 17, no. 2), Helsinki 1953; *Two Papers on Symbolic Logic: Form and Content in Quantification Theory* and *Reductions in the Theory of Types* (= Acta Philosophica Fennica, Fasc. 8), Helsinki 1955). Das hier dargestellte Baumverfahren gehört zu einer Reihe von Folgerungsfeststellungsverfahren, die ausschließlich aus *Regeln* der Ableitung bestehen. Außer solchen Ableitungssystemen, die nur aus Regeln bestehen, gibt es solche, die neben Regeln bestimmte ausgezeichnete Satzformen verwenden, sogenannte *logische Axiome*. Ableitungsverfahren beider Art, sowohl die, die logische Axiome und geeignete Regeln verwenden, wie auch die, die bloß aus Regeln bestehen, werden oft *logische Kalküle* genannt. Ein fortgeschritteneres Studium der Logik wird sich natürlich mit diesen verschiedenen Ableitungssystemen oder Kalkülen und den Beziehungen zwischen ihnen befassen. Eine gute Darstellung verschiedener solcher Systeme und der Beziehungen zwischen ihnen findet sich etwa in R. Kleinknecht u. E. Wüst: *Lehrbuch der elementaren Logik*, 2 Bde., München 1976, Kap. 1.3, 1.4, 2.3 und 2.5. Eine neuere Ableitungsmethode, die bei Beweisverfahren in der Informatik verwendet wird, ist der sogenannte Resolutionskalkül, der in an Informatiker gerichteten Logiklehrbüchern dargestellt wird, so etwa in C.-L. Chang und

R. C.-T. Lee, *Symbolic Logic and Mechanical Theorem Proving*, New York 1973.

(D) *Grenzen der formalen Logik*. In § 15 habe ich darauf aufmerksam gemacht, daß die Prädikatenlogik *unentscheidbar* ist. D. h., formalisierte Folgerungsfeststellungsverfahren für die Prädikatenlogik führen nach endlich vielen Schritten nicht immer zu einem Resultat. Ein weiterführendes Studium der Logik hat sich dieser Problematik zuzuwenden. Hier unterblieb dies, weil eine Beschäftigung mit der sogenannten *Entscheidbarkeitsproblematik* mathematische Mittel erfordert, die über die im vorliegenden Text verwendeten hinausgehen, insbesondere elementare Kenntnisse der Theorie der rekursiven Funktionen. – Im vorliegenden Text unterblieb auch die Diskussion der logischen Eigenschaften von sogenannten *formalen Theorien*, d. h. von Satzformenmengen, die alle ihre logischen Folgerungen enthalten (also *deduktiv geschlossen* sind). In diesem Zusammenhang stellt sich als wichtige Frage, ob eine solche Theorie eine Zusammenfassung in endlich vielen Sätzen erlaubt, ob sie also in diesem Sinne *axiomatisierbar* ist oder nicht, bzw. ob sich die Menge der Satzformen einer formalen Theorie auf andere Weise mit endlich vielen Wörtern spezifizieren läßt oder nicht. Ein klassisches Forschungsgebiet sind verschiedene formalisierte Untertheorien der Arithmetik. Ein wichtiges Resultat, das hier erzielt wurde, ist der *Satz der Unvollständigkeit der Arithmetik* (von Kurt Gödel im Jahre 1931 bewiesen). Er besagt, daß die Menge aller wahren arithmetischen Sätze nicht axiomatisierbar ist. Dieses Resultat steht in engem Zusammenhang mit der *Unentscheidbarkeit der Prädikatenlogik* (die meistens zusammen mit der Unvollständigkeit der Arithmetik dargestellt wird), wie auch mit Tarskis Satz der *Undefinierbarkeit arithmetischer Wahrheit*. Dieser Satz besagt, daß arithmetische Wahrheit nicht mit den Mitteln der Arithmetik definiert werden kann. – Gute einführende Texte in diese Probleme sind W. Ackermann: *Solvable Cases of the Decision Problem*, Amsterdam 1954, Nachdruck 1962; G. Boolos und R. C. Jeffrey: *Computability and Logic*, 3. Aufl. New York 1989; H. Hermes: *Aufzählbarkeit, Entscheidbarkeit und Berechenbarkeit*, Berlin/Heidelberg/New York, 3. Aufl. 1978; A. Tarski, A. Mostowski und R. M. Robinson: *Undecidable Theories*, Amsterdam 1953, Nachdruck 1974. Klassische Aufsätze zur Unvollständigkeit und Unentscheidbarkeitsproblematik sind in M. D. Davis (Hrsg.): *The Undecidable. Basic Papers on Undecidable Propositions, Unsolvable Problems, and Computable Functions*, New York 1965, wiederabgedruckt. Eine gute intuitive Darstellung der Gödelschen Resultate bieten E. Nagel und J. R. Neumann in *Der Gödelsche Beweis*, München, 4. unv. Aufl. 1987.

(E) *Die Komplexität prinzipiell lösbarer Probleme.* Die Unvollständigkeit der Arithmetik sowie die Unentscheidbarkeit der Prädikatenlogik sind *prinzipielle* Beschränkungen der Möglichkeit des formalen Beweisens und des Ableitens in bestimmten Kalkülen. Neben diesen prinzipiellen Beschränkungen gibt es aber auch *praktische*. Solche praktischen Beschränkungen sind Gegenstand der Theorie der Berechnungskomplexität. Dort untersucht man, ob und inwiefern Probleme, die zwar prinzipiell lösbar sind, aufgrund der Knappheit von Rechenzeit und Speicherkapazität ungelöst bleiben müssen. Eine Antwort auf derartige Probleme zu finden, erfordert einen von uns nicht zu erbringenden Aufwand. Einige Probleme etwa ließen sich nur lösen, hätten wir bereits zur Zeit des Urknalls mit ihrer Berechnung begonnen. In diese Thematik führt das Buch von M. Garey und D. S. Johnson ein: *Computers and Intractibility. A Guide to the Theory of NP-Completeness*, New York 1979.

(F) *Definitionstheorie.* Für den Aufbau formaler Theorien (wie in (D) erläutert) hat schon seit je her die Unterscheidung zwischen *definierten* Ausdrücken und nicht–definierten, *primitiven* Ausdrücken eine große Rolle gespielt. Bei der Untersuchung der Beziehungen zwischen formalen Theorien hat man sich für die Beziehung interessiert, die zwischen zwei Theorien besteht, wenn die eine Theorie Ausdrücke enthält, die in der anderen Theorie nicht vorkommen, sich aber mittels Ausdrücken aus der anderen Theorie *definieren* lassen. Man fragt insbesondere nach den Bedingungen, denen Sätze genügen müssen, die solche Definitionen einführen. Ein ausgezeichnete und gleichzeitig elementare Darstellung dieser Problematik findet sich in P. Suppes: *Introduction to Logic*, Princeton/Toronto/London 1957. Elementar und gut lesbar ist E. von Savigny: *Grundkurs im wissenschaftlichen Definieren*, München 1970. Eine umfassende Behandlung gibt R. Kleinknecht: *Grundlagen der modernen Definitionstheorie*, Königstein 1979.

(G) *Modelltheorie.* Theorien im Sinne von (D) sind auch in semantischer Hinsicht zum Gegenstand von Analysen geworden. Von besonderer Wichtigkeit ist in diesem Zusammenhang die Frage, ob die rein syntaktische Gestalt von Satzformen irgendwelche Aufschlüsse darüber zuläßt, *wieviele* Elemente sich in Modellen befinden, also in den Individuenbereichen, die solche Satzformen erfüllen. Hierbei fragt man insbesondere, ob formale Theorien mittels ihrer syntaktischen Gestalt zwischen verschiedenen *unendlichen* Anzahlen der Individuenbereiche unterscheiden können. Man diskutiert außerdem die Frage, wie Individuenbereiche, die unterschiedliche Theorien erfüllen, aufeinander bezogen sind, also etwa, ob Modelle einer Theorie T_1 auch Modelle einer anderen Theorie T_2 sind oder nicht. Ein Buch, das mit dieser Art von Problemen bekannt macht, ist *Models and Ultraproducts* von J. L. Bell und A. B. Slomson, London/New York 1971. Das Standardwerk ist *Model Theory* von Ch. Chang und H. J. Keisler, 3. Aufl., Amsterdam/New York/London 1990.

(H) *Typentheorie*. Es mag aufgefallen sein, daß das hier eingeführte syntaktische System der Prädikatenlogik Quantoren nur in Verbindung mit Individuenvariablen zuläßt. In § 6 wurden natürlich-sprachliche Redeweisen nicht betrachtet, in denen Quantitätszeichen zusammen mit Prädikatausdrücken vorkommen. Auch die Tatsache, daß bisweilen Prädikatausdrücke auf Relationen und Eigenschaften angewendet werden, blieb außerhalb des Blickfeldes. Dementsprechend blieben logische Folgerungsbeziehungen unberücksichtigt, die solche Redeweisen involvieren, wie etwa die folgende:

Marilyn Monroe war schön und Greta Garbo war schön.

Also *gibt es mindestens eine Eigenschaft*, die Marilyn Monroe und Greta Garbo gemeinsam hatten.

Ein syntaktisches System, das Argumente dieser Art berücksichtigt, muß außer Individuenvariablen auch Prädikatvariablen aufweisen und die Verbindung von Quantoren mit Prädikatvariablen zulassen. Auf der Grundlage eines solchen syntaktischen Systems erhält man eine *Logik zweiter Stufe*. Läßt man nun ganz allgemein zu, daß Eigenschaften und Relationen nicht allein von Individuen, sondern auch von Eigenschaften und Relationen zum Gegenstand von Prädikationen gemacht werden ("Länge und Gewicht lassen sich durch numerische Werte bestimmen"; "Rot ist eine Farbe") erhält man *höherstufige* Logiken. Die Untersuchung der Logik zweiter Stufe und höherstufiger Logiken im allgemeinen ist Gegenstand der sogenannten *Typentheorie*. Zur Einführung empfehle ich das Buch von I. M. Copi: *Introduction to the Theory of Types*, London 1971, sowie die einschlägigen Kapitel in W. S. Hatcher: *The Logical Foundations of Mathematics*, Oxford u. a. 1982. – Das im vorliegenden Buch behandelte prädikatenlogische System läßt allein Verallgemeinerungen über Individuen zu und heißt deshalb *Prädikatenlogik erster Stufe*.

(I) *Alternative Konzeptionen logischer Folgerung I.* Im vorliegenden Text sind wir von der sogenannten *klassischen* Auffassung logischer Folgerung ausgegangen. Alternativ hierzu kann man die *konstruktive* Auffassung von der logischen Folgerung zum Gegenstand der Untersuchung machen. Für diese Auffassung ist das Vorliegen logischer Folgerung gleichbedeutend mit der Möglichkeit, die Konklusion eines Arguments aus seinen Prämissen *in intuitiv einsichtiger Weise beweisen* zu können. In dieser Konzeption ist also der Begriff der Beweisbarkeit ein Grundbegriff. Eine Logik, die solche Gedanken ausarbeitet, ist die sogenannte *intuitionistische Logik*, die von dem Niederländer Luitzen Egbertens Jan Brouwer (1881 – 1966) entwickelt wurde. Da die intuitionistische Logik Methoden der Konstruktion mathematischer Gegenstände in den Vordergrund stellt, ist sie von besonderer Bedeutung in der Entwicklung der Grundlagen der Informatik und bei der Entwicklung von Programmiersprachen. Ein Buch, das in die intuitionistische Logik und Mathematik einführt – dabei einige mathematische Voraussetzungen macht – ist *Elements of Intuitionism* von M. Dummett, Oxford 1977. Historischen und philosophischen Hintergrund vermitteln L. E. J. Brouwer: *Philosophy and Foundations of Mathematics* (Bd. 1 der Collected Works, hrsg. von A. Heyting), Amsterdam/Oxford/New York 1975; A. Heyting: *Intuitionism. An Introduction*, 3., rev. Aufl., Amsterdam 1971.

(J) *Alternative Konzeptionen logischer Folgerung II*. Logische Folgerung, so wie sie hier charakterisiert wurde, ist dergestalt, daß eine Konklusion aus den Prämissen zwar folgen mag, die Prämissen jedoch in keiner Weise für die Konklusion inhaltlich *relevant* zu sein brauchen. Eine solche Relevanz läge vor, wenn alle in der Konklusion vorkommenden nicht-logischen Audrücke auch in den Prämissen vorkommen. Bereits Aristoteles wollte wohl nur relevante Folgerungen zulassen. Klarerweise genügen die im vorliegenden Buch untersuchten logischen Systeme nicht dieser Relevanzbedingung. So läßt sich ja aus

$$5 + 3 = 8$$

etwa folgern: "Wenn der Mond aus grünem Käse ist, dann ist $5 + 3 = 8$." Offenbar enthält die Konklusion nichtlogische Ausdrücke, die in der Prämisse nicht vorkommen. – Mit der Aufstellung einer Relevanzforderung ist gewöhnlich eine Kritik an der wahrheitsfunktionalen Auffassung des Konditionals verbunden. Der wahrheitsfunktionalen Auffassung gemäß brauchen Antezedens und Konsequens eines Konditionals ja in keiner Weise füreinander relevant zu sein (zur Diskussion der mit dem Konditional verbundenen Problematik siehe die von F. Jackson herausgegebene Aufsatzsammlung: *Conditionals*, Oxford 1991). Eine Logik, die die Relevanzanforderung aufstellt und ein nicht-wahrheitsfunktionales Konditional verwendet, ist die sogenannte *Relevanzlogik*. Eine neuere Untersuchung ist S. Read: *Relevant Logic: A Philosophical Examination of Inference*, Oxford 1988. Ein zusammenfassendes Werk ist R. Routley, V. Plumwood, R. K. Meyer, R. T. Brady: *Relevant Logics and Their Rivals. Part I: The Basic Philosophical and Semantical Theory*, Atascadero, Cal. 1982.

(K) *Erweiterungen der klassischen Logik.* In Kapitel II habe ich auf Prinzipien hingewiesen, die der in diesem Text durchgeführten logischen Analyse zugrundeliegen. Dies führte zu einer Beschränkung der Betrachtung und zur ausschließlichen Berücksichtigung solcher Ausschnitte der natürlichen Sprache, in denen Extensionalitäts- und Wahrheitsfunktionalitätsprinzip in unproblematischer Weise gelten. So hatten wir von der weiteren Untersuchung von

Sätzen abgesehen, in denen Ausdrücke wie "es ist möglich, daß", "es ist notwendig, daß", "weil" usw. vorkommen. Aber offensichtlich gibt es logische Folgerung auch in den Bereichen der natürlichen Sprache, die wir ausgeschlossen hatten. Man kann nun versuchen, Interpretationen für den jeweils betrachteten Sprachausschnitt zu konstruieren, die auf reichhaltigeren mengentheoretischen Strukturen basieren als nur den hier betrachteten: Individuenbereichen mit darüber definierten Relationen. Es stellt sich die Aufgabe, für diese Sprachbereiche Semantiken und Ableitungskalküle zu finden, die korrekt und vollständig sind. Eine Art, Interpretationen anzureichern, nimmt Rekurs auf sogenannte *Mögliche Welten*. Man betrachtet nicht nur einen Individuenbereich mit darüber definierten Relationen, sondern viele verschiedene, die man oft als mögliche Welten deutet. Durch den Einbezug dieser Individuenbereiche in eine Interpretation gelingt es, das Wahrheitsfunktionalitätsprinzip und das Extensionalitätsprinzip in ihrer Geltung auszudehnen, und man erhält eine sogenannte *Mögliche-Welten-Semantik*. Die Anwendung der *Mögliche-Welten-Semantik* hat sich insbesondere in der Modallogik, in einer Logik der Gebote und Verbote (der *deontischen* Logik), in der Zeitlogik (einer Logik, die die Tempora von Verben berücksichtigt), in einer Logik der Demonstrativa (d. h. von Ausdrücken wie "ich", "dies", "hier", "dort", "jetzt") als fruchtbar erwiesen. Solche Logiken, die in den letzten 20 Jahren sehr viel studiert wurden, heißen auch *intensionale Logiken*. In sie führt das Buch von G. E. Hughes und M. J. Cresswell ein: *A New Introduction to Modal Logic*, London und New York 1996. Eine knappe und gut verständliche Einführung in die Modallogik gibt K. Konyndyk: *Introduc-*

tory Modal Logic, Notre-Dame, Ind. 1986. Einen Überblick über einige intensionale Logiken gibt J. D. McCawley in dem Buch *Everything that Linguists have always wanted to know about Logic but were ashamed to ask*, Oxford 1981, Kap. 10, 11 und 13. Die eben erwähnte Logik der Verbote und Gebote, die deontische Logik, ist Gegenstand verschiedener Werke: Hilpinen, R. (Hrsg.): *Deontic Logic. Introduction and Systematic Readings*, Dordrecht 1971; v. Kutschera, F.: *Einführung in die Logik der Normen, Werte und Entscheidungen*, Freiburg/München 1973; Lenk, H. (Hrsg.): *Normenlogik. Grundprobleme der deontischen Logik*, Pullach 1974. – Logische Beziehungen irgendeiner Art liegen auch, wie ich in § 6 angedeutet habe, zwischen Sätzen vor, die *nicht* Aussagen sind, d. h., weder wahr noch falsch sind, also etwa zwischen Befehlen oder zwischen Fragen. Die logischen Theorien, die für die Erfassung solcher Beziehungen geschaffen werden, versuchen natürlich, irgendeine Verbindung zu Aussagen und zu deren Wahrheitswerten herzustellen, so daß die logischen Beziehungen, um die es jeweils geht, mit der gewöhnlichen logischen Theorie in Zusammenhang gebracht werden können. Es gibt Fragelogiken und Befehlslogiken. Siehe etwa L. Åqvist: *A new Approach to the Logical Theory of Interrogatives*, Tübingen 1965/1975; N. Belnap und T. B. Steel: *The Logic of Questions and Answers*, New Haven und London 1976 (deutsch: *Logik von Frage und Antwort*, Braunschweig/Wiesbaden 1985; mit darin enthaltener Bibliographie von U. Egli und H. Schleichert); und N. Rescher: *The Logic of Commands*, London 1966. – Auch die moderne Sprachwissenschaft beschäftigt sich mit Folgerungsbeziehungen in natürlichen Sprachen. So untersucht man dort, wie unterschiedliche sprachliche Mittel Folgerungsbeziehungen bestimmen. Sprachliche Ausdrücke, die hier im Vordergrund stehen, sind die vielfältigen Quantitätsausdrücke der natürlichen Sprachen, die unterschiedlichen Arten der Negation, die Tempussysteme und vieles anderes mehr. Die sprachwissenschaftliche Beschäftigung mit der Folgerungsbeziehung weist viele Berührungspunkte zur intensionalen Logik auf. Die Bücher von J. Lyons: *Semantik I + II*, München 1980 und 1983, sind zur Einführung in solche Probleme geeignet.

(L) *Philosophie der Logik.* Obzwar im vorliegenden Text versucht wurde, philosophischen Fragen, die sich im Zusammenhang mit der Logik stellen, nicht auszuweichen, sind doch viele hier anfallende philosophische Probleme nicht erwähnt oder gar diskutiert worden. Unter (I) und (J) hatte ich Alternativen zu der hier zugrunde gelegten Konzeption der logischen Folgerung erwähnt. Es stellt sich dabei das Problem, welche der konkurrierenden Konzeptionen wir unserem Argumentieren zugrundelegen sollen. Was spricht für oder gegen die einzelnen Auffassungen logischer Folgerung? Dies ist ein zentrales Problem der *Philosophie der Logik.* Andere Probleme, die sich innerhalb der Philosophie der Logik stellen, betreffen den Status der Logik. Ist die Logik eine normative Disziplin, die zum richtigen Denken anleitet? Welche Beziehung besteht zwischen Logik und Psychologie: Gehorcht das Denken irgendwelchen logischen Regeln, sind logische Regeln bloße empirische Regelmäßigkeiten des Denkens? Solche Fragen werden in verschiedenen einführenden Büchern diskutiert. Eine informative Einführung ist S. Haack: *Philosophy of*

Logics, Cambridge 1978. Sehr empfehlenswert ist neuerdings S. Read: *Philosophie der Logik. Eine Einführung*, Hamburg 1997.

(M) *Semantische Paradoxa.* Zentral für die Semantik verschiedener Logiken ist das Wahrheitsprädikat. Tarski hat gezeigt, daß formale Sprachen ein Wahrheitsprädikat enthalten können, ohne daß dies zu Widersprüchen führt (*Der Wahrheitsbegriff in den formalisierten Sprachen*, abgedruckt in dem unter (A) genannten Sammelband von Berka und Kreiser). In der Anwendung auf die natürliche Sprache stellt sich aber die Frage, ob es möglich ist, das Wahrheitsprädikat widerspruchsfrei anzuwenden. Es ist insbesondere fraglich, ob das Wahrheitsprädikat der natürlichen Sprache der sogenannten *Konvention W* genügen kann. Nach dieser Konvention soll etwa gelten:

"Schnee ist weiß" ist wahr genau dann, wenn

Schnee weiß ist.

Derartige Äquivalenzbehauptungen sollen der Konvention gemäß für jeden Satz etwa der deutschen Sprache zutreffen. Ist es aber wirklich möglich, das Wahrheitsprädikat im Einklang mit Konvention W in Sätzen der natürlichen Sprache auf widerspruchslose Weise anzuwenden? Unterliegt unsere Verwendung des Wahrheitsprädikats denn nicht dem *Lügnerparadox*? D. h., kommen wir nicht in einen Widerspruch, wenn wir die Konvention W auf einen Satz anwenden, der von sich selbst sagt, er sei falsch? Also auf

Dieser Satz ist falsch.

Wir erhalten dann nämlich:

"Dieser Satz ist falsch" ist wahr genau dann,

wenn dieser Satz falsch ist.

Dieses bereits in der Antike bekannte Problem und verwandte Paradoxien sind gerade auch in den letzten Jahrzehnten in der Sprachphilosophie und in der Philosophie der Logik viel diskutiert worden. Eine gute Darstellung der Problematik findet sich in dem Buch von E. Brendel: *Die Wahrheit über den Lügner. Eine philosophisch-logische Analyse der Antinomie des Lügners*, Berlin/New York 1992.

(N) *Logik und Sprachphilosophie.* Die Wahrheitsbedingungen von Aussagen spielen, wie wir sahen, für das Studium von Folgerungsbeziehungen eine zentrale Rolle. In der modernen Sprachphilosophie hat man darüber hinaus die Frage diskutiert, welche Beziehung zwischen den Wahrheitsbedingungen von Sätzen und ihrer *Bedeutung* besteht. Ist die Kenntnis der Bedeutungen von Sätzen nichts anderes als Kenntnis ihrer Wahrheitsbedingungen? In diesem Zusammenhang hat Donald Davidson vorgeschlagen, eine Bedeutungstheorie einer Sprache habe in wesentlichen Aspekten dieselbe Struktur aufzuweisen wie die prädikatenlogische Wahrheitsdefinition (siehe D. Davidson: *Essays on Truth and Interpretation*, Oxford 1984). Eine elementare Einführung in diese und andere Probleme ist M. Devitt und K. Sterelny: *Language and Reality. An Introduction to the Philosophy of Language*, Oxford 1986.

(O) *Logik und Grundlagen der Mathematik.* Ist die Logik die Grundlage der Mathematik? Ist die Mathematik etwa nichts anderes als eine Weiterentwicklung der Logik? Oder welche andere Beziehung besteht zwischen Logik und Mathematik? Offenbar sind solche Probleme, die die Grundlagen der Mathematik betreffen, nicht weit von Fragen entfernt, die in der Logik untersucht werden. Eine leicht lesbare Einführung in diese Problematik ist S. Körner: *Einführung in die Philosophie der Mathematik*, München 1968. Eine nützliche Aufsatzsammlung ist das Buch: *The Philosophy of Mathematics*, hrsg. von W. D. Hart, Oxford 1996. Eine Textsammlung, die auch die historische Entwicklung der Philosophie der Mathematik dokumentiert, ist C. Thiel (Hrsg.): *Erkenntnistheoretische Grundlagen der Mathematik*, Hildesheim 1982.

(P) *Das Wort "Logik" und seine vielfachen Spezifizierungen.* "Logik", wie auch "symbolische Logik", "formale Logik", "mathematische Logik" bezeichnen ganz allgemein die Untersuchung logischer Folgerung. Die Anwendung solcher Untersuchungen auf *spezielle Ausschnitte der natürlichen Sprache* führt zu Erweiterungen von Semantik und Kalkül, etwa in der Modallogik, der *epistemischen* Logik (die mit den Ausdrücken "glauben, daß" bzw. "wissen, daß" zu tun hat; eine Bibliographie hierzu hat W. Lenzen zusammengestellt: *Recent Work in Epistemic Logic*, Amsterdam 1978), der deontischen Logik, der Fragelogik, der Zeitlogik, die alle sogenannte *intensionale* Logiken sind. – Alternativen zur *klassischen Logik* sind die *nicht-klassischen Logiken*. Zu den nicht-klassischen Logiken zählen: die intuitionistische Logik, die Relevanzlogiken, *mehrwertige* Logiken (die das Bivalenzprinzip aufgeben und mehr als 2 Wahrheitswerte postulieren; eine sehr elementare Einführung ist R. Ackermann: *Introduction to Many-Valued Logics*, London/New York 1967. Eine neuere Bibliographie ist R. G. Wolf: *Appendix I: A Survey of Many-Valued Logics*, in J. Dunn und G. Epstein (Hrsg.): *Modern Uses of*

Multiple-Valued Logic, Dordrecht/Boston 1977 S. 167-323), die Minimallogik (deren einzige logische Konstante das Konditional ist), die Quantenlogik (die bestimmte Besonderheiten der Argumentation in der Quantenmechanik zu berücksichtigen sucht), freie Logiken (die zulassen, daß der einer Interpretation zugrundeliegende Individuenbereich leer sein kann; hierzu E. Bencivenga: *Free Logics*, in Bd. 3 des *Handbook of Philosophical Logic*, hrsg. von D. Gabbay und F. Guenthner, Dordrecht etc. 1986), sog. parakonsistente Logiken (die bestimmte Arten von Widersprüchen zulassen; hierzu M. Bremer: *Wahre Widersprüche. Einführung in die parakonsistente Logik*, St. Augustin 1998). – Der Ausdruck "philosophische Logik" scheint besonders unscharf zu sein. Er bezieht sich auf Logiken, deren Voraussetzungen spezifische philosophische Untersuchungen zu erfordern scheinen.

(Q) *Literaturangaben.*

1. Folgende Bücher unterschiedlichen Schwierigkeitsgrades eignen sich für ein WEITERFÜHRENDES STUDIUM DER LOGIK:

Bell, J. L., und Machover, M.: *A Course in Mathematical Logic*, Amsterdam/New York/Oxford 1977.

Church, A.: *Introduction to Mathematical Logic I*, Princeton N. J., 2. Aufl. 1956; korr. Nachdruck 1958.

Ebbinghaus, H.-D., Flum, J., und Thomas, W.: *Einführung in die mathematische Logik*, Darmstadt, 2. überarb. Aufl. 1986.

Enderton, H. B.: *A Mathematical Introduction to Logic*, New York/London 1972.

Hermes, H.: *Einführung in die mathematische Logik*, Stuttgart, 6. Aufl. 1976 (1. Aufl. 1963).

Hilbert, D. und Bernays, P.: *Grundlagen der Mathematik*, 2 Bde., Berlin/Heidelberg/New York, 2. Aufl. 1968 und 1970.

Kleene, S. C.: *Introduction to Metamathematics*, Amsterdam/Groningen, 11. Aufl. 1981.

Kleinknecht, R. und Wüst, E.: *Lehrbuch der elementaren Logik*, 2 Bde., München 1976.

Kreisel, G., und Krivine, J.-L.: *Modelltheorie. Eine Einführung in die mathematische Logik und Grundlagentheorie*, Berlin/Heidelberg/New York 1972.

Mendelson, E.: *Introduction to Mathematical Logic*, Princeton N. J. 1964; 3. Aufl. Monterey, Cal. 1983.

Prestel, A.: *Einführung in die mathematische Logik und Modelltheorie*, Braunschweig/Wiesbaden 1986.

Rasiowa, H. und Sikorski, R.: *The Mathematics of Metamathematics*, Warschau, 3. Aufl. 1970.

Rosser, J. B.: *Logic for Mathematicians*, New York, 2. Aufl. 1978.

Schütte, K.: *Proof Theory*, Berlin/Heidelberg/New York 1977.

Shoenfield, J. R.: *Mathematical Logic*, London 1967.

Smullyan, R. M.: *First-Order Logic*, New York 1968.

Takeuti, G.: *Proof Theory*, Amsterdam/Oxford/New York 1975.

Tennant, N. W.: *Natural Logic*, Edinburgh, 2. Aufl. 1990.

Zwei wichtige HANDBÜCHER sind:

Barwise, J. (Hrsg.): *Handbook of Mathematical Logic*, Amsterdam/New York/Oxford 1977.

Gabbay, D. und Guenthner, F. (Hrsg.): *Handbook of Philosophical Logic*, 4 Bde., Dordrecht u. a. 1983-89.

2. BIBLIOGRAPHIEN:

Risse, W.: *Bibliographia Logica. Verzeichnis der Druckschriften zur Logik mit Angabe ihrer Fundorte*, 4 Bde., Hildesheim/New York 1965-1979.

Ω-Bibliography of Mathematical Logic, hrsg. von Müller, G. H. und Lenski, W., 6 Bde., Berlin u. a. 1987.

3. Wichtige ZEITSCHRIFTEN sind:

Annals of Mathematical Logic (1970 – 1982). Nachfolger: Annals of Pure and Applied Logic (1983 ff.).

Archiv für mathematische Logik und Grundlagenforschung (1950 – 1988), seit 1988: Archive for Mathematical Logic.

History and Philosophy of Logic (1980 ff.).

Journal of Philosophical Logic (1972 ff.).

Notre Dame Journal of Formal Logic (1960 ff.).

The Journal of Symbolic Logic (1936 ff.).

Studia Logica (1953 ff.).

Zeitschrift für Mathematische Logik und Grundlagen der Mathematik (1955 ff.).

EINIGE GRUNDBEGRIFFE DER MENGENLEHRE

A. Vorbemerkungen

Der Mathematiker Georg Cantor (1845 – 1918), der Begründer der Mengenlehre, formulierte den sogenannten "naiven" Mengenbegriff: "Eine *Menge* M ist eine Zusammenfassung von wohlbestimmten und wohlunterschiedenen Objekten unserer Anschauung und unseres Denkens (welche die Elemente von M genannt werden) zu einem Ganzen" (*Beiträge zur Begründung der transfiniten Mengenlehre*, 1895, in Georg Cantor: *Gesammelte Abhandlungen mathematischen und philosophischen Inhalts,* Berlin 1932, S. 282).

Was haben wir unter "wohlbestimmt" und "wohlunterschieden" zu verstehen? *Wohlbestimmt:* Für jedes Objekt kann man entscheiden, ob es zu M gehört oder nicht. *Wohlunterschieden:* Sind zwei Elemente einer Menge gegeben, so kann man entscheiden, ob sie gleich sind oder nicht.

Schreibweise:
Sei a ein beliebiges Objekt, sei M eine Menge. Wenn a ein Element von M ist, schreiben wir "a $\in$ M", wenn a nicht Element von M ist, dann schreiben wir "$\neg$(a $\in$ M)" oder "a $\notin$ M".

Das Wort "Menge" wird in der Alltagssprache ähnlich verwendet wie der 'naive' Mengenbegriff in der Mathematik. Wir sprechen von einer "Menge von Äpfeln", einer "Menge von Schafen" usw. – Wir verwenden das Wort "Menge" für Ansammlungen verschiedenster Objekte – in der Alltagssprache und auch in der Mathematik. Wir sprechen von der Menge der natürlichen Zahlen, der Menge der Punkte in der euklidischen Ebene, aber auch von der Menge der Satzformen eines syntaktischen Systems S oder von der Prämissenmenge eines Arguments A. – Eine Menge kann Elemente verschiedener Art beinhalten: So kann ich eine Menge bilden, die aus Ochsenzungen und Knoblauchzehen besteht, oder aber eine Menge, die aus einer Satzform eines syntaktischen Systems S und einer natürlichen Zahl besteht.

Zum Gebrauch des Mengenbegriffs in der Mathematik ist zusätzlich noch folgendes zu bemerken:

(1)   Es ist möglich, daß eine Menge nur *ein* Element enthält. Eine Menge, die nur ein Element enthält, heißt *Einermenge*. – Es ist wichtig, zwischen einer solchen Menge und dem Element, das sie enthält, zu unterscheiden. Oskar ist nicht dasselbe wie die Menge mit Oskar als einzigem Element. Oskar ist ein Mensch, der Kanzlerkandidat der SPD im Jahre 1990; die Menge dagegen, die Oskar als einziges Element enthält, ist eine abstrakte mathematische Entität, die weder Mitglied der SPD ist, noch Kanzlerkandidat.

(2)   In der Mathematik hat man außerdem eine spezielle Art von Menge ersonnen, der im Alltagsverständnis nichts entspricht, nämlich die

Menge, die überhaupt keine Elemente hat. Diese Menge heißt *leere Menge* oder *Nullmenge*, symbolisch: ∅.

(3) Die Mathematik läßt auch Mengen zu, deren Elementanzahl unendlich ist (in der Tat ist die Mengenlehre eigentlich eine Theorie, die sich in ihren mathematisch interessanten Teilen im wesentlichen mit unendlichen Mengen befaßt). Ein Beispiel hierfür ist die Menge der natürlichen Zahlen N, eine Menge mit unendlich vielen Elementen: 0, 1, 2, 3, 4, ...

Im folgenden werden wir einige Grundbegriffe der Mengenlehre kennenlernen. Unser wichtigstes Ziel ist es, dabei zu einem Verständnis des Begriffs der *Funktion* zu kommen. Dieser Begriff wird in allen Gebieten der Mathematik, aber auch in der Logik verwendet. Im Text dieses Buches setze ich diesen Begriff als bekannt voraus. – Die Einführung in die Materie wird auf 'intuitive' Weise geschehen, d.h. unter Voraussetzung des oben skizzierten 'naiven' Mengenbegriffs. Für das Verständnis der Grundbegriffe (auch des Begriffs der Funktion) ist eine genauere Fassung des Mengenbegriffs nicht vonnöten. Es sei nur darauf hingewiesen, daß das 'naive' Verständnis des Mengenbegriffs nicht unproblematisch ist.

B. Identität von Mengen, Bezeichnungsweisen für Mengen

Mengen sind durch die Elemente, die sie enthalten, eindeutig bestimmt, oder in anderen Worten:

(I)   Zwei Mengen sind gleich – dann und nur
dann –, wenn sie die gleichen Elemente haben.

Dieses grundlegende Prinzip der Mengenlehre ist als *Extensionalitätsprinzip* bekannt. Die eine Teilbehauptung "Wenn zwei Mengen gleich sind, dann sind auch ihre Elemente gleich" ist selbstverständlich und nicht weiter bemerkenswert. Der eigentliche Witz des Extensionalitätsprinzips ist die umgekehrte Behauptung: "Wenn zwei Mengen dieselben Elemente haben, dann sind sie gleich". D. h., für die Identität einer Menge kommt es nicht darauf an, in welcher Ordnung die Elemente gegeben sind, und ebensowenig darauf, in welcher Weise die Objekte präsentiert werden. – Das Extensionalitätsprinzip der Mengenlehre ist offenbar mit dem Extensionalitätsprinzip der logischen Analyse aus § 5 nicht identisch und muß von ihm unterschieden werden.

Wenn die Elementzahl einer Menge endlich ist (wir sagen: wenn eine Menge endlich ist) und die Elemente der Menge sind namentlich oder über Kennzeichnungen bekannt, dann kann die Menge mittels der sogenannten *Listenschreibweise* bezeichnet werden: Die einzelnen Elemente werden in einer Liste aufgeführt, d. h., die Namen oder Kennzeichnungen aller Elemente der Menge werden aufgelistet, und – um klar zu machen, daß es sich um eine Menge handelt – in geschwungenen Klammern {, } eingeschlossen.

Beispiele:

(1)   {3, 5, 7, 8}
(2)   {3, 4, 3 + 2, 13 − 5}

Man beachte hierzu:

(1) Wir beziehen uns auf Elemente einer Menge mittels Namen oder Kennzeichnungen. Z. B. sind die Ausdrücke "Helmut Kohl", "Oskar Lafontaine" usw. Namen (bzw. Eigennamen); die Ausdrücke "der deutsche Bundeskanzler im Jahre 1989" oder "der Kanzlerkandidat der SPD im Jahre 1990" dagegen sind Kennzeichnungen. Die Zeichen "1", "50", "73" sind Namen der Zahlen 1, 50, 73; die Ausdrücke "der erste Nachfolger der Null" bzw. "der zweite Nachfolger von Null" sind Kennzeichnungen von 1 bzw. von 2.

(2) Für die Identität einer Menge ist es nicht von Bedeutung, *wie* wir uns auf die Elemente der Menge beziehen, d. h., ob wir es mittels eines Eigennamens oder einer von verschiedenen möglichen Kennzeichnungen bezeichnen. Wenn ein Objekt zwei verschiedene Eigennamen hat, dann ist es auch gleich, mit welchem von ihnen wir das Objekt bezeichnen. – Die Zahl 5 können wir mit "5", "3 + 2", "9 – 4" bezeichnen. Wegen des Extensionalitätsprinzips muß dann z. B. gelten:
$$\{3, 5, 7, 8\} = \{3, 3+2, 7, 8\} = \{3, 9-4, 7, 8\}$$
oder
$$\{3, 4, 3+2, 2+4\} = \{3, 4, 5, 2+4\}$$

(3) Die Anordnung, in welcher Objekte aufgeführt werden, ist unwesentlich. Da die Identität einer Menge allein von ihren Elementen abhängt, ist es ja gleich, in welcher Reihenfolge wir sie aufzählen. Wir haben also z. B.:
$$\{3, 5, 7, 8\} = \{8, 7, 5, 3\} = \{5, 8, 7, 3\}.$$

(4)   Wegen (I) kann es auch nicht von Bedeutung sein, ob wir den Namen oder die Kennzeichnung eines Objekts mehrmals oder nur einmal aufführen. – So ist z. B.:
$$\{3, 5, 7, 8\} = \{3, 3, 5, 7, 8,\} = \{3, 5, 2+3, 7, 8\}.$$
Entweder ist ein gegebenes Objekt Element einer Menge oder nicht. Ein mehrfaches Element-Sein ist ausgeschlossen (ebenso wie ein halbes Element-Sein oder bloß ein bißchen Element-Sein).

Eine Menge, die unendlich ist, kann man nicht mehr mittels der Listenschreibweise bezeichnen. In diesem Fall – und auch dann, wenn es unpraktisch ist, alle Elemente aufzuzählen, – verwenden wir die *Prädikatschreibweise*, um uns auf Mengen zu beziehen. Hierfür bilden wir ein Prädikat, dem alle Elemente der Menge genügen sollen, und verwenden dies für die Bezeichnung der Menge.

Beispiele:

(3)   Wir bezeichnen die Menge der natürlichen Zahlen, die größer sind als Sieben, auf folgende Weise:
$$\{x: x \text{ ist natürliche Zahl und } x > 7\}$$
Dies lesen wir auf folgende Art: "Die Menge aller x derart, daß x natürliche Zahl ist und $x > 7$". Der Buchstabe "x" fungiert hier als Variable über die Elemente der Menge; der Ausdruck "ist natürliche Zahl und größer als 7" ist das Prädikat, das auf alle Elemente der Menge zutrifft.

(4)   Die Menge B aller lebenden Ex-Bundeskanzler der BRD können wir in Prädikatschreibweise auf folgende Art bezeichnen:

B = {x: x ist lebender Ex-Bundeskanzler der BRD}.

Offensichtlich gilt (im Jahre 2000): B = {Schmidt, Kohl}.

C. Die Teilmengenbeziehung

Was bedeutet es, wenn eine Menge A Teilmenge (oder Untermenge) einer Menge ist?

Unter Rückgriff auf die Elementrelation "$\in$" können wir die Teilmengenrelation "$\subseteq$" definieren:

Definition 1:

Es seien A und M Mengen.

Genau dann, wenn jedes Element von A auch Element von M ist, sagen wir, daß A $\subseteq$ M, also daß A *Teilmenge* von M ist.

Wenn A $\subseteq$ M und A $\neq$ M, dann sagen wir, A sei eine *echte* Teilmenge von M.

Aus der Teilmengendefinition folgt, daß $\emptyset \subseteq$ M für jede Menge M. Da $\emptyset$ keine Elemente hat, trifft immer zu, daß jedes Element von $\emptyset$ auch ein Element von M ist. Außerdem gilt der folgende Satz:

Satz 1:

(a)   Für jede Menge M gilt: M $\subseteq$ M.

(b)   Es seien M_1, M_2, M_3 drei Mengen mit $M_1 \subseteq M_2$ und $M_2 \subseteq M_3$. Dann gilt: $M_1 \subseteq M_3$. (Die Teilmengenbeziehung ist also – wie man sagt – *transitiv.*)

(c)   Es seien M_1 und M_2 Mengen.
Es gelte: $M_1 \subseteq M_2$ und $M_2 \subseteq M_1$.

Dann gilt: $M_1 = M_2$.

Andererseits gilt auch:

Wenn $M_1 = M_2$, dann $M_1 \subseteq M_2$ und $M_2 \subseteq M_1$.

Ich *beweise* hier allein (c):

Zu zeigen ist zunächst: Wenn $M_1 \subseteq M_2$ und $M_2 \subseteq M_1$, dann: $M_1 = M_2$. "$M_1 \subseteq M_2$" heißt, daß alle Elemente von M_1 auch Elemente von M_2 sind. "$M_2 \subseteq M_1$" heißt, daß alle Elemente von M_2 auch Elemente von M_1 sind. M_1 und M_2 müssen also die gleichen Elemente haben. Wegen (I) folgt die Identität der beiden Mengen.

Umgekehrt ist zu zeigen: Wenn $M_1 = M_2$, dann $M_2 \subseteq M_1$ und $M_1 \subseteq M_2$. Wenn nun beide Mengen identisch sind, dann sind alle Elemente von M_1 Elemente von M_2 und umgekehrt. Also: $M_1 \subseteq M_2$ und $M_2 \subseteq M_1$. $\square$

Merke: Die Teilmengenrelation und die Elementrelation sind zwei verschiedene Beziehungen (oder Relationen) und dürfen nicht verwechselt werden. Zwischen zwei Mengen mag die Elementrelation bestehen, nicht aber die Teilmengenrelation. Umgekehrt kann zwischen ihnen die Teilmengenrelation vorliegen, nicht aber die Elementrelation. Außerdem: Teilmengen sind immer Mengen, Elemente können Mengen sein, müssen es aber nicht.

D. Operationen mit Mengen

Mengen können in verschiedenen Weisen kombiniert werden. Die folgende Definition unterscheidet verschiedene Kombinationen von Mengen. Diese verschiedenen Weisen der Kombination von Mengen ermöglichen es, mit Mengen zu rechnen.

Definition 2:

Es seien A und B Mengen.

Die Menge $A \cup B = \{x: x \in A \text{ oder } x \in B\}$ heißt die *Vereinigung* (oder Union) von A und B.

Die Menge $A \cap B = \{x: x \in A \text{ und } x \in B\}$ heißt der *Durchschnitt* (oder Intersektion) von A und B.

Die Menge

$A - B = \{x: x \in A \text{ und } x \notin B\}$

heißt die *Differenzmenge* von A und B.

Der folgende Satz 2 zeigt, wie man mit Mengenvereinigung und Mengendurchschnitt rechnen kann:

Satz 2:

Für beliebige Mengen A, B und C gilt:

(a) $A \cup B = B \cup A$

   $A \cap B = B \cap A$

(d. h., Vereinigung und Durchschnitt sind *kommutativ*).

(b) $(A \cup B) \cup C = A \cup (B \cup C)$

   $(A \cap B) \cap C = A \cap (B \cap C)$

(d. h., Vereinigung und Durchschnitt sind *assoziativ*).

(c) $A \cup (B \cap C) = (A \cup B) \cap (A \cup C)$

   $A \cap (B \cup C) = (A \cap B) \cup (A \cap C)$

(d. h., der Durchschnitt ist *distributiv* hinsichtlich der Vereinigung bzw. die Vereinigung ist *distributiv* hinsichtlich des Durchschnitts).

E. N-Tupel

Wichtig ist der Gedanke der Ordnung: Es gibt Gegenstände, die eine innere Ordnung aufweisen. Ein einfacher solcher Gegenstand ist das *geordnete Paar*. Ein geordnetes

Paar <a, b> – man beachte, daß ich hier spitze Klammern verwende – ist eine Menge, für die gilt:

(II)   Wenn <a, b> = <c, d>,
        dann a = c und b = d.

Im geordneten Paar ist die Anordnung der aufgeführten Gegenstände von Bedeutung. Angenommen, <a, b> ist ein geordnetes Paar, und a ≠ b, dann soll auch gelten, daß die geordneten Paare <a, b> und <b, a> verschieden sind.

Ich habe eben die Notation "<..., ...>" eingeführt, ohne von uns bekannten mengentheoretischen Mitteln Gebrauch zu machen. Wir können aber den Begriff des geordneten Paares auch direkt, unter Rückgriff auf oben entwickeltes begriffliches Instrumentarium definieren, und zwar wie folgt:

Definition 3:

$$<a, b> =_{df} \{\{a\}, \{a, b\}\}.$$

<a, b> soll also definitionsgemäß die Menge $\{\{a\},\{a,b\}\}$ sein. Das Element a wollen wir die "erste Koordinate des Paares <a, b> nennen, b die "zweite Koordinate". – Unter Verwendung von Definition 3 kann man für jeden Ausdruck "<x, y>" die zugehörige Menge $\{\{x\}, \{x, y\}\}$ konstruieren und umgekehrt.

Mit (II) haben wir eine Bedingung angegeben, unter der geordnete Paare gleich sein sollen. Wird diese Bedingung auch von den Mengen erfüllt, unter Rückgriff auf die wir in Definition 3 geordnete Paare definieren? Der nun folgende Satz 3 behauptet, daß unsere Definition des geordneten Paares dieser Bedingung genügt, daß sie also unseren intuitiven Anforderungen an eine Ordnung entspricht.

Satz 3:

Für alle a, b, c, d gilt:

<a, b> = <c, d> genau dann, wenn a = c und b = d.

Beweis:

Satz 3 besagt eigentlich: "Für alle a, b, c, d gilt: wenn <a, b> = <c, d>, dann a = c und b = d; und wenn a = c und b = d, dann <a, b> = <c, d>". Wir müssen also zwei Behauptungen beweisen.

(1) Wir beweisen zunächst: "wenn a = c und b = d, dann <a, b> = <c, d>". Wenn a = c und b = d, dann ist {a} = {c}, weil {a} und {c} dieselben Elemente haben. Außerdem sind {a, b} und {c, d} identisch. Deswegen sind {{a}, {a, b}} und {{c}, {c, d}} identisch, und wegen Definition 3 folgt: <a, b> = <c, d>.

(2) Jetzt ist zu beweisen: "wenn <a, b> = <c, d>, dann a = c und b = d." Wir wollen zunächst eine *Hilfsbehauptung* (ein sogenanntes Lemma) beweisen: Ein geordnetes Paar <a, b> ist eine Einermenge dann und nur dann, wenn a = b.

Zunächst sei a = b. Dann ist <a, b> = {{a}, {a, b}} = {{a}, {a}} = {{a}}. Sei umgekehrt <a, b> eine Einermenge. Dann ist {a} = {a, b}, und da b ∈ {a}, folgt: b = a. *Wir nehmen jetzt an*, daß <a, b> = <c, d>, und *zeigen*, daß a = c und b = d. Hier gibt es zwei Fälle:

1. Fall: a = b. Dann ist <a, b> eine Einermenge, und, da <a, b> = <c, d>, ist auch <c, d> eine Einermenge. Deshalb ist c = d und wegen <a, b> = <c, d> folgt, daß {{a}} = {{c}}; deshalb a = c.

2. Fall: a ≠ b. Dann enthalten <a, b> und <c, d> jeweils nur eine Einermenge, nämlich {a} und {c}, und deswegen ist a = c. Aber die restlichen Elemente von <a, b> und <c, d> müssen auch identisch sein, da <a, b> = <c, d>. Also {a, b} = {c, d}. Aber wenn b = c und c = a, dann b = a, und das widerspricht unserer Annahme (a ≠ b). Deshalb b = d, und so haben wir a = c und b = d. □

Damit ist der Beweis von *Satz 3* abgeschlossen.

Unter Rückgang auf geordnete Paare lassen sich weitere geordnete Objekte, nämlich Tripel und allgemeiner n-Tupel definieren. Das *Tripel* <a, b, c> mit a als erster, b als zweiter und c als dritter Koordinate definieren wir durch <a, <b, c>>, d. h. als ein geordnetes Paar mit a als erster Koordinate und <b, c> als zweiter. Wir schreiben:

$$<a, b, c> =_{df} <a, <b, c>>.$$

Allgemein soll sein: das *n-Tupel*

$$<a_1, a_2, a_3, ..., a_n> =_{df}$$
$$<a_1, <a_2, <a_3, ..., <a_{n-1}, a_n>>...>.$$

F. Kartesische Produkte

Seien A und B Mengen. Die Menge aller geordneten Paare, deren erste Koordinaten Elemente aus A sind, und deren zweite Koordinaten Elemente aus B sind, heißt das *kartesische Produkt* von A und B, und wir schreiben dies als "A × B".

Definition 4:

$A \times B =_{df} \{<x, y>: x \in A \text{ und } y \in B\}$

Beispiele:

(1) Seien
    $S = \{1, 2, 3\}$ und $T = \{a, b\}$.
    Dann sind
    $S \times T = \{<1, a>, <1, b>, <2, a>, <2, b>, <3, a>, <3, b>\}$;
    $T \times S = \{<a, 1>, <a, 2>, <a, 3>, <b, 1>, <b, 2>, <b, 3>\}$; und
    $T \times T = \{<a, a>, <a, b>, <b, a>, <b, b>\}$.

(2) "$\mathbb{R}$" bezeichne die Menge der reellen Zahlen. Man denke sich die reellen Zahlen entlang einer Geraden angeordnet. Durch den Nullpunkt dieser Geraden errichten wir im rechten Winkel eine zweite Gerade, entlang derer wir wieder die reellen Zahlen anordnen. Jedem Punkt in der von den beiden Geraden eingeschlossenen Fläche entspricht dann ein geordnetes Paar reeller Zahlen. $\mathbb{R} \times \mathbb{R}$ ist die Menge aller Punkte im "kartesischen Koordinatenkreuz": die Ebene. $\mathbb{R} \times \mathbb{R} \times \mathbb{R}$ ist der dreidimensionale Raum, also $\mathbb{R}^3$.

G. Relationen

Relationen treffen wir in den verschiedensten Bereichen an: Wir sprechen etwa von der Relation "Mutter-Sein", die zwischen einem Individuum a und einem Individuum b besteht. In der Mathematik gibt es z. B. die Kleiner-Relation $<$ über den reellen Zahlen: $\pi < 4$. Im sozialen Leben wichtige Relationen sind etwa: "mächtiger sein als" oder "mehr verdienen als". Alle eben aufgeführten Beispiele exemplifizieren sogenannte *zweistellige* Relationen, d. h., die fragliche Relation liegt immer nur zwischen *zwei* Objekten vor, nicht zwischen drei oder fünf.

Wir definieren zunächst den Begriff der zweistelligen Relation:

Definition 5:

Seien A und B Mengen.

Sei A × B das kartesische Produkt von A und B. R ist eine *zweistellige Relation über* A × B gdw. R ⊆ A × B.

Einige terminologische Konventionen:

(a) Wir nennen A den "Vorbereich" der Relation, B dagegen den "Nachbereich".

(b) Sei R eine Relation, seien a, b Objekte. Wir sagen: "R trifft auf a und b zu" oder "a und b stehen in der Relation R" oder "aRb" genau dann, wenn <a, b> ∈ R.

(c) Wir sagen: "R ist eine Relation in A" genau dann, wenn R ⊆ A × A, wo A eine Menge ist.

Beispiele:

(1) Seien A = N, B = N (N – die Menge der natürlichen Zahlen), also A × B = N × N. Dann ist die Menge aller geordneten Paare mit der ersten Koordinate a ∈ N und der zweiten Koordinate b ∈ N die Kleiner-Relation < über N, wenn a kleiner ist als b.

(2) Sei A die Menge der 30- bis 50-jährigen Männer. Sei B die Menge der 10- bis 20-jährigen Personen. Dann ist die Menge aller geordneten Paare

aus A × B die Relation "Vater von", falls für jedes <a, b> gilt: a ist Vater von b.

(3) In jeder Menge A ist R = A × A eine Relation, nämlich die *All-* oder *Totalrelation* in A. ∅ ist die *Nullrelation* oder die *leere Relation* in A.

(4) Ist A eine Menge, so ist die Menge
R = {<x, y>: x, y ∈ A und x = y}
eine Relation in A, nämlich die *Identitätsrelation*.

Es gibt nicht nur zweistellige Relationen. Dreistellige Relationen haben wir etwa mit "a liegt zwischen b und c" oder "a zieht b c vor". Eine vierstellige Relation ist "a ist mit b, c und d verbunden". – Wir definieren ganz allgemein den Begriff der n-stelligen Relation:

Definition 5:
Seien A_1, A_2, A_3, ..., A_n Mengen.
Das kartesische Produkt dieser Mengen ist dann $A_1 × A_2 × ... × A_n$. R ist eine *n-stellige Relation* über $A_1 × A_2 × ... × A_n$ gdw. $R ⊆ A_1 × A_2 × ... × A_n$.

Beispiele:

(5) Seien A, B, C = ℕ. Dann ist $A × B × C = ℕ^3$.
$R = \{<x, y, z>: x + y = z\}$ ist eine Relation über $ℕ^3$, also eine dreistellige Relation in ℕ.

(6) Eine Eigenschaft oder eine einstellige Relation ist eine Menge. Eine Eigenschaft oder eine einstellige Relation über A ist eine Teilmenge von A.

H. Funktionen

Auf die Bedeutsamkeit des Begriffs der Funktion habe ich bereits eingangs hingewiesen. Im Alltag, aber auch in den Wissenschaften, wird das Wort "Funktion" verschiedenartig verwendet:

(a) Manchmal wird das Wort in Kontexten benutzt wie "die Funktion eines Organs" (etwa der Leber), "die Funktion einer Institution". Dabei bezieht man sich auf die *Rolle*, die das Organ bzw. die Institution in einem System spielt, oder auf den *Zweck*, den das Organ oder die Institution erfüllt. (b) "die vitalen Funktionen eines Organismus": "Funktion" bezieht sich hier auf Folgeerscheinungen oder Endprodukte sonst nicht näher spezifizierter Operationen; z.B. sind Reproduktion und Atmung vitale Funktionen. – Diese Verwendungsweisen des Ausdrucks "Funktion" sind abzuheben von seiner Verwendung in Mathematik und Logik, die uns hier allein interessiert.

In Mathematik und Logik versteht man unter "Funktion" eine bestimmte Art der *Zuordnung*. Seien A und B Mengen. Eine Funktion von A nach B ordnet jedem Element von A *genau ein* Element von B zu (anstatt "Funktion" sagt man auch "Abbildung").

Beispiele:

(1)   Seien $A = \{1, 2, 3\}$, $B = \{5, 6, 7, 8, 9\}$. Wir
        betrachten eine Zuordnung f von A nach B:

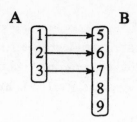

f ist eine Funktion.

Nun betrachten wir die Zuordnung h:

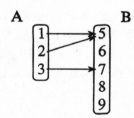

h ist eine Funktion.

Schließlich betrachten wir noch eine Zuordnung g:

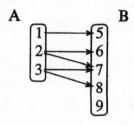

g ist *keine* Funktion, da g manchen Elementen aus A mehr als nur ein Element aus B zuordnet.

Unter Rückgriff auf die bisher definierten Begriffe wollen wir nun den Begriff der Funktion erläutern. – Seien A und B beliebige Mengen. $R \subseteq A \times B$ ist dann eine zweistellige Relation. Eine zweistellige Relation ist genau dann eine funktionale *Relation*, wenn jedem Element des Vorbereichs der Relation (in Symbolen: V_R) genau ein Element des Nachbereiches (N_R) durch R zugeordnet wird.

Definition 6:

Eine Relation R mit Vorbereich V_R und Nachbereich N_R heißt *funktional* genau dann, wenn für *jedes* $x \in V_R$ gilt: es gibt *genau ein* $y \in N_R$, so daß $<x, y> \in R$.

Um funktionale Relationen zu bezeichnen, verwenden wir häufig die Buchstaben f, g, h. – Eine funktionale Relation heißt auch nur *Funktion* oder *Abbildung*.

Beispiele:

(2) Die Relation $f = \{<m, n>: m \in \mathbb{N}$ und $n = 2\}$, wo $\mathbb{N}$ die Menge der natürlichen Zahlen ist, ist funktional. – Die Relation $g = \{<m, n>: m \in \mathbb{N}$ und $n \in \mathbb{N}$ und $m<n\}$ ist nicht funktional.

(3) Wir betrachten $f: \mathbb{R} \to \mathbb{R}$, d.h. $V_f = \mathbb{R}$ und $N_f = \mathbb{R}$, definiert als $\{<m, n>: n = m^2\}$. Hier handelt es sich um eine aus der elementaren Mathematik bekannte Funktion, nämlich um die, die man gewöhnlich mit "$y = x^2$" bezeichnet.

Einige Konventionen: Sei f eine Funktion mit V_f als Vorbereich und N_f als Nachbereich.

(a) Wenn $A = V_f$ und $B = N_f$, dann sagen wir, f sei eine Funktion von A nach B, und schreiben: $f: A \to B$.

(b) Die Elemente des Vorbereichs nennt man die "Argumente der Funktion", die Elemente aus dem Nachbereich, die den Elementen des Vorbereichs unter f zugeordnet werden, nennt man die "Werte der Funktion". Den Vorbereich bezeichnet man deswegen auch als "Argumentbereich", den Nachbereich als "Wertebereich" von f.

(c) Wenn $x \in V_f$, dann schreiben wir für den Wert von x unter f "f(x)".

(d) Die Menge aller Werte von f können wir mit "$f(V_f)$" bezeichnen.

(e) Mit der Idee der Funktion ist die Idee der Abhängigkeit verbunden. Wir denken uns den Funktionswert von dem Funktionsargument abhängig. Deswegen spricht man anstatt von "Funktion" auch von "funktionaler Abhängigkeit".

Funktionen lassen sich in verschiedenen Weisen klassifizieren. Wichtig ist die Unterscheidung von Surjektion, Injektion und Bijektion. Sei f eine Funktion mit V_f und N_f:

(I) $f(V_f) = N_f$.

Die Funktion erfaßt *alle* Elemente des Nachbereichs als Werte. Sie ist *surjektiv* oder eine *Surjektion*.

(II) Für alle x, $y \in V_f$ mit $x \neq y$ gilt: $f(x) \neq f(y)$. Wenn die Argumente von f verschieden sind, dann sind auch die Werte von f verschieden. Eine solche Funktion ist *injektiv* bzw. ist eine *Injektion*.

(III) Wenn (I) und (II) zusammen erfüllt sind, dann heißt f "bijektiv", ist sie eine *Bijektion*.

Eine gelegentlich erwähnte Funktion ist die *Identitätsfunktion*. Wenn M eine Menge ist, und für jedes $a \in M$ gilt:

f(a) = a, dann ist f die Identitätsfunktion über M. Offenbar ist die Identitätsfunktion über einer Menge eine Bijektion.

Bemerkung: Orthodoxerweise werden n-Tupel als Funktionen definiert, mit endlichen Teilmengen der Menge der natürlichen Zahlen als Definitionsbereich. Für eine knappe Darstellung siehe Siegwart, Geo: *Relation II. Mathematical Relation*, in Burkhardt, Hans und Smith, Barry (Hrsg.): *Handbook of Metaphysics and Ontology*, München/Philadelphia/Wien 1991, Bd. 2, S. 779-781. Da in unserem Kontext eine mengentheoretische Rekonstruktion des Zahlbegriffs nicht geleistet wurde, wurde die hier präsentierte Definition von n-Tupel benutzt.

Abschließend weise ich auf zwei einführende Darstellungen der Mengenlehre hin:

Fraenkel, A. A.: *Abstract Set Theory*, Amsterdam, 4. Aufl. 1968.

Halmos, P. R.: *Naive Mengenlehre*, Göttingen, 2. Aufl. 1969.

Einen Überblick über eher philosophische Probleme der Mengenlehre gibt das Buch von Fraenkel, Bar-Hillel, Levy: *Foundations of Set Theory*, Amsterdam/London, 2. Aufl. 1973.

ANHANG 2:

ÜBUNGSAUFGABEN

Aufgaben zu § 3:

1) Welche der folgenden Aussagen über Argumente sind wahr?

(a) Ein Argument kann gültig sein und doch eine falsche Konklusion haben.

(b) Ein Argument kann eine wahre Konklusion haben und doch ungültig sein.

(c) Ein Argument kann falsche Prämissen und eine wahre Konklusion haben und doch gültig sein.

(d) Ein Argument kann wahre Prämissen und eine falsche Konklusion haben und kann doch gültig sein.

(e) Ein Argument kann wahre Prämissen und eine wahre Konklusion haben und doch ungültig sein.

2) Zeige mit der Methode der Gegenbeispiele, daß folgendes Argument ungültig ist:

> Wenn die Arznei wirksam ist, dann wird der Patient gesund.

Der Patient wird gesund.

Also ist die Arznei wirksam.

(*Bemerkung:* Der Fehlschluß, um den es sich hier handelt, hat, so weit mir bekannt ist, im Deutschen keinen eigenen Namen. In der englischsprachigen Literatur heißt er "the fallacy of affirming the consequent".)

Aufgaben zu § 5:

1) Betrachte den folgenden Satz:

Weil im November 1989 die Grenze zwischen der DDR und der BRD geöffnet wurde, haben Besucher aus der DDR in Göttingen sehr viele Bananen gekauft.

Zeige anhand dieses Satzes, daß "weil" kein wahrheitsfunktionaler Satzoperator ist (daß also durch "weil" das Prinzip der Wahrheitsfunktionalität verletzt wird)! Vorausgesetzt sei, daß das Kontextinvarianzprinzip gilt.

2) Betrachte den folgenden Satz:

Es ist notwendig, daß 12 größer als 3 ist.

Zeige, daß nach "notwendig, daß" das Extensionalitätsprinzip verletzt wird! (*Hinweis:* 12 = die Anzahl der Apostel. Vorausgesetzt sei, daß das Kontextinvarianzprinzip gilt.)

Aufgabe zu § 6:

In § 6 *(iii)*, auf S. 56, habe ich bemerkt, die Anzahl der Bezeichnungen der natürlichen Zahlen sei nicht beschränkt (im Gegensatz zu vielen sonstigen Arten von Eigennamen); d. h., daß der Vorrat an Bezeichnungen für natürliche Zahlen unbegrenzt ist. Warum ist das so? Überlege, nach welchem Prinzip Ziffern als 'Namen' der natürlichen Zahlen konstruiert sind!

Aufgaben zu § 7:

1) Zeige, daß

(---- oder ===) und (nicht ---- oder ===)

die Funktion f_5 von **Figur 1** (S. 67) ausdrückt!

2) Zeige, daß

(es schneit oder es schneit nicht) oder ====

(wo in "====" eine Aussage eingesetzt werden kann) die Funktion g_1 aus **Figur 2** (S. 75) ausdrückt!

3) Welcher Ausdruck der natürlichen Spache könnte die Funktion f_6 aus **Figur 1** (S. 67) ausdrücken?

4) Gib aussagenlogische Argumentformen für folgende Argumente an:

(a)   Wenn Edberg verliert, dann gewinnt Becker den Davis-Cup. Wenn Becker den Davis-Cup gewinnt, dann verliert Graf das Australian Open. Edberg verliert. Graf gewinnt das Australian Open. Also verliert Becker den Davis-Cup. (*Achtung:* "Becker verliert den Davis-Cup" soll soviel heißen wie: "Es ist nicht der Fall, daß Becker den Davis-Cup gewinnt".)

(b) Entweder wird die Inflationsrate abnehmen, oder die Gehälter werden automatisch jedes Jahr um die Entwertungsrate erhöht. Aber ob nun die Inflationsrate abnimmt, oder die Gehälter jedes Jahr automatisch um die Entwertungsrate erhöht werden, so wird doch die Arbeitsmotivation abnehmen. Wenn jedoch die Arbeitsmotivation abnehmen wird, so wird auch die Arbeitsproduktivität abnehmen. Also wird die Arbeitsproduktivität abnehmen.

(c) Entweder sind die Synoptiker als authentische Quelle zu betrachten, oder das Johannesevangelium ist als authentische Quelle zu betrachten. Das Johannesevangelium ist nicht als authentische Quelle zu betrachten. Deshalb sind die Synoptiker als authentische Quelle zu betrachten.

(d) Falls Sem keine Söhne hatte und falls Sem keine Töchter hatte, hatte Sem keine Nachkommen. Aber Sem hatte Nachkommen. Also hatte Sem Söhne oder Sem hatte Töchter.

Lösung von 4 (d): $\quad$ $((\neg p_1 \,\&\, \neg p_2) \to \neg p_3)$

$$\frac{p_3}{p_1 \lor p_2}$$

Aufgaben zu § 9:

1) Zeige unter Rückgriff auf die Definition, daß die folgenden Ausdrücke

    (a) $((p_1 \lor p_2) \to \neg p_3)$,

    (b) $((p_1 \lor (p_3 \,\&\, p_5)) \to p_4)$

aussagenlogische Satzformen sind!

2) Warum ist

$$(p_1 \,\$\, p_5)$$

keine aussagenlogische Satzform? Begründe dies im Detail unter Rückgriff auf die Definition. (*Hinweis:* "$\$$" gehört nicht zum Vokabular der Aussagenlogik.)

3) Gib die Ausdrücke an, die durch (a) – (g) bezeichnet werden!

    (a) $R_2^5 a_5 \,["a_5"/"x_7"]$

    (b) $R_7^5 a_5 \,["x_7"/"a_5"]$

    (c) $a_3 \,["a_3"/"a_5"]$

    (d) $a_3 \,["a_3"/"a_3"]$

    (e) $(\neg \forall x_1 \, R_2^1 x_1 \lor R_2^1 a_1) \,["a_1"/"a_2"]$

    (f) $(\neg \forall x_1 \, R_2^1 x_1 \lor R_2^1 a_1) \,["x_1"/"x_5"]$

    (g) $(R_1^1 a_1 \,\&\, R_1^2) \,["a_1"/"x_1"]$

4) Zeige unter Rückgriff auf die Definition, daß

$$\forall x_1 \, R_1^2 x_1 x_1$$

eine prädikatenlogische Satzform ist!

5) Zeige unter Rückgriff auf die Definition, daß die folgenden Ausdrücke keine prädikatenlogischen Satzformen sind:

(a) $\forall x \, ((\neg R_1^2 a_1 x \,\&\, R_2^2 a_1 x) \rightarrow R_1^2 a_1 a_1))$,

(b) $\forall x_1 \, (\forall x_1 \, R_1^2 x_1 a_2 \vee \exists x_2 \, R_2^2 a_1 x_2)$.

6) Führe einen Induktionsbeweis für die folgende Behauptung durch:

Für alle $n \in \mathbb{N}$ gilt:

$(0 + 1 + 2 + 3 + \ldots + n) = n(n + 1)/2$

Hinweis: In der Induktionsbasis ist $n = 0$ zu nehmen, die Behauptung ist also zunächst für 0 zu beweisen. Im Induktionsschritt ist die Induktionshypothese:

$(0 + 1 + 2 + \ldots + (n - 1)) = (n - 1)n/2$.

Aufgaben zu § 10:

1) Zeige, daß folgendes Argument ungültig ist:

Einige Beamte sind Niedersachsen.

Einige Niedersachsen sind verheiratet.

Also sind einige Beamte verheiratet.

Gib zunächst prädikatenlogische Satzformen für die Aussagen aus diesem Argument an und konstruiere sodann ein Gegenbeispiel!

2) Gib prädikatenlogische Argumentformen für die folgenden Argumente an:

(a)   Babies sind unlogisch.

Niemand wird verachtet, der Krokodile beherrschen kann.

Unlogische Personen werden verachtet.

Deswegen können Babies Krokodile nicht beherrschen.

(b) Kein Altphilologe glaubt an das Paritätsprinzip.

Jeder glaubt an das Paritätsprinzip oder ist
polygam.

Keine Diätfachfrau ist polygam.

Tante Emma ist Diätfachfrau.

Also gibt es jemanden, der weder Altphilologe noch polygam ist.

(c) Wenn Sokrates Grieche ist, dann ist er Fallschirmspringer.

Alle Fallschirmspringer sind sehr mutig.

Also ist Sokrates ein Fallschirmspringer oder
er ist kein Grieche.

3) Gib prädikatenlogische Satzformen der folgenden Aussagen an:

(a) Jede Frau trägt manchmal einen Ring an
einem Finger.

(b) Manche Frau trägt manchmal keinen Ring
an einem Finger.

(Eine mögliche Lösung ist:

$\exists x_1 \exists x_2 (R_1^1 x_1 \ \& \ R_2^1 x_2 \ \& \ R_1^2 x_1 x_2 \ \&$

$\exists x_3 (R_3^1 x_3 \ \& \ \neg \exists x_4 (R_4^1 x_4 \ \& \ R_2^2 x_4 x_2)));$

hierbei stehen "R_1^1" für "ist Frau", "R_2^1" für
"ist Finger", "R_1^2" für "gehört zu", "R_3^1" für
"ist Zeitpunkt", "R_4^1" für "ist Ring" und "R_2^2"
für "befindet sich an".)

(c)   Manche Frau trägt manchmal keinen Ring
        an keinem Finger.

(d)   Manche Frau trägt niemals einen Ring an
        einem Finger, und manche Frau trägt immer
        einen Ring an allen Fingern.

(e)   Einige Personen mögen alles Unmoralische,
        alles Illegale und einiges, was dick macht.

(f)   Jeder ist sein eigener Freund.

(g)   Pferdeköpfe sind Säugetierköpfe.

Aufgaben zu § 11:

1) Zeige, daß "p_1" aus "$(\neg p_2 \,\&\, p_1)$" aussagenlogisch folgt!

2) Zeige, daß

$$(p_2 \rightarrow (p_1 \rightarrow p_2))$$

eine Tautologie ist.

3) Zeige, daß

$$\neg(\neg p_1 \lor \neg p_2)$$

aus

$$(p_1 \,\&\, p_2)$$

aussagenlogisch folgt und umgekehrt! Hier handelt es sich
um einen Einzelfall eines der sogenannten *De Morganschen
Gesetze*, nämlich:

$$\neg(\neg A \lor \neg B) \models \dashv (A \,\&\, B),$$

wo A und B aussagenlogische Satzformen sind.

4) Zeige, daß zwischen den beiden folgenden aussagenlogischen Satzformen aussagenlogische Äquivalenz besteht:

$$(p_1 \lor p_2),$$
$$\neg(\neg p_1 \,\&\, \neg p_2).$$

Auch dies ist der Einzelfall eines De Morganschen Gesetzes. Wie lautet dieses Gesetz?

5) Wie lautet das Gesetz der Kontraposition, von dem

$$(p_3 \rightarrow p_7) \vDash \dashv (\neg p_7 \rightarrow \neg p_3)$$

ein Einzelfall ist? Beweise das Gesetz der Kontraposition!

6) (a)   Ist jede Belegung eine surjektive Funktion?

    (b)   Ist jede aussagenlogische Bewertungsfunktion eine surjektive Funktion?

Begründe beide Antworten! (Natürlich ist nicht zu begründen, daß Belegungen bzw. aussagenlogische Bewertungen Funktionen sind!)

7) Sei A eine aussagenlogische Satzform. Beweise folgende Behauptung:

$$\varnothing \vDash A \quad \text{gdw.} \quad A \text{ eine Tautologie ist (vgl. S. 151)!}$$

8) Beweise den Satz von der Anreicherung widerspruchsvoller Satzformenmengen (vgl. S. 154)!

9) Sei M eine Menge aussagenlogischer Satzformen, seien A und B aussagenlogische Satzformen. Beweise folgende Behauptungen:

    (a) $M, A \vDash A$.

    (b)   Wenn $M, M, A \vDash B$, dann $M, A \vDash B$.

    (c)   Wenn $M \vDash A$, dann $M \vDash (A \vee B)$.

    (d)   Wenn M widersprüchlich ist, dann gilt für beliebiges B: $M \vDash B$.

    (e)   Sei M beliebig. Sei A eine Tautologie. Dann gilt: $M \vDash A$.

10) Betrachte den Substitutionssatz und die in seinem Zusammenhang eingeführte Notation. Beweise die folgende *Behauptung* unter Verwendung des Substitutionssatzes: Wenn B ein Widerspruch ist, dann ist B* ein Widerspruch.

Aufgaben zu § 12:

1) Zeige unter Verwendung der Definition der prädikatenlogischen Folgerung mit Konstruktion eines Gegenbeispiels, daß gilt:

(a) $\{(R_1^1a_1 \rightarrow R_2^1a_1); \neg R_1^1a_1\} \not\models \neg R_2^1a_1$,

(b) $\{(R_1^1a_1 \rightarrow R_2^1a_1); R_2^1a_1\} \not\models R_1^1a_1$.

2) Wir beziehen uns auf die Menge $\mathbb{N}$ der natürlichen Zahlen als Individuenbereich. Betrachte die Satzform

$$\forall x_1 \, (R_1^1x_1 \rightarrow R_1^2x_1a_1).$$

(a) Gib eine Interpretation J^1 über $\mathbb{N}$ an, die diese Satzform erfüllt, und beweise, daß J^1 diese Eigenschaft hat!

(b) Gib eine Interpretation J^2 über $\mathbb{N}$ an, die diese Satzform nicht erfüllt, und beweise, daß J^2 diese Eigenschaft hat!

(c) Konstruiere eine "a_1"-Variante $J^{1'}$ von J^1 über $\mathbb{N}$, die diese Satzform nicht erfüllt, und zeige, daß $J^{1'}$ die Satzform nicht erfüllt!

3) Gib eine Interpretation J an, so daß

$$R_1^1a_1$$

von jeder "a_1"-Varianten von J erfüllt wird! Begründe die Antwort!

4) Sei M eine *beliebige* Menge prädikatenlogischer Satzformen. Sei A eine prädikatenlogische Wahrheit. Zeige, daß A aus M prädikatenlogisch folgt!

5) Wieviele Elemente muß der Individuenbereich einer Interpretation mindestens haben, wenn in ihr die Satzform

$$(R_1^1 a_1 \ \& \ \neg R_1^1 a_2)$$

erfüllt wird? Begründe die Antwort!

6) Beweise den Satz über die Entsprechung von logischer Wahrheit und prädikatenlogischer Folgerung (S. 180)!

7) Beweise die prädikatenlogischen Äquivalenzen Ä1 – Ä4 (S. 181)!

Aufgaben zu § 14:

1) Zeige mittels des Baumkalküls, daß

$$(p_1 \lor p_2)$$

und

$$\neg(\neg p_1 \ \& \neg \ p_2)$$

wechselseitig auseinander ableitbar sind.

2) Anstatt Satzformen der Aussagenlogik (oder der Prädikatenlogik) selbst abzuleiten, können wir auch *schematische* Ableitungen durchführen, und zwar anhand von Variablen für Satzformen. Solche *Ableitungsschemata* stehen dann für konkrete Ableitungen, in denen die metasprachlichen Satzformenvariablen durch objektsprachliche Satzformen ersetzt sind. Ein Ableitungsschema ist wie eine Ablei-

tung, außer daß sie anstatt Satzformen Variablen für Satzformen enthält. Daß etwa eine Satzform A aus sich selbst, also aus A, ableitbar ist, zeigen wir auf folgende Weise:

1	A	Prämisse
2	$\neg$A	negierte Konklusion
	$\times$	

Seien nunmehr A, B, C und D aussagenlogische Satzformen. Zeige im Baumkalkül folgende Behauptungen:

(a) Aus (A $\rightarrow$ B) und A ist B ableitbar. (Diese Ableitungsfigur heißt *modus ponens*; oft wird der *modus ponens* als eigene Ableitungsregel verwendet und heißt dann auch *Abtrennungsregel*.)

(b) Aus (A $\rightarrow$ B) und (B $\rightarrow$ C) ist (A $\rightarrow$ C) ableitbar.

(c) Aus (((A & B) $\rightarrow$ C) $\rightarrow$ D) ist ((A $\rightarrow$ C) $\rightarrow$ D) ableitbar.

3) Zeige für (a), (b) und (c), daß jeweils die letzte Satzform aus der davorstehenden Satzformenmenge im Baumkalkül prädikatenlogisch ableitbar ist:

(a) $\{\forall x_1 \, (R_1^1 x_1 \rightarrow R_2^1 x_1), \forall x_2 \, R_1^1 x_2\}; R_2^1 a_1,$

(b) $\{\forall x_1 \, (R_1^1 x_1 \rightarrow R_2^1 x_1), \forall x_2 \, R_1^1 x_2\}; \forall x_1 \, R_2^1 x_1,$

(c) $\{\forall x_1 \, (R_1^1 x_1 \rightarrow R_2^1 x_1), \forall x_2 \, R_1^1 x_2\}; \forall x_3 \, R_2^1 x_3.$

Aufgaben zu § 15:

1) Zeige mittels eines Ableitungsschemas, daß (A & B) im Baumkalkül nicht aus (A $\vee$ B) ableitbar ist, wo A und B beliebige aussagenlogische Satzformen sind!

2) Zeige, daß

$$\exists x_1 \neg (R_1^1 x_1 \vee R_2^1 x_1)$$

im Baumkalkül nicht aus

$$\exists x_1 (\neg R_1^1 x_1 \vee \neg R_2^1 x_1)$$

ableitbar ist!

3) Ist

$$\exists x_1 (\neg R_1^1 x_1 \ \& \ \neg R_2^1 x_1)$$

aus

$$\{\forall x_1 \, \forall x_2 \, \forall x_3 \, ((R_1^2 x_1 x_2 \vee R_1^2 x_1 x_3) \vee R_1^2 x_2 x_3),$$

$$\forall x_1 \, \forall x_2 \, ((\neg R_1^2 x_1 x_2 \ \& \ R_1^1 x_1) \rightarrow R_2^1 x_2),$$

$$\forall x_1 \, ((R_1^1 x_1 \rightarrow \neg R_2^1 x_1) \ \& \ (R_2^1 x_1 \rightarrow \neg R_1^1 x_1))\}$$

ableitbar? Man überprüfe dies unter Verwendung des Baumkalküls.

Aufgabe zu § 16:

Betrachte im Adäquatheitsbeweis in § 16 *(i)* den Beweis von Behauptung (A). Im Induktionsschritt dieses Beweises betrachteten wir die Verlängerung von Feststellungsbäumen mittels der Anwendung von Ableitungsregeln. Wir zeigten, daß, wenn eine Interpretation die Satzform am Knoten r, r ≤ n, erfüllt, sie dann auch Satzformen am Knoten n + 1 (und n + 2) erfüllt.

Frage: Warum nehmen wir hier an, daß r *kleiner* als n sein kann? Warum genügt es also *nicht* anzunehmen, daß r = n?

314

SACHREGISTER

Dieses Register verzeichnet die in Kap. I bis Kap. V sowie die in den Anhängen 1 und 2 eingeführten Ausdrücke. Begriffe aus Kap. VI werden nicht berücksichtigt. – Allein aufgeführt wird, wo Ausdrücke zuerst eingeführt werden bzw. wo sie zuerst ausführlicher erläutert werden.

Verzeichnis der verwendeten Symbole

1. Zeichen der Objektsprachen

$p_1, ..., p_n, ...$	Satzbuchstaben
$(,)$	Klammern
$\rightarrow$	Konditional
$\vee$	Disjunktion
$\&$	Konjunktion
$\neg$	Negation
$\leftrightarrow$	Bikonditional
$x_1, ..., x_n, ...$	Individuenvariablen
$a_1, ..., a_n, ...$	Individuenbuchstaben
R_m^n	Relationsbuchstaben
$\exists$	Existenzquantor
$\forall$	Allquantor

2. Metasprachliche Zeichen

A, B, C	metasprachliche Variablen über Satzformen der Aussagenlogik bzw. Prädikatenlogik
α, β, γ	metasprachliche Variablen für Individuenbuchstaben
x, y, z	metasprachliche Variablen für Individuenvariablen

t_1, t_2	metasprachliche Variablen für singuläre Terme der Prädikatenlogik
$A[t_1/t_2]$	A, wobei t_1 durch t_2 ersetzt wurde
$A[\alpha]$	prädikatenlogische Satzform A, in der der Individuenbuchstabe α vorkommt
$A[x]$	prädikatenlogische Satzform A, in der die Individuenvariable x vorkommt
b	Belegung
v_b	aussagenlogische Bewertung, gegeben Belegung b
$\vDash_{al}$	folgt aussagenlogisch
$\vDash \dashv_{al}$	ist aussagenlogisch äquivalent
$\vdash_{al}$	ist aussagenlogisch ableitbar
J	Interpretation
v_J	prädikatenlogische Bewertung, gegeben eine Interpretation J
$\vDash_{pl}$	folgt prädikatenlogisch
$\vDash \dashv_{pl}$	ist prädikatenlogisch äquivalent
$\vdash_{pl}$	ist prädikatenlogisch ableitbar
π_n	Pfade in Ableitungsbäumen
J*	Interpretation mit der Menge aller Individuenbuchstaben des syntaktischen Systems der Prädikatenlogik als Individuenbereich

3. Mengentheoretische Symbole

$\in$	ist Element von
$\notin$	ist nicht Element von
$\varnothing$	die leere Menge
$\{,\}$	Mengenklammern
$\subseteq$	ist Teilmenge von
$\cup$	Vereinigung
$\cap$	Intersektion
$<,>$	Klammern für geordnete n-tupel
$A \times B$	das kartesische Produkt von A und B
$f: A \to B$	Funktion von A nach B